DIE HARMONIE

Aus dem Französischen übersetzt.
Originaltitel:
»L'HARMONIE«

Omraam Mikhaël Aïvanhov

DIE HARMONIE

Gesamtwerke Band 6

PROSVETA VERLAG

*Da Meister Omraam Mikhaël Aïvanhov
seine Lehre ausschließlich mündlich überlieferte,
wurden seine Bücher aus den Stenomitschriften,
Tonband- oder Videoaufnahmen seiner frei gehaltenen
Vorträge zusammengestellt.*

INHALT

I   Die Harmonie 9

II   Die Medizin muss auf dem Einweihungswissen gründen ... 39

III   Die Zukunft der Medizin 67

IV   Der Schüler muss die Sinne für
die geistige Welt entwickeln 79

V   Was uns das Haus lehrt 103

VI   Wie sich die Gedanken in der Materie verwirklichen 125

VII   Die Meditation 149

VIII   Menschlicher Intellekt und kosmische Intelligenz 167

IX   Sonnengeflecht und Gehirn 191

X   Das Harazentrum 213

XI   Das geistige Herz 243

XII   Die Aura 261

Omraam Mikhaël Aïvanhov

I

DIE HARMONIE

I

Freier Vortrag

Vorhin, meine lieben Brüder und Schwestern, kam mir beim Essen einiger Mandeln der Gedanke, wir könnten hier im Bonfin eine ganze Mandelplantage anlegen. Zum einen eignet sich das Gelände, weil Mandelbäume auf kargem, trockenem Boden gedeihen, ohne dass man sie intensiv bewässern müsste, aber vor allem haben Mandeln einen hohen Nährwert, und sie enthalten sogar Stoffe, die vorbeugend gegen Krebs wirken. Darum wäre es gut, wenn man jeden Tag wenigstens drei Mandeln essen könnte. Nun mögen einige einwenden, dass sie nach einer Woche die Mandeln wohl über hätten. Es gibt aber eine Verwendungsweise, wie man jeden Tag welche essen kann, ohne dass sie einem über werden, und zwar kann man sie mahlen und dann ein oder zwei Löffel voll über den Salat streuen oder der Suppe beigeben usw.

Wir sollten also Mandelbäume pflanzen, und jedes Jahr werden die Brüder und Schwestern, die hierherkommen, säckchenweise Mandeln mitnehmen, die sie zu Hause dann knabbern können. Wir haben einige Hektar Land; zwar ist es noch nicht völlig urbar gemacht, aber das kann schnell geschehen, und wenn einige Brüder sich bereit erklären, die Bäume zu pflanzen, werden sie eine sehr angenehme, sehr »poetische« Arbeit haben.

Dieses Jahr hat uns das Wetter nicht verwöhnt, wegen des starken Frostes hat es keine Mandeln gegeben. Nur die Bäume in meinem Garten haben keinen Schaden gelitten, getragen haben sie allerdings auch nicht viel. Das ist schade, denn die größten Mandeln, die ich je gesehen habe, wachsen eben gerade in meinem Garten. Doch hat es dieses Jahr nur eine kleine Ernte gegeben, und ebenso ist es mit den Oliven. Nun ja, es gibt nun mal solche Jahre. Im Übrigen ist das für alle Dinge und alle Menschen das Gleiche, es gibt Jahre der Fülle und Jahre der Not. Ja, ja, die sieben fetten Jahre und die sieben mageren Jahre.

Aber zum Thema Mandeln möchte ich euch noch etwas erzählen, was ich oft festgestellt habe. Viele Leute kaufen sie geschält, so wie sie auch Hasel-, Wal- und Erdnüsse usw. kaufen. Das ist zwar praktischer, geht schneller, und sie sind auch leichter so, aber ich kann es euch trotzdem nicht empfehlen, denn man weiß nicht, wie lange die Nüsse schon ohne Schale sind, und sie haben viel an ihren ätherischen Stoffen eingebüßt und damit an Vitalkraft. Sie sind nicht mehr sehr nahrhaft und schmecken auch nicht mehr besonders gut; es ist so, als äße man etwas Lebloses. Mit bestimmten Früchten und Gemüsearten verhält sich das anders; Vollkornreis, Weizen und weiße Bohnen zum Beispiel behalten ihren Nährwert und ihren Geschmack, auch wenn sie aus ihrer Hülle oder Schale herausgelöst sind, weil sie darunter noch eine weitere Haut besitzen. Aber Haselnüsse, Erdnüsse und Mandeln sollte man besser nicht geschält kaufen.

Hinzufügen möchte ich noch, dass man auch Obst und Gemüse möglichst frisch gepflückt essen sollte und nicht erst lange nach der Ernte, denn dann ist es schon welk und tot. Das mag wohl auf den ersten Blick billiger erscheinen, aber in Wirklichkeit ist es teurer, weil ihr keine Lebenskraft mehr daraus bezieht. Worauf es nun aber ankommt, das ist das Leben, die Hauptsache ist das Leben; wenn ihr das Leben habt, könnt ihr alles Weitere hinzubekommen, denn ein Teil dieses Lebens verwandelt sich in Intelligenz, ein anderer in Liebe, ein dritter in Wille, in Tatkraft, in Energie...[1] Wenn aber das Leben an Intensität verliert, verliert auch ihr nach und nach all eure Fähigkeiten. Würde man sich angewöhnen, sich mehr auf das Leben zu verlassen als auf das Äußere, würde dies alles verändern.

Und die Mandeln, warum sind die nun gut gegen Krebs? Weil ihre Bestandteile eine vollkommene Harmonie bilden, und eben diese Harmonie verhindert das Eindringen des Krebs in den Organismus, denn der Krebs ist eine Folge von Ungeordnetheit und Anarchie. Je mehr sich also ein anarchistischer Geist in der Welt etabliert, umso mehr breitet sich der Krebs aus. Die Mediziner wissen das nicht, und sie wissen auch nicht, dass jede Krankheit ihren Ursprung in einer Schwäche oder in einem Laster des Kranken selbst hat. Folglich schaffen die Menschen selbst die Krankheiten. Wenn die Nervosität zunimmt, entsteht eine Krankheit... Wenn die sinnlichen Begierden zunehmen, zeigt sich eine andere Krankheit... Wenn die Disharmonie zunimmt, ist es eine dritte. Alle Krankheiten entstehen infolge einer bestimmten Unordnung, und der Krebs ist eine Folge der Anarchie.

Um sich zu schützen, muss man sich also um Harmonie bemühen, jeden Tag an die Harmonie denken, sich mit der ganzen Menschheit, mit dem gesamten Universum in Harmonie bringen. Natürlich ist es nicht möglich, ununterbrochen in dieser vollkommenen Harmonie zu leben; aber man muss sich immer wieder aufraffen, ständig bewusst und wachsam sein, und man darf einen disharmonischen Zustand nie lange in sich dulden, denn dieser Zustand breitet sich aus bis in die Körperzellen, er hemmt den Informationsfluss des Körpers, das Kreislaufsystem und die Körperströme, bis eines Tages der Organismus der herrschenden Unordnung nicht mehr Herr wird.

Gerade heutzutage wird diese anarchistische Gesinnung fast überall genährt. Fast könnte man meinen, es würden Schulen entstehen, in denen gelehrt wird, wie man alles aus der Ordnung bringt, indem man die Menschen zu Zorn und Aufruhr treibt. Diese teuflische Arbeit wird von der Schwarzen Loge betrieben. Anstatt Viren zu verbreiten und damit einen biologischen Krieg auszulösen – womit sie sich den Vorwürfen der öffentlichen Meinung aussetzen würden –, verbreiten einige Länder den Virus der Unzufriedenheit und des Aufruhrs, um so ihre Gegner zu vernichten. Denn dadurch

entsteht Krebs! Unbewusst werden alle Protestler und Anarchisten
zu Überträgern dieses Virus. Alle spirituellen Gruppen hingegen,
die für Frieden, Harmonie und Brüderlichkeit arbeiten, damit Verständnis, Eintracht und Liebe unter den Menschen herrscht, verbreiten Keime, die denen des Krebs entgegenwirken. Ohne diese
spirituellen Zentren wäre die ganze Menschheit befallen. Ich weiß
wohl, dass kaum jemand diese Meinung akzeptieren wird. Man
wird sagen:»Aber was erzählt er denn da? Es besteht doch keinerlei Beziehung zwischen Anarchie und Krebs; das entspricht nicht
der Ansicht der Biologen!« Aber ich sage euch die Wahrheit, Krebs
ist eine Folge der Anarchie, die sich in der Welt ausbreitet. Darum
müssen wir jeden Tag von morgens bis abends für die Harmonie
arbeiten.

Jetzt, wo ich mich anschicke, über die Harmonie zu euch zu
sprechen, wird mir bewusst, wie schwer es für euch sein wird, mich
zu verstehen, nicht intellektuell, nein, aber in der Tiefe, mit eurem
ganzen Sein. Die Menschen beschäftigen sich nicht mit dieser
Frage. Alles in ihrem Leben trägt dazu bei, sie in Beschäftigungen
und Tätigkeiten hineinzutreiben, die unendlich weit weg sind von
der Harmonie, vor allem von der Harmonie, wie die Eingeweihten sie verstehen! Bemüht euch aber, mir trotzdem aufmerksam
zuzuhören.
Die Harmonie beinhaltet alles, was gut ist: Gesundheit, Kraft,
Entfaltung, Glück, Licht, Inspiration... Poesie, Musik, Malerei,
Bildhauerei, Tanz, all das ist Harmonie. Das ganze Universum, die
Vollkommenheit, alle guten Eigenschaften, alle Tugenden sind in
der Harmonie enthalten. Darum werden eines Tages alle diejenigen,
die Unfrieden verbreiten, selbst zersetzt, zermalmt und aufgerie-
ben werden, da sie mit negativen, feindseligen und zerstörerischen
Kräften arbeiten. Man muss sich ein für alle Mal dafür entscheiden,
die Gesetze der Natur kennenlernen zu wollen, und auch dafür, zu
lernen, wie der Mensch aufgebaut ist, und in welcher Beziehung er
zu diesen Gesetzen stehen muss.[2]

Wenn ihr etwas für euer Glück, für eure Entfaltung tun wollt, dann müsst ihr an die Harmonie denken und daran arbeiten, euch mit dem gesamten Universum in Harmonie zu bringen. Und mit einiger Ausdauer werdet ihr eines Tages spüren, wie von Kopf bis Fuß alles in euch beginnt, mit dem kosmischen Leben zu kommunizieren und in Einklang zu schwingen. In diesem Augenblick werdet ihr begreifen, was das Leben, die Schöpfung, die Liebe ist. Nicht vorher. Vorher könnt ihr das nicht begreifen. Intellektuell und von außen betrachtend, bildet man sich ein, etwas zu verstehen; aber so geht das nicht, das Verständnis, das wahre Verständnis erlangt man nicht mithilfe einiger Gehirnzellen, man erlangt es mit dem ganzen Körper. Selbst die Füße, die Arme, der Bauch, die Leber... der ganze Körper, alle Zellen müssen begreifen. Das wahre Verständnis ist eine Gefühlswahrnehmung. Ihr fühlt, und in diesem Augenblick begreift ihr, und dann wisst ihr, weil ihr es »geschmeckt« habt.

Kein intellektuelles Verstehen kann einer Gefühlswahrnehmung gleichgestellt werden. Wenn ihr Liebe oder Hass empfindet, Zorn oder Kummer, dann wisst ihr, was das ist. Falls ihr sagt: »Ich weiß, was Liebe ist«, ohne dass ihr jemals verliebt gewesen wäret, dann stimmt das nicht. Wenn ihr aber die Liebe gespürt habt, dann kennt ihr sie. Vielleicht könnt ihr euer Gefühl weder erklären noch ausdrücken, aber ihr kennt die Liebe, ihr kennt sie wirklich. Kenntnis und Erkenntnis, das bedeutet, mit allem, was existiert, in Einklang zu schwingen. Wenn euer gesamter Körper in Einklang schwingt mit einer Wahrheit, einer Empfindung, einem Gegenstand, dann kennt ihr diese. Darum sollte es dem Schüler ein Hauptanliegen sein, mit allen Geschöpfen aller himmlischen Hierarchien in Harmonie zu kommen, um mit ihnen in Einklang zu schwingen. Wenn er sich so Tag und Nacht um diese Harmonie bemüht, wird er unbeschreiblich schöne und wertvolle Empfindungen zu spüren bekommen.

Oft habe ich daran gedacht, euch allein über das Wort »Harmonie« einen ganzen Vortragszyklus zu halten, darüber, was die Harmonie in den verschiedenen Bereichen bedeutet... Im Vergleich zu der enormen Zahl derer, die für die Zerstörung arbeiten und

Berge von Schwierigkeiten und Finsternis erzeugen, findet sich
kaum eine Handvoll von denen, die begriffen haben, dass man sich
zusammentun und in Harmonie zusammenarbeiten muss, um all
das Unheil abzuwenden, das die Menschheit bedroht, wie Kriege,
Elend, Krankheiten... Und diese wenigen sind nicht stark genug,
um gegen den schädlichen Einfluss der anderen anzukommen. Ich
habe immer betont, wie wichtig die Anzahl ist, die Zahl derer, die
gut, rein, lichtvoll sind und fähig, sich am Entstehen einer universellen Bruderschaft zu beteiligen, deren Entscheidungen Gewicht
haben in den Waagschalen der Welt. Anstatt zu begreifen und sich
zusammenzuschließen, um alles umzuwandeln, anstatt sich an diesem großartigen Werk zu beteiligen, bleiben die meisten Menschen,
was sie sind, voneinander getrennte und isolierte Individualisten,
die nur für ihre persönlichen Interessen arbeiten.

Und wenn zum Beispiel die Brüder, die diese Mandelbäume
pflanzen, auch nur deshalb die Arbeit machen, damit sie eine Belohnung erhalten, damit man zu ihnen sagt: »Oh, ihr seid aber wackere
Arbeiter, ihr seid großartig!«... so zeigt dies, dass sie nicht uneigennützig sind. Die wirklichen Spiritualisten arbeiten für eine göttliche
Idee, und es ist diese Idee, die sie dann belohnt, denn diese Idee,
die mit dem Himmel verbunden ist, birgt in sich schon eine ganze
Welt. Sie arbeiten für eine Idee, und diese Idee gibt ihnen Freude,
Begeisterung und Hoffnung. Wenn ihr nicht für eine göttliche Idee
arbeitet, werdet ihr weder Freude noch Glück verspüren, selbst dann
nicht, wenn man euch bezahlt, weil ihr nicht mit dem Himmel verbunden seid. Arbeitet ihr jedoch für eine Idee, fühlt ihr euch immer
innerlich erfüllt, selbst wenn man euch kein Dankeschön sagt und
eure Arbeit nicht anerkennt. Das müsst ihr begreifen. Setzt euch eine
göttliche Idee in den Kopf, arbeitet für eine göttliche Idee, und ihr
werdet sehen, was diese Idee für euch tun wird: Sie wird euer ganzes
Dasein verbessern und sogar euer Leben verlängern.

Ich, für meinen Teil, arbeite für eine Idee. Wenn ich anders bin
als die meisten Leute, dann nicht deshalb, weil ich intelligenter,
stärker, reicher oder gelehrter wäre, nein, es gibt so viele, die mich

darin übertreffen; es liegt ganz einfach daran, dass ich für eine Idee arbeite. Nur geht einmal hin und versucht, den Leuten die Kraft und Wirksamkeit einer Idee begreiflich zu machen, ihnen zu erklären, wie diese Idee wirkt und wie viel Leben in ihr steckt! Und doch ist nichts mächtiger und stimulierender als eine göttliche Idee, das könnt ihr mir glauben. Ich spreche da von etwas, das ich an mir selbst erprobt habe. Alles, was ich euch sage, schöpfe ich aus dem Schatz meiner eigenen Erfahrungen. Viele kommen zur Bruderschaft, und solange sie meinen, dass da irgendwelche Kenntnisse zu holen sind oder dass sie ein hübsches Mädchen finden können, sind sie voller Eifer und Feuer... Haben sie aber schließlich erhalten, was sie wollten, sehen sie keinen Grund, länger zu bleiben und machen sich davon. Das zeigt, dass sie nicht uneigennützig für eine Idee gearbeitet haben, sondern für ihre eigenen Interessen. Und alle, die wegen mir hierherkommen, weil sie mich sympathisch oder ich weiß nicht was finden, nun, das sind auch keine sicheren Kandidaten, denn an dem Tag, an dem ich nicht mehr genauso bin, wie sie es gern hätten, werden sie mich verlassen. Mir ist es lieber, sie kommen wegen der Idee der Lehre hierher, wegen der Lebensanschauung, die dahintersteht, dann ist es nämlich sicher, dass sie weder wegen mir, noch aus Eigennutz und auch nicht wegen sonst jemandem da sind, sondern dass sie kommen, um etwas zum Wohl der ganzen Welt beizutragen, um die Idee der Universellen Weißen Bruderschaft zu stärken, zu nähren und sie der ganzen Menschheit nahezubringen.

Es gibt einige, die kommen nur dann zur Bruderschaft, wenn ich da bin; das zeigt aber, dass man sich nicht unbedingt auf sie verlassen kann, und ihre Haltung schmeichelt mir nicht sonderlich. Glaubt ihr vielleicht, ich jubiliere innerlich und denke: »Ha, ha! Einzig und allein für mich kommen sie!« Keinesfalls... Das lässt mich an Nostradin Hodscha denken (eine Hauptfigur türkischer Erzählungen). Der ging eines Tages in eine Wirtschaft. Da er direkt von der Arbeit kam, hatte er noch nicht die Zeit gehabt, sich umzuziehen, und als er so in seinen alten, abgenutzten und geflickten Kleidern eintrat, bemerkte niemand sein Kommen, und keiner sagte zu ihm: »Guten Tag, Nostradin Hodscha... Trink einen Kaffee mit uns und nimm ein Stück Kuchen...« Nein, niemand sagte etwas, und er fühlte sich unglücklich! Also geht er heim, zieht seine schönsten Kleider an, seinen Pelzmantel und seine Pelzmütze (auf Bulgarisch heißen sie »Kodschuh« und »Kalpak«) und kehrt in die Wirtschaft zurück. Sofort schwirrt es durcheinander: »Hallo! Guten Tag, Nostradin Hodscha... setz' dich zu uns, Nostradin Hodscha!... Bringt Kaffee und Kuchen für Nostradin Hodscha!...« Da schaut Nostradin Hodscha all das an, was man für ihn herbeiträgt, greift an seinen Mantel und sagt zu diesem: »Da, nimm, iss und trink, all das ist für dich!« – Was für eine Ohrfeige war das wohl für die anderen! Er zeigte ihnen, dass sie ihn nur wegen seiner schönen Kleider so gut empfingen.

Und mit mir ist es genau das Gleiche. Man bildet sich ein, mir gefällig zu sein, wenn man einzig wegen mir hierherkommt... Irrtum! Dann ergeht es mir nicht besser als Nostradin Hodscha. Die Brüder und Schwestern sehen nicht, dass diese Person, wegen der sie herkommen, nichts weiter als ein Mantel, ein Überzieher ist. Das wahre Ich ist nicht die Person, die vor euch steht; das wahre Ich, mein wahres Ich, das ist die Lehre, denn ich bin untrennbar verbunden, verschmolzen und identisch mit der Lehre. Wollt ihr mich lieben, dann liebt die Lehre, und so liebt ihr auch mich. Mein Ich? Ihr wisst nicht, wer ich bin. Einige Brüder und Schwestern sagten schon zu mir: »Wir haben Sie im Wind gespürt und in den Bäumen«... Ja, ich bin überall, in der gesamten Natur. Dieser Körper, den ihr vor euch habt, stellt nur ein Millionstel von dem dar, was ich wirklich bin. Das Übrige ist woanders.

Diejenigen, die für eine Idee arbeiten, sind sehr stark, kraftvoll, tragfähig, und der Himmel baut auf sie. Und die anderen, die schauen ein wenig hier herein, dann gucken sie einmal dort, nur wirklich verstehen werden sie so nie etwas. Unsere Lehre ist eine göttliche Lehre, und für sie müssen wir arbeiten, ohne auf

Belohnung aus zu sein. Welche Arbeit ihr hier auch immer macht, denkt daran, dass ihr sie wegen der Lehre macht, dafür, dass ihre Ideen sich verbreiten: der Glaube an das Reich Gottes auf Erden, der Glaube an die Harmonie und die Liebe. Und dann werden sogar eure Krankheiten verschwinden. Ja, und darum sage ich euch auch, wenn es auf der Erde wahre Ärzte und wahre Heilkundige gibt, so sind es die Eingeweihten, denn sie heilen die Krankheiten dort, wo sie ihren Ursprung haben. Die anderen schreiten erst ein, wenn es schon zu spät ist. Man muss die Menschen aber behandeln, bevor sie wirklich krank sind. In dem Augenblick, in dem die Disharmonie (d. h. Hass, Verleumdung, Bosheit, Eifersucht, Aufruhr) anfängt, sich in ihnen breitzumachen, ist es eigentlich schon die Krankheit, die in ihnen Fuß fasst. Denn Krankheit ist nichts anderes als ein Zustand mangelnder Ordnung. Und wenn Unordnung in euren Gedanken schon Unordnung vorfindet, dann fühlt sie sich dort ganz zu Hause. Seid ihr hingegen in Harmonie, kann nichts Ungeordnetes in euch eindringen, die Harmonie verhindert dies. Das sind sehr wichtige Gesetze, die man kennen muss.

Wenn euch wirklich an eurer spirituellen Entwicklung etwas liegt, stärker zu werden und den endgültigen Sieg zu erringen, dann müsst ihr an der Harmonie arbeiten, euer ganzes Sein mit den Kräften des Universums in Einklang bringen. Die gesamte Kraft des Schülers liegt nämlich gerade in seinem Willen, Harmonie zu erlangen. Niemand kann ihn daran hindern. Er besitzt den freien Willen, sich mit dem Allkörper in Einklang zu bringen, den Gipfel zu erreichen und ein Leben in Gott zu leben. Denn das ganze Universum ist eine einzige Harmonie. Diese allgegenwärtige Harmonie, die man auch die Sphärenmusik nennt, habe ich einmal gehört. Das ist etwas Unbeschreibliches, es ist fast unerträglich, so sehr hat man das Gefühl, sich auszudehnen, die Weite des Raumes zu erfahren. Ja, der Himmel hat mich diese Sphärenmusik erleben lassen.

Und es ist nun leicht festzustellen, ob es euch gelungen ist oder nicht, die Harmonie zu erlangen, euer ganzes Sein sagt es euch. Wenn all eure Zellen in Einklang schwingen, ist es unmöglich, dies nicht zu verspüren. Wenn ihr Durst habt und etwas trinkt, braucht ihr niemanden, der euch nachher sagt, dass der Durst nun gestillt ist. Und wenn es euch gelungen ist, diesen Harmoniezustand zu erreichen, braucht ihr ebenso wenig jemanden, der es euch bestätigt; ihr spürt von allen Seiten gewaltige Kräfte in euch einströmen, eure Aura ist in hoher Schwingung, ihr seid in einem Zustand der Entzückung. Ist hingegen euer Inneres in Unordnung, im Chaos, muss man euch dann sagen, in welch jämmerlichem Zustand ihr euch befindet? Nein, denn ihr wisst es schon. Und nehmen wir einmal an, dass in diesem Moment jemand kommt, euch seinen Glückwunsch auszusprechen, dann fühlt ihr euch im tiefsten Innern derart betreten, dass ihr im Boden versinken möchtet!

Ihr seht, die unsichtbare Welt belehrt uns über die eigene Erfahrung, und keiner ist davon ausgenommen. Nur verstehen die Menschen diese Sprache nicht, sie ziehen keine Schlussfolgerungen aus den gemachten Erfahrungen. Nun besteht aber gerade die eigentliche Arbeit darin, sich mit diesen Erfahrungen auseinanderzusetzen und seine Schlüsse daraus zu ziehen, um auf dem Weg der Spiritualität vorwärtszukommen. Aber nein, das ganze Leben lang werden immer wieder die gleichen unglückseligen Erfahrungen gemacht und nichts, um die Situation zu verbessern. Man leidet zwar, und stolz darauf ist man auch nicht, aber man ist so sehr an diese ungeordneten Zustände gewöhnt, dass man nicht reagiert, man lebt kümmerlich dahin. Meine lieben Brüder und Schwestern, ihr müsst unverzüglich begreifen, dass man aus diesem Zustand herauskommen muss. Und um da herauszukommen, muss man über die Harmonie meditieren, sich die Harmonie wünschen, sie herbeisehnen, sie lieben und sie überall mit einbeziehen, sie in jede Bewegung hineinlegen, in jedes Wort und in jeden Blick. Das ist doch nicht so schwer! All die Jahre, die ihr schon hier seid, hättet ihr nur daran arbeiten sollen, die Harmonie zu erlangen. Stattdessen arbeitet nun jeder an einer kleinen Eigenschaft, an einer kleinen Tugend, an der Geduld, der Nachsicht, der Großmut... Das ist schön und gut, aber das sind nur Bröckchen neben der Unermesslichkeit der Allharmonie. Selbstverständlich ist es gut, großmütig, nachsichtig, gütig, sanftmütig und demütig zu sein; viele jedoch, die diese Eigenschaften besitzen, leben noch in der Disharmonie, und mit diesen Eigenschaften allein werden sie nicht vollkommen. Man kann sie also beiseite lassen, man muss sich nicht einmal damit beschäftigen. Nun werdet ihr entgegnen: »Aber das ist ja schrecklich, was Sie uns da raten! Die Religionen haben so etwas nie gelehrt.« Lasst auch die Religionen Religionen sein! Bemüht euch einzig um Harmonie, denn sie wird euch zu allen anderen Tugenden hinführen.

Wenn es euch gelingt, einen Menschen in seinem Herzen zu berühren, so berührt ihr damit sein ganzes Wesen. Berührt ihr nur seine Füße, seine Finger, seine Ohren, so hat das keine große Wirkung auf ihn, berührt ihr aber sein Herz, spürt er sogleich mit seinem ganzen Sein, dass er getroffen, dass er ergriffen ist. Um auszudrücken, dass man durch jemanden tief bewegt wurde, sagt man oft: »Er hat mir ans Herz gerührt.« Also muss man das Herz erreichen, das Herz aller Wesen, das Herz der Dinge, das Herz des Universums. Und das Herz des Universums könnt ihr nur durch die Harmonie erreichen. Durch die Harmonie werdet ihr alle Eigenschaften und alle Tugenden auf euch vereinen; sie werden auf euch zukommen, weil ihr das Herz und nicht nur irgendeinen Punkt der Peripherie erreicht habt.

Und wenn ihr das Herz des Universums erreichen wollt, wird euch das nicht mit irgendwelchen kleinen, unbedeutenden Eigenschaften gelingen. Ob ihr geizig oder großzügig seid, nervös oder ruhig, ob ihr zartfühlend oder hart seid, das spielt keine große Rolle. Es gibt Menschen, die mit all ihren Tugenden das Herz des Ewigen nicht haben erreichen können. Sein Herz kann man nur erreichen, wenn man in Harmonie mit Ihm kommt, wenn man mit Ihm in Einklang schwingt, das heißt, wenn man seinen Willen tut und Ihm folgt.[3] Hier erlangt das Wort Folgsamkeit eine gewaltige Bedeutung. Wenn ihr unwissenden und schlechten Menschen keine Folge leistet, so ist das keine Sünde gegen den Ewigen, denn ihr

seid nicht verpflichtet, mit allen Dummköpfen und Verbrechern
der Welt in Einklang zu sein. Dem Schöpfer jedoch müsst ihr
gehorchen, und dann wird euch die Vernunft schon sagen, ob ihr
den Menschen gehorchen müsst oder nicht. Die Menschen wollen
frei und unabhängig vom Herrn leben, stellen sich dabei seinem
Willen und seinen Plänen entgegen und begehen so immer wieder
die Sünde Luzifers und der ersten Menschen. Dieser Drang frei zu
sein und gesetzlos zu leben, sich gegen die Ordnung des Ewigen
aufzulehnen, ist eben genau die Ursache für das ganze Unglück
der Menschheit. Das muss man begreifen. Ich habe das in seiner
ganzen Tragweite begriffen. Es ist so einfach, so klar, dass es sich
in einem einzigen Satz zusammenfassen lässt: Seit die Menschen
die Verbindung mit der himmlischen Harmonie abbrechen wollten, hat alles Unglück begonnen, über sie hereinzubrechen. Und es
wird noch schlimmer kommen, denn sie treiben immer weiter ab,
werden immer anarchischer und haben vor nichts mehr Respekt. Ja,
das wird letztendlich schreckliche Ausmaße annehmen. Überall,
selbst in der Religion und sogar in den spirituellen Lehren ist alles
von diesen Keimen der Anarchie infiziert, und man kann sich auf
katastrophale Ereignisse gefasst machen.

Selbst innerhalb einer Lehre wie der unsrigen, die jeden Menschen, jede Seele, jedes Herz diesem lichtvollen Verständnis näher-
bringen kann, gibt es viele, die noch nicht so weit sind, zu verstehen. Sie öffnen sich lieber allen Strömungen der sich verbreitenden
Anarchie als an der allumfassenden Harmonie mitzuarbeiten. Und
das macht mich nicht glücklich. Natürlich geht es dabei nicht um
mich, weil ich diese Harmonie schon verwirklicht habe. Nur ist
mein Glück nicht vollkommen, denn mein wahres Glück liegt in
eurem Glück und in dem aller Menschen. Sofern es nur darum geht,
meine Arbeit zu machen und mich mit dem Göttlichen in Harmonie zu bringen, habe ich alles, was ich brauche, bin ich vollkommen
glücklich und erfüllt. Meine Aufgabe beschränkt sich aber nicht
allein darauf. Meine Arbeit besteht nicht in dem, was für viele
religiöse Menschen das einzige Ziel ist, nämlich die eigene Seele

zu retten. Alle meine Bemühungen müssen dahin zielen, dass auch die anderen das erreichen können, was ich für mich erreicht habe. Aber es gelingt mir nicht. Ich versuche, sie mitzuziehen, mitzuschleifen, doch sie verstehen mich nicht, sie folgen mir nicht nach. Und darum kann ich nicht glücklich sein. Man hat mir nicht zur Aufgabe gemacht, selber glücklich zu sein, sondern alle Menschen an diesem Glück teilhaben zu lassen.

Würdet ihr euch bemühen, diese Wahrheiten zu verstehen und zu vertiefen, kämt ihr zu den gleichen Auffassungen, zu demselben Licht, zu der gleichen Fülle, und darin fände ich Unterstützung, damit wäre mir geholfen, und gemeinsam könnten wir diese Erde umkrempeln, zum Wohle der ganzen Welt. Viele können mir allerdings nicht nachfolgen, sie wollen mich nicht verstehen, das spüre ich. In ihrem Kopf haben sie so manches, das im Widerspruch steht zu dem, was ich hier erzähle. Und das ist mein Kummer und meine Trauer, versteht ihr das? Es geht hier nicht um mich. Was mich betrifft, habe ich viele Probleme gelöst. Meine Arbeit besteht aber nicht darin, allein zu bleiben in dem Glück, den Willen des Himmels zu erfüllen.

Nun, meine lieben Brüder und Schwestern, da der Himmel euch nun einmal hierher geschickt hat, damit ich euch »in die Mangel nehme«, habt ihr nichts weiter zu tun, als für die Harmonie zu arbeiten. Anstatt eure Zeit damit zu vertun, an allerlei Nebensächliches zu denken, an euren Zeitvertreib, eure kleinen Geschäftchen, eure Liebeleien, denkt an die Harmonie, denkt daran, diese Harmonie in eurem ganzen Sein zu verwirklichen, so dass all eure Zellen in Einklang schwingen. Nehmt zum Beispiel ein Orchester. Jeder hat schon mal ein Orchester gehört, und jeder weiß, wenn nur ein Musiker nicht in Übereinstimmung mit den anderen spielt, zerstört er die Harmonie des Ganzen. Nun, genau das gleiche Phänomen zeigt sich im physischen Körper, im gesamten Sein des Menschen, denn die Organe sind Musikern vergleichbar, die gemeinsam ein Stück spielen sollen. Versucht nur einmal zu lesen, wenn ihr Migräne habt, Krämpfe oder Zahnschmerzen...

Ihr versteht dann nichts, weil die innere Disharmonie euch daran hindert. Erst muss wieder Ruhe und Frieden eintreten, damit ihr verstehen könnt, was ihr lest. So viele Dinge in unserem täglichen Leben wollen uns begreiflich machen, wie wichtig die Harmonie ist! Sei es nun ein Orchester, ein Chor, eine Ballettgruppe oder selbst eine Militärparade, alle müssen miteinander in Harmonie sein. Alles in der Natur und im ganzen Leben dient dazu, uns ein lehrreiches Beispiel von Ordnung, Harmonie und Ästhetik zu geben, doch der Mensch in seinem Innern lebt weiterhin in Ungeordnetheit und Missklang... Oh, sprecht mir nicht von den Menschen! Nie wollen sie sich mit den Gesetzen des Universums in Einklang bringen. Sie sind übrigens die Einzigen, die damit nicht in Einklang sind. Die Tiere, die Insekten, die Pflanzen leben damit in Harmonie, auch die Naturgeister, die Engel... alle, außer den Menschen. Ja, Anarchisten.

Lasst nun also alles andere beiseite und denkt nur noch an die Harmonie, daran, mit der ganzen Schöpfung in Harmonie zu kommen. Und wenn euch das gelungen ist, begreift ihr mit einem Mal alle Gesetze des Universums, denn die Harmonie ermöglicht es, alles wie in einem Gedankenblitz zu erfassen.

Bonfin, den 15. Juli 1970

Anmerkungen
1. Siehe Band 5 der Reihe Gesamtwerke »Die Kräfte des Lebens«, Kapitel 1: »Das Leben«.
2. Siehe Band 12 der Reihe Gesamtwerke »Die Gesetze der kosmischen Moral«, Kapitel 7: »Naturgesetze und moralische Gesetze«.
3. Siehe Band 211 der Reihe Izvor »Die Freiheit, Sieg des Geistes«, Kapitel 5: »Die Freiheit des Menschen liegt in der Freiheit Gottes« und Kapitel 6: »Die wahre Freiheit«.

II

Freier Vortrag

Mögen eure Fähigkeiten und eure Kraft noch so groß sein, niemals werdet ihr einen wirklichen, einen endgültigen Erfolg erzielen, wenn es euch nicht gelingt, Harmonie in euer Inneres zu bringen.

Stellen wir uns zum Beispiel einen weisen Magier vor, der sich anschickt, eine magische Handlung vorzunehmen. Er hat seine Zeremoniekleider an, in der Hand hält er das Schwert oder den Stab und tritt nun in den magischen Kreis, den er gezeichnet hat. Ist es ihm aber nicht gelungen, sein Inneres in Harmonie zu bringen, so wird ihm sein Vorhaben nicht nur misslingen, sondern er setzt sich auch noch großen Gefahren aus. Selbst wenn er sehr mächtig ist, werden die Geister seinen Willen nicht tun, solange er nicht in Harmonie ist. Die großen weisen Magier wissen dies und führen deshalb niemals eine magische Zeremonie durch, wenn sie nicht vorher mit dem Himmel und dem ganzen Universum vollkommen eins geworden sind. Viele Zauberer und Hexenmeister bilden sich ein, es würde genügen, einige Formeln zu kennen, um zu Ergebnissen zu kommen. Das reicht keineswegs, sie setzen sich dadurch sogar der Verfolgung durch alle möglichen Unheil bringenden Wesen aus. Der Mensch kann keine echte Wirkung erzielen, solange er den inneren Frieden nicht hat. Aber lassen wir es mit der Magie genug sein... Was macht ihr nicht alles in Disharmonie! Ihr umarmt eure Frau oder euren Mann, eure Kinder oder Freunde, selbst wenn

ihr traurig oder verwirrt seid oder wenn ihr Gewissensbisse habt.
Sogar die wichtigsten Arbeiten führt ihr in einem Zustand der
Ungeordnetheit durch; deshalb erleidet ihr so viele Misserfolge.

Jeden Morgen solltet ihr beim Erwachen den Tag damit beginnen, euch auf die Welt der Allharmonie einzustimmen. Erst danach
macht euch an die Zubereitung des Frühstücks, umarmt eure Kinder, kleidet sie an, sprecht mit ihnen und geht zur Arbeit. Und wenn
ihr ein Haus betretet, sollte euer erster Gedanke sein: »Mögen
Harmonie und Frieden in diesem Hause herrschen.« Aber meint
ihr vielleicht, die Leute würden solche Gedanken formulieren?!
Sie treten ein, und schon stiften sie Unfrieden zwischen Mann und
Frau, zwischen Eltern und Kindern... Und wenn man durch die
Straßen geht, durch die Geschäfte, ja überall, sogar in den Schulen
sieht man die Leute in Disharmonie. Wie können die Lehrer unter
solchen Verhältnissen die Schüler unterrichten?

Die Harmoniegesetze beinhalten, im Vergleich zu den anderen
Gesetzen des Universums, ein Höchstmaß an Würde und Feier-
lichkeit. Denkt einmal darüber nach, meditiert darüber und beobachtet euch, in welchem Zustand ihr bei euren Handlungen seid,
dann werdet ihr begreifen, warum ihr in manchen Fällen nicht die
gewünschten Ergebnisse erzielt. Selbst wenn ihr etwas Gutes tun
wollt, hat dieses Gute nicht die geeigneten Bedingungen, um zum
Ausdruck zu kommen, solange ihr nicht in Harmonie seid; ja, ihr
wirkt sogar störend auf die unsichtbare Welt ein. Niemals sollte
man etwas in Disharmonie tun und vor allem keine Kinder zeugen.
Eltern, seid wachsam! Seid ihr bei der Vereinigung, um ein Kind zu
zeugen, nicht in Harmonie, dann wird die Hölle sich in dieses Kind
einschleichen, und ihr werdet euch das ganze Leben lang die Haare
raufen.[1] Für alles andere nimmt man sich tage- und monatelang
Zeit, um sich aber in Harmonie zu bringen, gönnt man sich kaum
eine Minute; man glaubt sich bereit.

Die Harmonie ist die Grundlage für jeglichen Erfolg und vor
allem für alles Göttliche, was man verwirklichen möchte. Unablässig muss man daran denken, Harmonie in sich zu schaffen. Unter

dieser Bedingung allein können Arbeiten verrichtet werden, die zu Ergebnissen für die Ewigkeit führen. Um zu dieser Harmonie zu gelangen, welch eine Arbeit, welch ein Wille und welche Konzentration sind dafür nötig! Hat man es aber geschafft, kann man gewaltige Kräfte zum Wohl der Menschheit einsetzen. Spürt ihr nicht, dass das ganze Universum, alle Kräfte der Natur mit mir darin einig sind und mir zustimmen? Beobachtet einmal genau, und ihr werdet sehen, dass die gesamte Natur mir recht gibt und noch unterstreicht, was ich sage.

Es gibt eine Welt der Harmonie, eine ewige Welt, aus der alles hervorgegangen ist, alle Formen, Farben, Töne, Düfte und jeglicher Geschmack, und in diese Welt bin ich vorgedrungen. Vor einigen Jahren hat mir der Himmel diese Harmonie zu kosten gegeben, ich wurde aus meinem Körper herausgehoben und bekam die Sphärenmusik zu hören... Niemals sonst habe ich derartige Empfindungen erlebt, von einer solchen Fülle, einer solchen Intensität... Es gibt nichts Vergleichbares. Das war so schön, so göttlich, dass ich es mit der Angst zu tun bekam; ja, ich hatte Angst vor dieser Pracht, denn ich fühlte, wie mein ganzes Sein derart weit wurde, dass ich Gefahr lief, mich aufzulösen und im unendlichen Raum aufzugehen. Da habe ich diesen Zustand der Ekstase abgebrochen und bin zur Erde zurückgekehrt. Jetzt bedaure ich das... Doch habe ich immerhin einige Augenblicke lang erlebt, gesehen und gehört, wie das gesamte Universum schwingt. Steine, Bäume, Berge, Meere, Sterne, Sonnen, alle Geschöpfe bildeten einen Chor von einer so großartigen, so erhabenen Harmonie, dass man hätte meinen können... aber nein, nichts auf der physischen Ebene kann damit verglichen werden. Und ich habe es mit der Angst zu tun bekommen, denn das Erlebnis war so gewaltig, so intensiv, hätte es noch einige Sekunden angedauert, wäre ich gestorben, zu Staub zerfallen. Der Himmel hat mich diese Erfahrung machen lassen, damit ich eine Vorstellung von der himmlischen Harmonie habe. Pythagoras, Plato und viele andere Philosophen haben von dieser Harmonie gesprochen, aber ich frage mich, wie viele von ihnen sie wirklich erleben durften.

Und jetzt erfüllt allein die Erinnerung an dieses Erlebnis meine Seele so sehr, dass dies ausreichen könnte, mein ganzes spirituelles Leben aufrechtzuerhalten, es zu stützen und ihm Nahrung zu geben. Ja, wenn man einmal weiß, wie das Universum aufgebaut ist, in welcher Harmonie es durch den Willen dieser kosmischen Intelligenz schwingt, die jedem Ding und jedem Wesen einen Klang, eine Stimme gegeben hat... Leider können wir nicht hören, in welch harmonischen Zusammenklang der Schöpfer alle Dinge und alle Geschöpfe gebracht hat. Doch allein der Gedanke daran versetzt mich schon in einen unbeschreiblichen Zustand. Denkt nicht, dass ich euch etwas vormache. Die himmlischen Mächte hören mir zu, und ich weiß, wie schwer eine Unwahrheit vor ihnen wiegt. Und so sage ich euch vor dem Ewigen und den höchsten Intelligenzen, ich habe die Sphärenmusik gehört. Ob ihr mir glaubt oder nicht, ist ohne Bedeutung. Ich jedenfalls sehe dies als das seltenste Privileg an, das einem Menschen vergönnt sein kann.

Für alle, die sich ausführlicher mit diesem Thema befassen wollen, möchte ich noch einige Worte aus der Sicht der Kabbala hinzufügen. Jede Sephira des Lebensbaumes, über den ich schon gesprochen habe, stellt einen Aspekt der göttlichen Harmonie dar; die Sephira Chokmah steht der Sphärenharmonie vor, und hier regiert Jah (»Jah« ist der Name Gottes in dieser Sephira). In seinem Dienst steht Raziel, der Erzengel des Lichtes, des Wissens, der Weisheit und der Macht des Wortes Gottes. Diesem wiederum sind die Ophanim unterstellt (bei den Christen heißen sie Cherubin), die, geleitet vom Wort Gottes, über die kosmische Ordnung wachen. Ihr Wirkungsbereich ist immens, er erstreckt sich bis zum Tierkreis, der auf Hebräisch Masaloth heißt.

Oft schon hat es Erstaunen hervorgerufen, dass meine Vorträge in sich eine solche Geschlossenheit aufweisen, ohne die geringsten Widersprüche, als hätte alles ein und denselben Ausgangspunkt, und zwar im Zentrum des Seins. Ja, dazu möchte ich euch sagen, dass diese in sich geschlossene Sichtweise nicht vom Bücher lesen kommt, sondern daher, dass ich die Sphärenmusik gehört habe.

Angesichts dieser Harmonie begreift man, wie das Universum lebt, wie es schwingt, man erfasst seinen Aufbau und seine Bestimmung. Der landläufigen Meinung nach müsste man viel lesen, um den Geheimnissen der Schöpfung auf die Spur zu kommen, studieren, um die Wahrheit zu ergründen. Aber nein, um das Universum kennenzulernen, muss man lernen, mit ihm in Einklang zu schwingen, und zwar mithilfe der Organe der spirituellen Erkenntnis, dem Solarplexus, dem Harazentrum, der Aura.

Jahrelang habe ich immer wieder meinen Körper verlassen, um den Kosmos, dieses wohlorganisierte Gebilde zu betrachten. Ich habe das Universum betrachtet, aber nicht so, wie wir es jetzt sehen, eingehüllt in die Materie, umgeben von Fleisch, von Schalen usw., sondern in seinem Aufbau, in der Welt der Archetypen. Ja, es ist mir gelungen. Die Sphärenharmonie, die ich gehört habe, war die Krönung all meiner Forschungen, all meiner Arbeit und meiner außerkörperlichen Erfahrungen. Und seither gilt für mich dies als ein Maßstab, ein Muster, ein Modell, ein Anhaltspunkt zum rechten Verstehen und Einordnen aller Dinge.[2]

Ich bin mir wohl bewusst, liebe Brüder und Schwestern, dass ich euch diese Enthüllungen vielleicht etwas verfrüht mache. Wie oft haben mir weltlich orientierte Leute schon gesagt: »Aber mein Herr, sind Sie sich denn im Klaren darüber, was Sie sagen?! Sie sind Ihrer Zeit um einige Jahrhunderte voraus! In der heutigen Zeit ist es unmöglich, Ihre Lehre in die Praxis umzusetzen. Wer wird Ihnen nachfolgen?« Ja, ich weiß, da ist etwas Wahres dran. Aber selbst, wenn niemand sich mir anschließt, so habe ich doch die Weisung erhalten, das zu sagen, was ich sage; und alles wird ja mitstenografiert oder auf Band aufgenommen. Eines Tages wird eine neue Menschenrasse erscheinen, sie wird anders organisiert sein und eine anders geartete Intelligenz besitzen und in der Lage sein, sich dieser Lehre anzuschließen und sie in der Praxis anzuwenden. Zurzeit ist das nicht realisierbar, das weiß ich, denn die Leute sind noch nicht so weit, so große Dinge zu leben. Aber das macht nichts, gesagt werden müssen sie trotzdem, denn sie müssen bekannt werden, und die wenigen, die es schon können, begeben sich auf diesen Weg. Ich mache einfach die Arbeit, die man mir aufgetragen hat, das ist alles.

Wer diese grundlegenden Wahrheiten und diese Lehre nicht kennenlernen will, kann hingehen, wohin er mag, ich halte ihn nicht zurück, denn in Wirklichkeit ist er uns nicht nützlich. Ja, meine lieben Brüder und Schwestern, ihr könnt mich mit Stradivari vergleichen; auch ich will Geigen bauen, aber dafür kann ich nicht jedes Holz und jeden Lack brauchen, denn ich brauche Geigen, auf denen der Himmel seine Melodien spielen kann, das heißt Brüder und Schwestern, die gleichermaßen empfindsam und doch standhaft sind, sonst verliere ich nur meine Zeit. Jeder hat ein Ziel in seinem Leben, und mein Ziel ist nicht, alle Welt hier anzuziehen, sondern Arbeiter für das Reich Gottes auszubilden. Ich brauche Arbeiter, und falls es mir nicht gelänge, wirkliche Arbeiter, wirkliche Geigenspieler und Diener Gottes heranzubilden, so wäre das schade, denn dann hätte ich meine Zeit vertan, dann hätte ich umsonst gearbeitet. Wer bemüht sich einmal, sich in meine Lage zu versetzen? Würdet ihr denken: »Der Meister ist dafür da, uns zu helfen, uns aufzuklären, uns zu unterrichten und uns mit dem Himmel zu verbinden; und wir, sollten wir nicht auch etwas für ihn tun? Hat er nicht vielleicht auch einen Wunsch, eine Sehnsucht?«... Ja, würdet ihr so denken, dann fändet ihr heraus, dass auch ich mir etwas wünsche. Nur, das, was ich mir wünsche, ist nicht für mich, das ist der Unterschied. Mein Wunsch ist es, dass alle, die hierherkommen, von dem einen Ideal beseelt sind, Licht zu verbreiten. Aber niemand mag sich in meine Situation versetzen und mich verstehen.

Ich beklage mich nicht, ich bitte euch nur, euch einmal in meine Lage zu versetzen und zu begreifen, dass ich Arbeiter will, Diener Gottes. Ich arbeite für die ganze Welt, und wenn ihr nicht für meine Ideen arbeiten wollt, so wie ich für euch arbeite, dann ist das ungerecht. Es gibt ein Gesetz der Gerechtigkeit, das besagt, wer nimmt, muss auch geben; nur wer gibt, hat auch das Recht zu nehmen.

Das ist Gerechtigkeit, ein ausgewogener Austausch, Nehmen und Geben. Aber nehmen, ohne etwas zu geben, ist ungerecht, dann werden sich die Karmagesetze einmischen und euch mit Forderungen kommen. Niemand ist sich des Wertes eines einzigen meiner Vorträge bewusst. Vielleicht sind sie eurer Meinung nach auch nichts wert; wenn es aber nach dem Wert geht, den ihnen der Himmel beimisst, dann hättet ihr niemals Geld genug, sie zu bezahlen, so wertvoll sind sie. Darum verlange ich übrigens auch nichts von denen, die sie hören kommen.

Nun wisst ihr es, meine lieben Brüder und Schwestern, ich schöpfe das Wissen für meine Vorträge aus dieser Region, wo ich die himmlische Harmonie, die Sphärenmusik gehört habe. Dort wird mir alles erklärt. Und dort bedarf es nicht einmal vieler Erklärungen. Wenn ihr diese Harmonie in euch verwirklicht, begreift ihr mit einem Mal alles, ihr begreift die Weisheit Gottes, den Frieden, die Liebe. Schon oft haben einige von euch zu mir gesagt: »Gestern verstand ich alles, und warum verstehe ich heute nichts mehr?« Das kommt davon, weil sie die Harmonie zerstört haben. Lasst euch daher von dem Wort Harmonie völlig durchdringen, denkt an nichts anderes, bewahrt es wie eine Art Stimmgabel in euch, und sobald ihr spürt, dass Sorgen oder Unklarheit in euch auftauchen, nehmt diese Stimmgabel und lauscht ihrem Klang, um euer ganzes Sein darauf einzustimmen.

Bonfin, den 27. August 1970

Anmerkungen
1. Siehe Band 214 der Reihe Izvor »Liebe, Zeugung und Schwangerschaft«, Kapitel 9: »Die Zeugung eines Kindes«.
2. Siehe Band 235 der Reihe Izvor »Im Geist und in der Wahrheit«, Kapitel 1: »Das Gerüst des Universums«.

III

Freier Vortrag

»Taucht ein in die Stille, gebt euch voller Vertrauen hin, so wie ein Kind in den Armen seiner Mutter, und Harmonie wird euch bis in die kleinste Zelle durchströmen.«

Dieser Gedanke ist völlig klar und bedarf keiner langen Erklärung. Erinnert euch nur daran, was ich euch schon zur Harmonie gesagt habe: Wenn ihr an der Harmonie arbeitet, um sie in euch zu schaffen, sie zu leben und sie um euch zu verbreiten, ist es nicht nötig, dass ihr euch um jede Tugend, um jede Eigenschaft im Einzelnen kümmert. Ja, ich habe euch schon gesagt, dass man nicht eine spezielle Tugend entwickeln sollte, da das viel zu viel Zeit beansprucht. Ein ganzes Leben wird eventuell nicht dafür ausreichen, und wie wollt ihr dann noch die anderen in euch entwickeln? Schließlich werdet ihr euer ganzes Leben damit zugebracht haben, nachsichtig, sanftmütig oder geduldig zu werden, und darüber habt ihr dann die anderen Eigenschaften vernachlässigt.

Und so sage ich es noch einmal, kümmert euch nicht so sehr um diese oder jene Tugend, sondern konzentriert euch auf die Harmonie, denn sie bringt in einem Zuge alle anderen guten Eigenschaften in euch zum Keimen. Ich mache es jedenfalls so. Ich lasse die Tugenden Tugenden sein und bemühe mich weder um Großzügigkeit, noch um Geduld oder Nachsicht, das lohnt sich gar nicht, das ist vertane Zeit. Ich will nur in Harmonie leben und stelle dabei fest, dass ich so mit einem Schlag die besten Bedingungen dafür habe, dass alle weiteren Tugenden in mir zum Vorschein kommen, denn die Harmonie verlangt es mir ab, intelligent, weise, verständnisvoll usw. zu sein. Herrscht aber in eurem Inneren ein heilloses Durcheinander, dann versucht einmal weise oder auch nur liebenswürdig zu sein. Es wird euch nicht gelingen, weil ihr in einer furchtbaren Disharmonie seid. Also, da habt ihr etwas zum Nachdenken. Bringt alles in euch in Harmonie, und ihr werdet fähig werden, alles mit einer solchen Weisheit, einem solchen Scharfsinn und so viel Intelligenz anzugehen, dass ihr euch fragen werdet: »Ja, woher kommt mir denn das?« Ja, ihr werdet alle Situationen ins rechte Lot bringen, Lösungen finden, Ratschläge geben, denn die Harmonie wird euer Lehrmeister sein. Hütet euch also vor der Disharmonie, so als wollte sich euer größter Feind bei euch einschleichen, denn damit wäre alles verdorben, und keinerlei Tugend könnte euch mehr retten.

In der Harmonie sind also alle guten Eigenschaften zusammengefasst, finden sich alle Tugenden vereint. Und durch die Arbeit an der Harmonie berührt ihr das Herz aller Dinge, die Seele allen Seins, das Zentrum, und von dorther kommen dann Impulse, Ströme und Kräfte, die alles umwandeln und ordnen. Wenn man nicht in Harmonie ist, wenn man erregt, verkrampft oder gereizt ist, bemüht man sich vergebens, auch nur eine gute Eigenschaft zu haben, dann ist nichts zu wollen, aber alles, was man an Schlechtigkeiten in sich birgt, ist da, um zu beißen, zu stechen, zu schlagen und kaputt zu machen. Wie sehr man sich auch abmüht, es geht nur langsam vorwärts, da man die Harmonie, den Ursprung aller guten Eigenschaften und Tugenden, vernachlässigt hat. Die Harmonie bringt alles zum Erblühen, euer Blick, euer Gesichtsausdruck strahlen auf, eure Gesten sind gemessener, eure Worte aufbauender, euer Denken ist klarer. Man sagt: »Trägheit ist aller Laster Anfang.« Aber nie spricht man von dem, was am Anfang aller Tugenden steht, von der Harmonie.

Fragt ihr einen Musiker, wird er euch natürlich viel über die
Harmonie sagen, und die Fülle seiner Erläuterungen wird euch ver-
blüffen; nur, über die esoterische Seite der Harmonie werden euch
die Musiker nichts enthüllen, da sie diese selbst nicht kennen. Aus
rein musikalischer Sicht werden sie euch viel beibringen, aber kein
Musiker wird euch, so wie ich es gerade dargelegt habe, zu einem
Verständnis der Harmonie führen können, das ihre Verbindung
zu allen Tugenden, zur Vollkommenheit und auch zur Gesundheit
aufzeigt. Ja, unbedingt auch zur Gesundheit, denn jegliche Disharmonie greift eure Gesundheit an und zerrüttet sie. Wer das begriffen hat, denkt an nichts anderes mehr, als sich mit allen göttlichen
Wesen und Intelligenzen in Einklang zu bringen, er bemüht sich bis
in seine Körperzellen hinein um Harmonie.

Allein die Harmonie eröffnet den Zugang zu allen Segnungen und
allen Schätzen des Himmels. Denn die himmlischen Mächte hören
nur auf die Sprache der Harmonie. Wollt ihr mit ihnen sprechen, sie
um etwas bitten oder sie bewegen, sich um euch zu kümmern, so
müsst ihr wissen, dass der Himmel nur diese eine Sprache spricht.
Ihr könnt tun, was ihr wollt, drohen, euch weigern in die Kirche zu
gehen, sozusagen als »Strafmaßnahme«, das wird alles keinen Eindruck machen. Sprecht aber die Sprache der Musik, das heißt, der
Harmonie, die ja die absolute, die vollkommene Musik ist, die Musik
»par excellence«, dann lauscht man im Himmel euren Worten, und
sie finden Erhörung. Im Himmel werden nicht verschiedene Sprachen gesprochen, sondern nur eine, die der Harmonie; und wenn ihr
es versteht, in dieser Sprache zu sprechen, dann erhaltet ihr Antwort,
und der Himmel wird euch mit seiner Fülle überschütten.

Ich sehe, wie ihr in allen möglichen Bereichen große Anstrengungen unternehmt, in dem Glauben, dies sei vorrangig und würde
euch Schutz, Sicherheit und Glück bringen, und die Harmonie lasst
ihr außer Acht. Vielleicht versteht ihr mich heute aber besser, denn
ich berühre mit dem Gesagten eure persönlichen Belange, ich zeige
euch, dass ihr zu eurem eigenen großen Nutzen ständig und unermüdlich mit der Harmonie arbeiten solltet, denn sie allein kann euch

all das geben, was ihr euch wünscht, nämlich Freundschaft, Liebe und vor allem die Gegenwart göttlichen Lebens. Wenn wir uns beim gemeinsamen Singen der vollkommenen Harmonie nähern, habt ihr doch schon etliche Male die Gegenwart himmlischer Wesen gespürt... Sie werden durch die Harmonie angezogen. Sie gehen durch die Reihen und verteilen Blumen und andere Geschenke... Ihr spürt wohl etwas, wisst aber nicht, dass es geistige Wesen sind, die uns da besuchen. Und ich versichere euch, wenn ihr nur all eure Bemühungen und eure ganze Willenskraft darauf verwendet, dass der Himmel zu uns komme, so wird er kommen.[1] Er ist mit uns, er steht hinter uns, und ihr werdet Zeugen außergewöhnlicher Ereignisse sein; ihr werdet ein so unendliches Glücksgefühl verspüren, dass es euch überwältigen wird, denn gewaltige Kräfte werden euch durchströmen und in tiefer Ekstase erbeben lassen.

Ich habe euch schon gesagt, Harmonie ist die beste Waffe gegen Krankheit. Wenn ihr krank seid, so deshalb, weil ihr einen Zustand der Unordnung in euch aufrechterhaltet; ihr habt bestimmte Gedanken, Gefühle und Einstellungen genährt, und das hat sich auf eure Gesundheit niedergeschlagen. Und warum zeigt sich das gerade in dem einen Organ und nicht in den anderen? Weil es sich entsprechend der Gesetze, die ihr überschritten habt, mit mathematischer Genauigkeit dort auswirken muss. Wollt ihr gesund werden, so richtet euer ganzes Denken auf die Harmonie; Tag und Nacht müsst ihr euch mit dem gesamten Leben abstimmen, euch in völlige Übereinstimmung, in Einklang bringen mit dem unbegrenzten, dem kosmischen Leben. Denn das ist wahre Harmonie. Sich mit einigen Menschen in Einklang zu bringen, mit der Frau oder dem Mann, den Kindern, den Eltern, den Nachbarn oder Freunden, das genügt noch nicht. Mit dem allumfassenden Leben muss man in Einklang kommen. Nun sind unseligerweise viele in Übereinstimmung mit Leuten von dürftigem Niveau, aber in Unstimmigkeit mit dem universellen Leben. Nach und nach dringt diese Disharmonie in sie ein und setzt sich dort fest, bis eines Tages die Krankheit ausbricht.

Und wenn ich euch das alles sage, sage ich es gleichzeitig auch zu mir selbst! Denkt nur nicht, dass ich mich davon ausschließen will. Wenn mir etwas zustößt, wenn ich irgendwo Schmerzen habe, dann sage ich zu mir: »Na, alter Junge, da siehst du mal, du hast diese Harmonie auch noch nicht erreicht, von der du zu den Brüdern und Schwestern sprichst. Also los, mach dich an die Arbeit!« Was ich euch da erzähle, gilt also auch für mich. Nun mögt ihr sagen: »Dann sind Sie ja auf dem Evolutionsweg auch noch nicht besonders weit vorangekommen.« Nicht so enorm weit, das ist schon wahr, nur der Unterschied zwischen mir und vielen anderen besteht darin, dass ich mir über die Bedeutung der Harmonie klar geworden bin, die anderen aber noch nicht. Dass es aber in mir noch vieles zu reinigen, zu läutern, umzuwandeln, zu vergeistigen, zu beleben und zu neuem Leben zu erwecken gibt, das steht fest. Meint ihr etwa, ich sei vollkommen auf diese Erde gekommen?!... Selbst die Eingeweihten bekommen Erblasten und Fehler mit. Wenn sie sich inkarnieren, findet sich keine Familie, die ihnen nicht ein Erbgut von Unvollkommenheiten und Krankheiten mitgäbe. Nun ja, dann legen sie sich eben kräftig ins Zeug, arbeiten für zwei, für drei oder für hundert, um den Reinigungs- und Läuterungsprozess zu beschleunigen. Und so verwirklichen sie diese Harmonie in sich sehr viel schneller als die anderen. Das ist alles. Glaubt nur nicht, wenn die Eingeweihten auf die Erde kommen, sei alles absolut rein, harmonisch und göttlich in ihnen. Wo denkt ihr hin?! Ich weiß, wie die Realität aussieht. Aber das ist nicht wesentlich, denn man darf sich nie damit zu rechtfertigen suchen, dass man diesen oder jenen Fehler von seinen Eltern mitbekommen habe. Sagt euch nur: »Hätte ich etwas Besseres verdient, dann hätte ich mich in einer besseren Familie reinkarniert.[2] Also liegt die Schuld nicht bei meinen Eltern, sondern bei mir selbst. Jetzt muss ich eben alles in Ordnung bringen, reinigen und läutern.« Und nach einiger Zeit seid ihr dann wie neugeboren, ihr seid lichtvoll und strahlend... Nur muss man dazu fest entschlossen sein und bewusst die Dinge ernst nehmen.

Lasst also von nun an alles andere beiseite und bemüht euch um Harmonie! Durch sie werdet ihr alles erhalten, was ihr benötigt, Gesundheit, Schönheit, Licht, Freude; eine unwahrscheinliche Glückseligkeit wird euch erfüllen, und dann fühlt ihr euch so stark und standhaft, dass ihr nicht einmal mehr vor dem Tod Angst habt. Ja, durch die Harmonie werdet ihr den Tod überwinden. Allerdings muss man natürlich, will man die Harmonie anziehen und entwickeln, diese auch lieben. Glaubt nicht, ihr könntet sie anziehen, solange ihr sie nicht liebt. Aber ich spüre schon, ihr fangt an, sie zu lieben... Seit einiger Zeit bemüht ihr euch ernsthaft um Harmonie in der Bruderschaft. Ihr macht dies bewusst und tatkräftig und stellt fest, dass ihr unbeschreiblich schöne Ergebnisse erzielt. Bemüht euch weiter so um diese Harmonie, dann werde ich euch eines Tages all das zeigen können, was sich in der Welt auf Grund unserer Arbeit gewandelt haben wird. Ihr werdet sehen, in wie vielen Familien, in wie vielen Ländern wir durch unser Leben hier in der Universellen Weißen Bruderschaft sehr viele Menschen inspirieren, die aus dem aktuellen Durcheinander in der Welt herausfinden wollen. Das ist auch ein Punkt, den ihr noch nicht ganz erfasst, ihr seht nicht den eigentlichen Grund, warum wir diese Harmonie leben müssen. Gewiss auch deshalb, weil wir dann selbst anfangen, das Reich Gottes zu erfahren, aber vor allem, weil wir dadurch in die ganze Welt und bis hin zu den Sternen Ströme, Wellen und Kräfte von einer solchen Intensität, von einer solchen Lichtstärke senden, dass früher oder später die ganze Menschheit nicht mehr wird umhinkönnen, sich zu wandeln und in Harmonie, Glück und Frieden zu leben.

Bonfin, den 10. August 1971

Anmerkungen

1. Siehe Band 223 der Reihe Izvor »Geistiges und künstlerisches Schaffen«, Kapitel 5: »Die Stimme« und Kapitel 6: »Chorgesang«.
2. Siehe Band 233 der Reihe Izvor »Eine Zukunft für die Jugend«, Kapitel 11: »Warum wird man in diese oder jene Familie hineingeboren?«.

II

DIE MEDIZIN MUSS AUF DEM EINWEIHUNGSWISSEN GRÜNDEN

Freier Vortrag

Nun, meine lieben Brüder und Schwestern, ich soll euch von allen aus dem Bonfin ganz herzlich grüßen. Viele, viele senden euch ihre Grüße... sie sind fast ein Dutzend! Einige werden übrigens bald kommen... Ja, warum soll ich euch dann im Voraus grüßen? Wohl weil es euch gefällt, das zu hören, nicht wahr?

Dazu möchte ich euch etwas erzählen, was sich einmal in Sofia zutrug: Ein Bulgare kehrte aus Istanbul zurück, wo er Gespräche mit den Obersten der orthodoxen Kirche geführt hatte. »Nun, was gibt es Neues?«, fragte ihn ein Pope, den er traf. »Oh«, antwortete er, »ich habe gehört, wie man von dir sprach, man will dich zum Bischof ernennen oder dir den Titel eines Archimandriten verleihen.« – »Ja, gibt's denn das!«, rief der Pope aus, »das ist doch nicht möglich. Du machst dich über mich lustig. Lass das sein!« Einige Tage später jedoch, als der Pope diesem Manne wieder begegnete, fragte der ihn: »Also los, erzähl doch mal, was hat man dort über mich gesprochen?« Seht ihr, so ist der Mensch, er will bescheiden erscheinen, aber er hört es doch gerne, dass man an höherer Stelle von ihm spricht.

Könnte man in das Innere eines jeden von uns hineinblicken, was würde man dann nicht alles entdecken?! Aber das ist doch gar nicht der Mühe wert, das Wesen des Menschen ist ja zur Genüge bekannt, man weiß im Voraus, was man vorfinden wird. Nun werdet ihr wohl sagen: »Himmel, was ist er negativ!« Aber nein, ich wollte doch gerade sagen, dass man auch wundervolle, göttliche Dinge finden wird. Ihr lasst mich ja nicht ausreden, dann müsst ihr mich doch missverstehen. Lasst mich also wenigstens zu Ende reden. Ja, man kann die schönsten Dinge im Menschen entdecken, unter der Bedingung allerdings, bestimmte Bereiche dichter Finsternis zügig zu durchqueren, um sehr viel weiter in die feinen, lichtvollen Regionen seines Wesens aufzusteigen. Dann wird wahr, was ich euch jetzt sage: Man ist fasziniert. Nehmt irgendeinen Menschen; wenn ihr euch damit zufrieden gebt, was ihr äußerlich seht, dann ist das natürlich nicht immer sehr berühmt, manchmal ist es sogar entsetzlich. Sucht ihr aber in höheren Bereichen, werdet ihr immer eine andere Natur vorfinden; vielleicht schlummert sie noch, aber sie ist da und wartet darauf, dass ihre Stunde kommt. Gelingt es einem, diese zweite Natur zu erwecken und bestimmte negative Dinge, die sich äußern wollen, ein wenig zu bremsen, dann wandelt sich der Mensch plötzlich zu etwas Großartigem. Denn jeder Mensch trägt in sich zwei Naturen, die niedere und die höhere.

Nun meint aber nicht, dass ich heute darüber sprechen will. Wie gewöhnlich bin ich übrigens hergekommen, ohne zu wissen, worüber ich reden werde. Wenn ich zu euch komme, habe ich ja im Allgemeinen nichts weiter vor, als euch herzliche Grüße auszurichten, das ist alles; und dann denke ich schon wieder daran, das Weite zu suchen. Wenn man aber einmal bei euch ist, ist es gar nicht so einfach, sich schnell davonzumachen. Ja, ich habe festgestellt, wenn ich bei euch bin, komme ich nicht wieder weg. Ich spüre, wie jeder denkt: »Sag uns irgendetwas!«... Aber ehrlich, heute weiß ich nicht, wovon ich sprechen soll. Also, dann können wir uns ja verabschieden, wir sehen uns dann Weihnachten wieder. Es sei denn, ihr möchtet lieber jetzt weitermachen... Sagt mal ehrlich, ob ihr müde seid... Wenn ich so eure Gesichter anschaue, sehe ich keinen, der schläfrig oder müde wäre, das ist ja wunderbar! Lauter vor Energie strahlende Gesichter!

Findet ihr es nicht auch großartig, wenn ich so rede, ohne dabei eigentlich etwas zu sagen? Das kommt wohl öfter vor, nicht wahr? Wenn mir aber mal der Hut hochgeht, wie man so schön sagt, dann rede ich plötzlich ganz vernünftig; vernünftig meiner Meinung nach, vielleicht nicht für die anderen... Wenn es aber nichts gibt, was mich aus der Ruhe bringt, fällt mir einfach nichts ein. Früher war eine Schwester unter uns, die mir oft Anlass gab, zu euch zu sprechen – sie ist nun schon hinübergegangen, und Gott möge ihr Licht und Frieden schenken – und diese Schwester hat mir große Dienste erwiesen. Ständig fand sie etwas, um zu meckern, zu kritisieren und die Bruderschaft in Aufruhr zu bringen, und ich musste ständig einschreiten, um den Frieden wiederherzustellen. Sie hat mir wirklich zu schaffen gemacht, aber durch sie habe ich die besten Vorträge gehalten... Das soll nun nicht heißen, dass jemand ihren Platz einnehmen sollte, um mir Gesprächsstoff zu liefern. Nein, denn in Wahrheit ist es die Harmonie, die mich zu den schönsten Themen inspiriert. Oft, während einer Meditation, wenn ihr alle mit dem Licht verbunden seid, hat man den Eindruck, ein Leuchten über euren Köpfen aufstrahlen zu sehen, und das versetzt mich in einen großartigen Zustand, der mich zum Sprechen inspiriert.

Mehr und mehr entdeckt man übrigens die wohltuende Wirkung der Harmonie auf die Gesundheit. Mehr und mehr erkennt man, dass viele Krankheiten von der Disharmonie kommen, die sich im Innenleben der Menschen breit macht, von der Disharmonie in ihren Gedanken, in ihren Gefühlen... Die Mediziner haben für diese Krankheiten allerlei wissenschaftliche Ausdrücke, während ich weiterhin nur einen einfachen Wortschatz besitze, der aber vieles erklärt, und ich nenne das alles Disharmonie. Beobachtet man einmal, wie Harmonie und Disharmonie auf allen Gebieten, bei allen Tätigkeiten und in allen Bereichen der Gesellschaft wirken, dann ist es ganz gleich, welcher gelehrten Ausdrücke man sich bedient, um dies zu bezeichnen, man wird immer wieder auf die zwei Begriffe zurückkommen: Harmonie und Disharmonie oder aber Ordnung und Unordnung. Wenn es der Medizin auch gelungen ist, Krankheiten wie Pest, Cholera, Typhus usw. zu besiegen, so gelingt es ihr doch noch nicht, die Menschheit vor Störungen des Nervensystems zu bewahren, wie Angst- und Unruhezustände,

Nervosität und Depressionen, die sehr nachteilig auf den Organismus einwirken. Und wie ihr übrigens wisst, Krankheiten verlagern sich; war es früher die eine Körperregion, die besonders anfällig war, so ist es heute eine andere, zum Beispiel das Nervensystem oder das Herz. Natürlich gibt es noch weitere. Es handelt sich dabei nicht immer um unheilbare Krankheiten, aber sie sind weit verbreitet, und manche sind schwer heilbar, wie Kinderlähmung oder Krebs.

Allerdings bin ich doch recht froh, weil ich erfahren habe, dass sich ein Umschwenken in den Medizinerkreisen bemerkbar macht, und dass mehr und mehr neue Richtungen auftauchen, die unserer Lehre nahestehen. Und da die Theorien und Ansichten, die wir vertreten, aus der Einweihungswissenschaft stammen und seit undenklichen Zeiten existieren, ist dies ein Beweis dafür, dass die offizielle Wissenschaft sich wieder den großen Wahrheiten der Vergangenheit zuwendet. In letzter Zeit gab es so viele Reaktionen gegen die Antibiotika und die Chemotherapie, die in manchen Fällen negative Auswirkungen hatten, dass die Ärzte nun ein wenig ratlos sind. Einige wenden sich der Homöopathie zu, weil sie erkannt haben, dass die allopathischen Ärzte, die sich ausschließlich mit der Krankheit beschäftigen, den Menschen mit seinen individuellen und spezifischen Eigenschaften vergessen. Außerdem haben sie erkannt, dass durch das Abtöten der krankheitserregenden Bakterien und Viren gleichzeitig dem Organismus nützliche Bakterien mit vernichtet werden.

In der Medizin fängt man auch langsam an zu begreifen, dass sich der Mensch auf Grund seiner psychischen Fähigkeiten von den anderen Lebewesen stark unterscheidet. Man hat beobachtet, dass dasselbe Heilmittel nicht bei allen Kranken gleich wirkt, und dass man folglich nicht unbedingt dasselbe Heilmittel gleichermaßen all denen verschreiben kann, die die gleiche Krankheit haben. Ein guter Homöopath studiert jeden Menschen individuell, seine Konstitution, seine Begierden, seine psychischen Zustände und verordnet ihm das für ihn passende Mittel, das für einen anderen mit demselben Leiden vielleicht nicht das richtige wäre. Man hat eben festgestellt, dass man bei jedem Kranken auch eine Gesamtheit von Umständen berücksichtigen muss, die man das »Umfeld« nennt. Bisher hatte die Medizin aber dieses Umfeld, in dem sich die Krankheit entwickelt, außer Acht gelassen und nur die Krankheit selber studiert.

Jetzt kommt man auch wieder auf die von Hippokrates gelehrten Prinzipien zurück. Hippokrates war ein griechischer Arzt, der die ägyptische und indische Heilkunde studiert hatte. Er lehrte, dass man vor allem die Abwehrbereitschaft des Körpers unterstützen müsse, denn der Organismus, das heißt die Natur, weiß sich zu wehren, indem er spontan chemische Stoffe aufbaut, die in der Lage sind, die Krankheitskeime zu neutralisieren. Schwächt man aber den Organismus durch alle möglichen Arzneien, kann er nicht mehr reagieren. Durch natürliche Mittel wie Bäder, Kräutertees, Sonnenbaden, Ruhe, Entschlackung, Fasten usw. wusste Hippokrates den Organismus zu stärken, während die Kranken heutzutage Mengen von Medikamenten einnehmen, die den Organismus schwächen und ihm so die Widerstandskraft nehmen. Sie verlassen sich ständig auf die von außen kommenden Heilmittel und entwickeln nicht die ihnen innewohnenden Kräfte. Passt auch ihr auf, schluckt nicht einfach egal was, sonst wird euer Organismus bald nicht mehr allen Belastungen standhalten können, denen er ausgesetzt ist. Durch Arzneimittelmissbrauch entstehen auch viele Missbildungen.

Es gibt also gegenwärtig einen Zweig der Medizin, der allmählich wieder auf Hippokrates zurückkommt, also auf die Natur. Man entdeckt zum Beispiel wieder die wohltuende Wirkung des Meerwassers, und immer mehr Zentren für Thalassotherapie (Meerwasserheilkunde) entstehen. Das Meerwasser enthält alle dem Organismus notwendigen Stoffe, denn es hat eine ähnliche Zusammensetzung wie das Blut. Mit Hilfe des Meerwassers haben die Ägypter schon Plato geheilt. Auch die Babylonier, die Chinesen und die Japaner kannten diese Therapie. Mit derartigen Heilweisen bin ich absolut einverstanden, denn sie entsprechen unserer Lehre, die das Gleichgewicht im Menschen wiederherstellen will, indem aus dem unerschöpflichen Reichtum der Natur das herausgenommen wird, was dem Organismus fehlt. Durch die neuesten Entdeckungen der Wissenschaft weiß man heute, dass der Mensch, so wie alle Geschöpfe, aus dem Meer stammt, und so finden sich auch alle Bestandteile des Meeres im Menschen wieder. Wenn dieser ins Meerwasser eintaucht, stellt sich das Gleichgewicht in ihm wieder her, denn dieses Wasser war einst sein Urelement. Es ist auch sehr gut, Meerwasser zu trinken, das wirkt wie eine richtige Bluterneuerung; denselben Effekt erzielt man, wenn man Austern isst. »Ja, kann man denn diese Stoffe nicht in Form von Tabletten zu sich nehmen?« fragt ihr euch vielleicht. Nein, das ist nicht das Gleiche, denn im Meer sind diese Stoffe lebendig, und so kann der Organismus sie ganz anders aufnehmen und in den Stoffwechsel einbauen. Alles, was in Fabriken und Labors künstlich hergestellt wird, ist nicht so sehr zu empfehlen. Es gibt Leute, die behaupten, dass die im Meerwasser enthaltenen Mineralstoffe über den Regen, die Flüsse und unterirdische Gewässer dort hineingelangt sind. Die neuesten Forschungen haben aber gezeigt, dass Jod, Bor und andere sehr seltene Elemente, die man im Meerwasser entdeckt hat, nicht in der Erde vorkommen, und man weiß noch nicht zu sagen, wo sie herstammen.

Ich habe Pläne, später einmal Meerwasser im Bonfin für Bäder zu verwenden. Man kann es mit Tankwagen herbeischaffen und es aufheizen, um heiße Bäder zu nehmen. Auf diese Weise dringen Bestandteile des Wassers über die Haut ins Blut ein, wie neuere wissenschaftliche Forschungsarbeiten gezeigt haben. Dem Wasser kann man Algen beigeben, denn sie haben auch eine große Heilkraft. Meine Großmutter hat auf diese Art manches Leiden geheilt, und daher ist es mir seit ungefähr sechzig Jahren schon bekannt, dass man durch heiße Bäder mit Kräuterzusätzen die Harmonie im Organismus wiederherstellen kann. Es ist auch gut, Algen zu essen. Die Japaner essen sie viel und haben dadurch eine außerordentliche Abwehrkraft. Während meiner Pazifikreise habe ich auf Hawaii Geschäfte gesehen, wo die verschiedensten Schalen- und Krebstiere, Fische und auch Algen verkauft wurden. Das waren Algen, die hatten eine Form und Konsistenz, aber auch einen so guten Geschmack, etwas Vergleichbares habe ich sonst noch nie gegessen. Und die Leute kauften viel davon, denn es gab sie im Überfluss. Oh, könnte man nur irgendwo Algen bekommen! Sie enthalten alle wichtigen Nährstoffe. Gewiss bekommt man welche in den Reformhäusern, aber Vorsicht ist doch angebracht; man weiß nicht immer, ob sie auch frisch sind und unter welchen Bedingungen sie zubereitet wurden. Man müsste sie selber an ausgesuchten Plätzen sammeln, das ist aber auch nicht einfach, weil das Meer so verschmutzt ist!

Schaut nur einmal, wie die Leute sind. Die Befürworter der Thalassotherapie sind von den Erfolgen begeistert, die man mit Meerwasser und Algen erzielen kann, fragen sich aber nie, woher diese Kräfte und Energien denn kommen, die das Meer ihnen mitgibt. Das Wesentliche vergessen sie immer wieder, die Sonne! Sie gibt dem Meerwasser und den Algen ihre Vitalität, die dann der Mensch daraus schöpft. Sie ist also der wesentliche Faktor; das Meerwasser und die Algen sind nur Übermittler. Wäre das Meerwasser nicht von der Sonne belebt, hätte es keinerlei wohltuende Wirkung.

Bei den Schlussfolgerungen der Menschen fehlt immer das Wesentliche, weil ihnen das wahre Wissen fehlt. Nie denken sie daran, dass es die Sonne ist, die ihnen all das gibt, was sie auf der Erde finden. Ein Baum zum Beispiel, was ist ein Baum? Nichts anderes als gespeicherte Sonnenenergie.[1] Verbrennt man einen Baum, dann kehrt das Licht zur Sonne zurück und hinterlässt nur ein wenig Gas, Wasserdampf und Erde, die Asche. Ebenso wie der Baum ist auch das Meer nichts anderes als gespeicherte Sonnenstrahlen. Wenn die Sonne auf das Meer herabstrahlt, erfüllt sie es mit ihrem Leben. Trinkt man nun dieses Wasser oder badet man darin, empfängt man daraus das Leben, das die Sonne dort hineingelegt hat.

In der Phytotherapie und in der Aromatherapie werden Pflanzen verwendet. Das sind Heilweisen, die ich euch ebenfalls empfehle. Warum? Weil auch die Pflanzen die Eigenschaft besitzen, von der Sonne und von den Sternen ausgesandte Elemente aufzufangen und in sich anzureichern. Ich habe absolutes Vertrauen in ihre Heilkräfte, und wenn man es versteht, sie richtig zu dosieren und zu kombinieren, haben sie keinerlei schädliche Nebenwirkungen. Daher kann ich euch nur empfehlen, euch so oft wie möglich der Pflanzen zu bedienen. Im Bonfin möchte ich übrigens ein Stück Land für den Anbau von aromatischen Kräutern reservieren. Ich werde euch jeweils deren Eigenschaften angeben, und ihr könnt sie dann päckchenweise mit heimnehmen.

Die Chiropraktik wurde von einem Amerikaner neu entdeckt und hat dann allmählich in allen Ländern Verbreitung gefunden. Und doch ist es eine schon uralte Wissenschaft. Das ist auch ein Heilverfahren, zu dem ich euch nur raten kann. Oft habe ich übrigens die große Bedeutung der Wirbelsäule hervorgehoben und euch darauf aufmerksam gemacht, dass viele Krankheiten von dort herrühren, sei es, dass sie verkrümmt ist oder dass ein Nerv eingeklemmt ist usw. Da die Ernährung der Organe mit Hilfe der Nerven stattfindet, hat es keinen Zweck, die Organe unter Missachtung der Nerven zu behandeln, von denen sie abhängen. Und die Nerven nehmen ihren Weg durch das Rückgrat. So sind die Organe über die Wirbelsäule indirekt mit dem Gehirn verbunden. Sie bildet also gewissermaßen eine Brücke zwischen dem Gehirn und dem übrigen Körper, und wenn sie nicht einwandfrei funktioniert, stellen sich die verschiedensten Störungen ein. Also muss man den Energiefluss wieder in Gang bringen, indem man sich um die Nerven kümmert, die ihren Weg durch die Wirbelsäule nehmen. Alle, die dieses Wissen eingehend studiert haben, konnten schon viele Krankheiten heilen; es ist sogar gelungen, in bestimmten Fällen die Taubheit zu heilen, die durch eine Fehlfunktion der Wirbelsäule bedingt sein kann.

Auch der Heilmagnetismus ist ein Therapieverfahren, und zwar zusammen mit der Phytotherapie eines der ältesten. Zu allen Zeiten haben die Eingeweihten mit Magnetismus geheilt. Schaut nur einmal, was darüber in den Evangelien zu lesen ist: Jesus berührte den Kranken und heilte ihn damit. Wie geschah das? Indem er eine Kraft in ihn einströmen ließ, seine Kraft, ein harmonisches, vollkommenes Fluidum.[2] Das war wie eine Lebenskraft, die er einströmen ließ. Und was bewirkt das Leben? Genau das, was reine Luft beim Atmen bewirkt oder auch eine Bluttransfusion, es stellt das Gleichgewicht im Organismus wieder her. Durch das Berühren des Kranken bewirkt der Eingeweihte also eine echte Übertragung von Lebenskraft, und zwar, weil er ein harmonisches, erfülltes, göttliches Leben lebt. Es ist so, als würde er sein Blut spenden, und der Kranke wird augenblicklich wieder gesund. Der Magnetismus ist also die älteste Heilkunde, die der Eingeweihten, die durch die Berührung heilen oder einfach nur durch den Blick, durch einige Worte, sogar ohne den Kranken zu berühren. Und tatsächlich ist es das gleiche Prinzip, wie beim Injizieren einer Spritze, da es ja darauf beruht, etwas in den Körper eindringen zu lassen.

Es gibt noch weitaus mehr Heilverfahren. Schon vor dem Krieg hat man begonnen, sich für die Zellulartherapie zu interessieren. Heilung, Verlängerung der Lebenserwartung oder Verzögerung des Alterns wird dadurch erreicht, dass dem menschlichen Körper Zellen von verschiedenen Organen bestimmter Tiere injiziert werden. Die Zellulartherapie war allerdings schon seit Jahrhunderten bekannt, und auch Paracelsus kannte sie. Man weiß, dass bei einigen Eingeborenenstämmen in Afrika und in Amerika bestimmte Tierorgane gegessen werden, weil man so deren Eigenschaften erlangen will. Dort glaubt man zum Beispiel, um die Kraft und den Mut des Löwen zu erlangen, müsse man dessen Herz essen; isst man hingegen das Herz eines Hasen, würde man furchtsam werden. Gewiss erzielt man mit der Zellulartherapie bestimmte Ergebnisse, jedoch ist sie eine Art schwarzer Magie, weil dafür lebende Geschöpfe geopfert werden. Dieses Heilverfahren kann ich daher nicht befürworten. Man kann damit wohl heilen, das ist richtig, aber man muss doch andere Mittel finden. Voronoff zum Beispiel nahm Verpflanzungen von Affendrüsen vor, um Menschen damit neue Sexualkraft zu geben. Diese Methode wurde aber aufgegeben, da man feststellte, dass bei den Menschen, die auf diesem Wege ihre Sexualkraft wiedererlangten, auch die tierischen Triebe verstärkt zum Ausdruck kamen. Also wie auch immer, bei Tieren Zellen zu entnehmen, um diese auf irgendeine Art in den menschlichen Körper zu bringen, halte ich nicht für anstrebenswert, dazu rate ich nicht.

Alles, was nicht der Wissenschaft entspricht, die ich studiert habe, nämlich der Einweihungswissenschaft, das lehne ich ab. Die Einweihungswissenschaft betrachtet den ganzen Menschen und nicht nur einen Teilbereich, die Leber, die Milz oder das Herz... Hippokrates sagte schon, wenn ein Teil des Körpers nicht in Ordnung ist, bedeute dies, dass der gesamte Organismus gestört ist. Also muss die allgemeine Harmonie wiederhergestellt werden, und dann heilt der Organismus den kranken Teil selber. Auf jeden Fall bleiben alle Heilmittel, seien es Tabletten, Spritzen oder Antibiotika, ohne dauerhafte Wirkung, wenn der Mensch durch seine Gedanken und Gefühle die Unordnung in sich beibehält.

Ich bin auch nicht einverstanden mit Methoden, die, um Lebewesen und Dinge zu erforschen, diese aus der Ganzheit des Universums herauslösen, da sie sie dabei töten. Auf diese Weise erlangt man keine wohlbegründeten Kenntnisse. Analysieren und Sezieren, das sind schlechte Methoden. Oft schon habe ich gesagt, dass bei solchen Forschungen die Dinge nicht vom Lebensbaum abgetrennt werden dürfen. Denn trennt man sie ab, zerstört man ihre Schönheit, ihre Lichtkraft, ihre Strahlung, ihre Vitalität und macht sie zu einer bloßen Leiche. Und die offizielle Wissenschaft studiert eben Leichen. Sie versteht es noch nicht, das Leben zu studieren. Manchmal analysiere ich auch, aber nur, um euch zur Synthese hinzuführen. Ich bleibe nicht bei der Analyse stehen, denn sie zerstört das Leben.

Wenn ihr eine Uhr auseinandernehmt, könnt ihr wohl alle ihre Bestandteile kennenlernen, nur funktioniert sie dann nicht mehr. So wissen auch die Gelehrten sehr gut, aus welchen Elementen der Mensch besteht, und doch sind sie nicht in der Lage, aus diesen Elementen einen Menschen, ein Lebewesen, das denkt, geht und tätig ist, zu erschaffen. Die Bestandteile sind zwar da, aber das Wesentliche fehlt, nämlich das Leben, das die genauen Dosierungen, die Verbindungen und die nötigen Bedingungen zum rechten Funktionieren des Organismus kennt. Also muss man das Leben herbeirufen, denn das Leben allein versteht es, überall in Magen, Gehirn und Lunge das Gleichmaß herzustellen. Und da die Wissenschaftler sich nicht mit dem Leben beschäftigen, sondern mit der Materie, haben sie keinen echten Erfolg. Solange sie sich nicht ihres materialistischen und mechanistischen Denkens entledigen, mit dem sie die Dinge nur aus der kosmischen Einheit herauslösen, können sie die Menschheit nicht vor den Krankheiten retten. Ihr Ideal ist gewiss sehr edel, sie nehmen große Opfer auf sich, es sind Menschen von großer Intelligenz und außergewöhnlichen Fähigkeiten, aber ihre Art und Weise das Leben zu betrachten ist falsch, und daher können sie vieles noch nicht erfassen.

Alles, was ich euch enthülle, ist in Übereinstimmung mit der großartigen Philosophie, die ich mir zu eigen gemacht habe, und die eines Tages die ganze Welt sich zu eigen machen wird. Heute schon sieht sich die Wissenschaft genötigt, mehr und mehr auf die alten Wahrheiten zurückzukommen. Lange haben sich zum Beispiel die Chemiker über die Alchimisten lustig gemacht, da diese Blei in Gold verwandeln wollten. Und dann hat man doch herausgefunden, wenn man dem Bleiatom, das 82 Elektronen hat, drei Elektronen, drei Protonen und einige Neutronen wegnimmt, dann erhält man Gold, das 79 Elektronen besitzt. Nun kann man dieses Gold noch nicht in großer Menge herstellen, denn es ist instabil, und der Herstellungsprozess ist äußerst teuer. Aber die offizielle Wissenschaft gerät doch ins Wanken und fängt allmählich an, sich für Dinge wie Phrenologie, Telepathie und Radiästhesie zu interessieren und

wird bald auch die Astrologie anerkennen. All diese Wahrheiten, von
denen wir schon seit Langem sprechen, werdet ihr eines Tages überall sehen, hören und lesen können. Die Wissenschaft wird mehr und
mehr gewahr werden, dass die Alten ohne Teleskope und ohne Mikroskope sehr große Entdeckungen gemacht haben (wer mag ihnen
diese Kenntnisse vermittelt haben?). Dann wird man sich ernsthaft
daranmachen, die Lehren der Eingeweihten zu studieren, und das
wird große Umwälzungen mit sich bringen. Dann wird es eine völlige Wende geben, man wird die Wissenschaft des Lebens lehren,
die Synthese, und so wird das Reich Gottes auf Erden möglich sein.
Solange aber die offizielle, materialistische Wissenschaft nicht in
ihren Grundfesten erschüttert und durch die Wissenschaft der Eingeweihten ersetzt wird, wird das Durcheinander bestehen bleiben.

Seit ich allerdings den französischen Staatschef zum ersten Mal in
der Welt von universeller Brüderlichkeit habe sprechen hören, bin ich
sicher, dass diese Idee sich verbreiten wird. Ihr habt es auch gehört,
nicht wahr? Oh, das war großartig! In diesem Augenblick war er wirklich groß, lichtvoll... Das werden wir nie vergessen. Zwar wird diese
Idee noch ein wenig klein gehalten und kann noch keine großen Ergebnisse bringen, doch die ganze Welt hat sie gehört, und sie wird sich
durchsetzen. Sie hat eine unglaublich schöne Zukunft! Andere Ideen
werden ihr den Weg bereiten, und eines Tages wird sie so selbstverständlich erscheinen, dass jeder davon überzeugt sein wird.

Jetzt möchte ich einmal zeigen, warum die von der esoterischen
Wissenschaft befürwortete Heilkunde alle anderen übertrifft. Da
die Ärzte im Allgemeinen auf Universitäten studiert haben, die dem
physischen Aspekt den ersten Platz einräumen, lassen sie Gedanken, Gefühle, Verhalten und Lebensführung außer Acht, während
doch gerade das alles an erster Stelle stehen muss. Denn die wahre
Therapie liegt in der Art und Weise, wie man lebt; alle anderen
kommen erst an zweiter, dritter und vierter Stelle...[3] Der Mensch
besteht aus dem Körper und dem, was man die Psyche nennt. Die
psychosomatische Medizin beschäftigt sich mit der Beziehung
zwischen Seelenleben und physischem Körper, sie studiert deren

Wechselwirkungen. Die Psychosomatik wird mehr und mehr anerkannt, und das ist großartig! Allerdings wird sie noch mehr Erfolg haben, wenn sie einmal auf einer Lebensanschauung gründen wird, auf einer wirklich ganzheitlichen Sichtweise, die ich euch hier in groben Zügen vorstellen möchte.

Zuerst einmal muss man eine rechte Vorstellung davon haben, was der Mensch eigentlich ist. Der Mensch ist der Schlüssel zu allem. Auf keinem Gebiet, weder im wissenschaftlichen, wirtschaftlichen, sozialen, psychologischen oder medizinischen Bereich kann ein echter Fortschritt erzielt werden, solange man den Aufbau des Menschen nicht kennt, solange man die Kräfte nicht kennt, die in ihm wirken, noch seine Beziehungen zum Universum. Die esoterischen Wissenschaften haben das alles seit Jahrtausenden studiert. Viele Wissenschaftler aber sehen den Menschen als eine Art Maschine an. Lange haben sie ihn einfach einem mechanischen Gerät gleichgestellt, ohne zu ahnen, dass es in ihm noch unbekannte Kräfte, Wesen und Intelligenzen gibt, die in der Lage sind, im Organismus neue Elemente hervorzubringen, die bis jetzt noch gar nicht existieren. Sie wissen nicht, dass der Mensch feinstoffliche Körper besitzt, den Äther-, Mental-, Kausal-, Buddhi- und Atmankörper. Sie wissen nicht, was das Denken oder das Wollen eigentlich ist, und noch viel weniger kennen sie die Seele, den Geist und die diesen innewohnenden Kräfte.[4]

Wie können sie sich bei so vielen Wissenslücken einbilden, sie könnten den Menschen heilen? Das ist doch unmöglich. Gewiss hat die physische Seite ihre Bedeutung, man muss aber auch etwas höher hinaufblicken. Dorthin, wo man ein anderes Sein und Wesen vorfindet. Was ich euch hier sage, beruht auf einer tiefen Kenntnis, und die Menschheit wird nicht umhinkönnen, dies eines Tages anzuerkennen. Der Mensch ist mehr, als nur das, was man sehen und berühren kann; er kennt sein wahres Wesen aber nicht, und in der Medizin kennt man es auch nicht besser. Ja, die Mediziner behandeln noch Lebewesen, über die sie gar keine genauen Kenntnisse haben; wie könnten sie da große Ergebnisse erzielen?

Zuerst muss man also den Menschen studieren, denn der Mensch
ist der Schlüssel zum Universum. Solange man diesen Schlüssel
nicht hat, steht man vor unlösbaren Problemen. Die Wissenschaftler müssen in ihrer Arbeit nun den ganzen Menschen an die erste
Stelle setzen, und dann werden sie seine nicht sichtbare Seite entdecken, seine Aura, seine Ausstrahlung, seine Schwingung, den
Austausch, in dem er mit allen Naturwesen und den verschiedenen
Welten steht, seine Fähigkeit, sich frei im Raum zu bewegen, ausgesandte Wellen zu empfangen, weit entfernte Dinge zu sehen und
darauf einzuwirken... Und dann wird alles anders werden. Denn
wenn man sich mit dem Menschen beschäftigt, geht man den Dingen auf den Grund, da der Mensch wirklich der Schlüssel zu allen
Mysterien ist.

Und welche Heilweise soll man nun an oberste Stelle setzen?
Alle, über die ich gerade gesprochen habe, gehören nicht zu den
bedeutendsten, weder die Chemotherapie, die Phytotherapie, die
Thalassotherapie, noch die Chiropraktik. Die beste Therapie ist
es, in Harmonie mit den lichtvollen Kräften und Wesen der Natur
des ganzen Universums zu denken, zu reden und zu handeln. Der
Mensch muss diese Kräfte und Wesen also kennenlernen und sich
auf sie einstimmen. Das ist die größte Heilkunst. Die anderen ver-
werfe ich damit nicht, man muss sie anwenden, doch dürfen sie
nicht wichtiger sein, als die Art und Weise wie man lebt, das heißt,
wie man denkt, fühlt, glaubt, liebt und wie man sich ernährt; ja,
wie man sich ernährt, denn es genügt nicht, einfach zu essen; es ist
nötig zu wissen, wie man essen muss, damit die Ernährung sich auf
allen Ebenen wohltuend auswirkt.

Leider ist es so, dass man die Ärzte, wenn sie im Radio oder
im Fernsehen befragt werden, niemals von der Lebensführung
sprechen hört. Sie sprechen von neuen Behandlungsmethoden,
von Bestrahlungen, Operationen usw., und die Leute bekommen
so den Eindruck, dass es einerlei ist, wie sie leben, dass sie keine
Regeln einhalten müssten und sich Unmäßigkeit erlauben dürften...
Was hätte das schon für eine Bedeutung?! Die Medizin würde

sicher einen Weg finden, sie wieder gesund zu machen und ihnen gestatten, ihr ungeregeltes Leben weiterzuführen. Auf diese Weise werden die Regierungen weiterhin gezwungen sein, Abermilliarden auszugeben für den Bau von Labors, Krankenhäusern usw., bis man endlich herausfindet, dass das Wichtigste doch die Art und Weise ist, wie man lebt.

Gewiss sind manche Ärzte bewundernswert; die Entdeckungen, die sie machen, die Opfer, die sie bringen, das ist außerordentlich! Und doch muss man sehen, dass viele ihrer Bemühungen zu nichts Großem nütze waren, weil sie einfach nicht wussten, in welche Richtung ihre Forschungen hätten gehen müssen. Manch einer mag nun einwenden, wenn Gesundheit und Krankheit in so großem Maße von der Lebensführung abhingen, dann dürften kleine Kinder nicht krank werden, da sie noch gar nicht die Zeit für schlechte Gedanken, Gefühle oder Handlungen gehabt hätten. Dem Anschein nach mag das richtig sein, aber nur für diejenigen, die nicht wissen, dass der Mensch mehr als nur einmal auf die Welt kommt. Ist ein Kind krank, so liegt das an seiner Lebensführung in den Vorleben. Es hat es nicht besser verdient, als sich bei Eltern zu inkarnieren, die ihm gewisse Erblasten mitgeben.

Solange man die Einweihungswissenschaft nicht studiert hat, macht man falsche Schlussfolgerungen. Folgende Grundregel ist immer gültig: An oberster Stelle steht die Lebensführung, das heißt, die Art und Weise zu denken, zu fühlen und zu handeln. Solange ihr das nicht begriffen habt, werdet ihr nicht nur in dieser Inkarnation nichts in Ordnung bringen, sondern euch zusätzlich noch schlechte Bedingungen für die nächsten Inkarnationen schaffen. Nehmt also diese von den großen Eingeweihten gelehrten Wahrheiten an. Sagt euch: »Da ich so manches noch nicht erfasse, vertraue ich der göttlichen Wissenschaft und setze die Lebensführung an die erste Stelle.« Danach könnt ihr alle Heilweisen hinzunehmen, die ihr wollt. Aber an erster Stelle steht die Lebensführung!

Es gibt noch eine andere Heilweise, die ich vorhin indirekt erwähnt habe und zwar die Heilung durch die Sonne. Eines Tages wird sich die ganze Menschheit der Sonne zuwenden, die ja eine unerschöpfliche Quelle ist, und die Sonne wird die vollkommensten Heilungen vollbringen[5] – allerdings erst nach der Lebensführung, welche die größte Heilweise bleiben wird. Wenn die Menschheit eines Tages entsprechend der göttlichen Gesetze lebt, wird sie keine Krankenhäuser oder Kliniken mehr benötigen. Zurzeit spricht man von nichts anderem, als von neuen Krankenhäusern, weil es immer mehr Krankheiten und auch Kranke gibt. Das liegt daran, dass die Lebensführung und die Gedanken der Menschen immer schlechter werden. Zwar werden sie ständig gebildeter und gelehrter, aber auch immer häufiger krank. Das ist beunruhigend, denn auf der einen Seite findet eine Entwicklung statt, und auf der anderen Seite... wie soll man das nennen? Eine Talfahrt? Und es sind nicht die materiellen Dinge, mit denen man dieser Situation Abhilfe schaffen wird, denn Gott hat in die Materie keine absolute Wirksamkeit gelegt. Die Materie ist immer nur ein Notbehelf.

Dem physischen Körper gibt man die Nahrungsmittel und Getränke, die er benötigt, aber der Mensch ist nicht nur Körper. Er ist auch Seele und Geist, und diese kann man nicht mit Fleisch, Gemüse oder Hormonen ernähren! Da die offizielle Wissenschaft aber nichts vorgesehen hat, um den Bedürfnissen von Seele und Geist gerecht zu werden, müssen diese hungern, dursten und leiden. Darum sieht man auch so viele Leute, denen es anscheinend an nichts fehlt, sie haben Arbeit, Familie, Haus und Auto, aber tief im Innern fühlen sie sich doch unerfüllt und leer. Das zeigt, dass sie ihre Seele vergessen haben, und vom Geist wollen wir gar nicht erst sprechen! Die Medizin der Zukunft muss alle Bedürfnisse des Menschen berücksichtigen, einschließlich derer von Seele und Geist, und dann wird sie ihm alles geben können, was ihm fehlt.

Und so, meine lieben Brüder und Schwestern, wird unsere Lehre euch weder Häuser, noch Autos oder Kleider verschaffen, jedoch findet ihr alles darin, was ihr braucht, um die Bedürfnisse von Seele und Geist völlig zufriedenzustellen. Und wenn Seele und Geist alles erhalten, was sie benötigen, dann wirken sie auf den Körper ein und lösen gänzlich neue Vorgänge in ihm aus. Selbst wenn der Körper dann einmal nicht ausreichend bekleidet ist oder nicht besonders gut gegessen hat, schreitet er doch würdevoll voran und hält den Kopf hoch. Ja, unsere Lehre gibt euch höchst wertvolle und unentbehrliche Dinge, mit denen ihr Ausgeglichenheit erlangt und Glück findet.

Es ist bekannt, dass viele Kranke durch einige gute Worte des Arztes gesund werden könnten; da dieser aber in Eile ist, stellt er nur schnell ein Rezept aus und ist schon wieder fort. Für viele Ärzte fallen Liebe, Hoffnung und Ermutigung nicht weiter ins Gewicht; sie leisten sogar Sterbehilfe mit der Begründung, der Kranke hätte ja doch nur noch wenige Tage zu leben. Immerhin werden sich manche Ärzte doch klar darüber, dass sie als Freund zu den Kranken kommen müssen, da sie erkennen, dass die Heilmittel nicht allein gesund machen. In der Vergangenheit hatten viele Ärzte gleichzeitig eine religiöse Aufgabe, während sie heutzutage oftmals nur Lohnempfänger sind. In den Vereinigten Staaten kommt es sogar vor, dass der Kranke den Arzt gar nicht mehr zu Gesicht bekommt. Elektronische Apparate stellen die Diagnose und entsprechend dem Ergebnis schaut sich der Arzt den Kranken an oder auch nicht. Das Rezept wird mit der Post verschickt. So gibt es keinen menschlichen Kontakt mehr, alles wird automatisiert, und damit hört die Liebe auf. Nun ist es aber gerade die Liebe, die Heilung bringt.

Allerdings wird eines Tages alles anders werden; die Menschen werden erkennen, was ihnen fehlt, das ist Liebe, Vertrauen und Hoffnung, und was sie krank macht, das sind Zweifel, Argwohn und Disharmonie. Darum betone ich noch einmal, die wirksamste Medizin liegt in der Art und Weise, wie ihr lebt. Natürlich kann ich nicht behaupten, dass dies genauso schnell wirkt wie ein Medikament. Nehmt ihr eine Tablette, verspürt ihr fast augenblicklich eine Wirkung. Aber wird diese von Dauer sein? Und verträgt der Organismus immer diese Medikamente? Die Medizin, die ich euch

empfehle, wirkt wohl langsam, ist aber sicherer und auf lange Sicht
auch wirksamer. Freilich setzt das voraus, dass der Mensch eine
wahrhaftige Philosophie annimmt, die in sich stimmt und ganzheit-
lich ist.

Und wenn ich hier von Philosophie spreche, meine ich damit die
einzige Philosophie, die nicht das Ergebnis intellektueller Erwägungen ist, sondern die von den großen Eingeweihten entdeckt wurde,
die dazu ihre außerordentlichen Fähigkeiten zur Hellsichtigkeit und
zu außerkörperlichen Erfahrungen einsetzten. Und ich darf euch
sagen, dass der Himmel mich zu einem der Erben dieser göttlichen
Philosophie ausersehen hat. Ohne diese Lebensanschauung kann
man den Weg nicht erkennen, was man auch unternimmt, man läuft
in die Irre. Darum räume ich den ersten Platz dieser Philosophie
ein, die dem Menschen erklärt, wie er mit allen Kräften und allen
Welten in Harmonie leben kann, sodass alle Kämpfe und Widersprüche in ihm ein Ende finden. Diese Philosophie enthüllt uns
auch, wie der Mensch aufgebaut ist und welcher Austausch mit den
Naturkräften, vergleichbar mit der Atmung, für Seele und Geist
nötig ist. Die Atmung ist ein absolut notwendiger Austausch, ohne
den der Mensch stirbt. Und ebenso stirbt er, wenn Seele und Geist
nicht atmen, das heißt, wenn sie keinen Austausch mit dem Kosmos
pflegen.

Arbeitet daher weiterhin mit den Regeln und Gebetsformeln,
die ich euch gegeben habe und denkt daran, euch mit den Naturkräften zu verbinden. Dadurch wird es licht in euch, und ihr werdet
das Universum als ein Bauwerk sehen, als ein gigantisches Gefüge,
in dem von der höchsten Stelle bis zur Basis alles miteinander in
Verbindung steht, und dann werdet ihr vieles in euch in Ordnung
bringen können. Warum wisst ihr den Wert der Wahrheiten, die ich
euch gegeben habe, nicht zu schätzen? Etwa weil ich nicht berühmt
und anerkannt bin? Mein Interesse geht dahin, die Wahrheit zu finden. Darauf habe ich mein ganzes Leben verwandt. Alles andere,
Berühmtheit und Ruhm, interessiert mich nicht sonderlich. Das
kommt übrigens ohne mein Wollen, denn wenn man auf der Seite

der Wahrheit steht, findet man früher oder später Anerkennung. Befindet man sich aber im Irrtum, wird auch das schließlich von allen bemerkt, und selbst wenn einem Ovationen gebracht wurden, gerät man doch eines Tages in Vergessenheit. Nein, ich arbeite für etwas, das man niemals vergessen und auch durch nichts anderes ersetzen wird.

Das Wichtigste ist daher, zu lernen, wie man leben, denken, fühlen und handeln muss. In anderen Vorträgen, in denen ich euch den Entstehungsvorgang von Pflanzen und Fischen, aber auch des Kindes im Mutterleib erklärt habe, habe ich zu euch von dem Gesetz der Wesensverwandtschaft gesprochen und euch dargelegt, wie der Mensch sich über seine Gedanken und Gefühle mit Regionen, Wesen, Kräften und Elementen des Alls verbindet und diese schließlich anzieht. Ja, der Mensch zieht das an, womit er sich verbindet, das ist von absoluter Gültigkeit, und so erklären sich Gesundheit und Krankheit, Stärke und Schwäche, Intelligenz und Dummheit, Schönheit und Hässlichkeit usw. Das sind Dinge, die man angezogen hat.

Seid ihr also in Schwierigkeiten, so deshalb, weil ihr in der Vergangenheit aus Unwissenheit die Ordnung der Dinge gestört habt. Dank dieser esoterischen Philosophie, die euch lehrt, an euren Gedanken und Wünschen zu arbeiten, könnt ihr euch nun aber mit Wesen und Regionen höchster Spiritualität verbinden und euch einen neuen Körper aufbauen, der alle Eigenschaften hat, die ihr euch wünscht, wie Gesundheit, Stärke und Schönheit. Denn darin liegt das Geheimnis der Auferstehung. Wenn ihr nur diese Wissenschaft des Lebens begreifen und anwenden wollt, dann erlangt ihr nicht nur die Fähigkeit, euch vor Krankheit zu schützen, sondern auch die, euren Körper umzugestalten, wie ihr es wünscht. Natürlich ist es gut möglich, dass er sich zuerst einmal euren Bemühungen widersetzt. Das liegt aber nur daran, dass ihr ihm jahrhundertelang unbewusst Schaden zugefügt habt, und jetzt dauert es eine Zeit, bis die Gesundheit wiederhergestellt ist. Das, was ich euch sage, ist trotzdem absolut gültig. Sechs oder sieben Jahre Studium genügen für ein Arztdiplom, um die Wissenschaft des Lebens zu beherrschen, braucht man aber einige Tausend Jahre, so umfangreich ist sie!

Hat man einmal die Bedürfnisse von Seele und Geist erkannt, dann begreift man auch, dass diese erweckt werden müssen, damit sie ihre Arbeit aufnehmen. Alles Weitere hängt dann von ihrer Tätigkeit ab, denn in Seele und Geist liegen die Ursachen, alles andere sind nur die Auswirkungen. Weiß man nun, dass man es geschafft hat, bis zu den Ursachen vorzudringen, bis dorthin, wo alle Kräfte ursächlich ausgelöst werden, dann lebt man in Frieden und Gewissheit, da man die Auswirkungen, die auf die Taten folgen, schon kennt. Und genau damit beginnt man, die seelisch bedingten Krankheiten zu vertreiben, denn so erlangt der Mensch Wissen und Gewissheit. Fühlt sich der Mensch jedoch orientierungslos, geängstigt und leer, so liegt das daran, dass er sich nicht vermittels Seele und Geist bewusst mit den Lichtkräften der Natur verbunden hat. Besieht er aber die Dinge im rechten Licht, so erkennt er, dass er mit der Unermesslichkeit des ewigen Seins verbunden ist, dass er mit den kosmischen Kräften eins werden und so sein Leben völlig umwandeln kann. Und dann sind Freude und Gewissheit seine Begleiter. Solange man jedoch die Menschen nicht aufklärt, ist es fast nutzlos, sie zu heilen. Man muss sie aufklären, und zwar schon von ihrer Kindheit an. Man kann den Menschen nur dann helfen, ihre körperlichen und seelischen Probleme zu lösen, wenn man ihnen ihr wahres Wesen zeigt, wenn man ihnen zeigt, wie sie mit dem Lebensbaum verbunden sind und wie sie dadurch Kräfte schöpfen können, um an sich zu arbeiten und sich zu verändern.

Vergesst also nie, das Wesentliche ist eure Lebensanschauung und eure Lebensführung. Im physischen Bereich gebührt allerdings der Sonne der erste Platz. Eines Tages werden die Wissenschaftler erforschen, wie man durch die Sonne Gesundheit erlangen kann. Nämlich zu welchem Zeitpunkt und wie lange man sich von der Sonne bestrahlen lassen muss, wie man Wasser in Flaschen verschiedener Färbung der Sonnenbestrahlung aussetzt und wann man es trinkt, wie man mit dem Sonnenlicht unter all seinen Aspekten arbeitet und mit Hilfe von Geräten dessen Heilkräfte nutzbar machen kann. Das wird großartig sein! Gegenwärtig schenkt die Wissenschaft der Sonne noch keine große Beachtung, weil sie sich nur für die Materie und die chemischen Stoffe interessiert. Und doch, wenn Meerwasser, Algen, Kräuter, Bäume und sogar Steine und Kristalle Heilkräfte besitzen, so deshalb, weil sie diese von der Sonne beziehen. Zwar wird der Sonne als Letzte die rechte Würdigung zuteil werden; wenn man ihren Wert aber einmal erkannt hat, wird man nicht umhinkönnen, ihr den ersten Platz einzuräumen. Man wird sich an Sonnenstrahlen nähren, diese einatmen und ihre Musik hören, denn man wird Geräte haben, um diese aufzufangen. Ja, die schönste Musik kommt von der Sonne und auch die schönsten Botschaften. Man wird also die Sendungen der Sonne anhören. Ihr fragt euch nun wohl, ob ich das im Ernst sage? Aber gewiss, es gibt gar nichts Ernsthafteres.

Als ich mich im Oktober und November in den Pyrenäen aufhielt, war die Luft rein, die Sonne schien, und ich konnte jeden Morgen ihren Aufgang miterleben. Da habe ich festgestellt, dass ich gar nicht mehr so sehr aufs Essen angewiesen war. Ich fühlte mich von der Luft und der Sonne genährt. Trotzdem habe ich einmal am Tag etwas gegessen, um den Organismus nicht zu schwächen, und doch verspürte ich kein besonderes Verlangen danach. Da habe ich mir gedacht, ob ich nicht ein Experiment wiederholen könnte, das ich in der Vergangenheit einmal mit einem fünfzehntägigen Fasten gemacht habe. Dabei habe ich unwahrscheinliche Erfahrungen gemacht! Trotz meines Fastens las, meditierte und schrieb ich, arbeitete aber auch stundenlang mit Spaten und Astschere, um dieses Fleckchen Erde herzurichten. Bis in den Dezember hinein habe ich mir noch den Sonnenaufgang angeschaut. Und vor allem kurz vor dem Aufgang erschien der Himmel in den außergewöhnlichsten Farben, in Orange-, Rosa- und Goldtönen... Davon habe ich Filmaufnahmen gemacht. Eines Morgens war sogar der ganze Himmel rosa, bis nach Westen hin. So etwas hatte ich noch nie gesehen. Und die reine Luft, der wolkenlose Himmel, der Blick auf die Berge, der Frieden, die Stille, die liebevollen Gedanken, die ich überall hinsandte, all das ernährte mich. Seht nur, das zeigt doch, dass die wahren Bedürfnisse des Menschen feinstofflicher Natur sind.

Für mich steht daher fest, die Heilweise der Zukunft wird mit den Heilkräften der Sonne arbeiten, man wird den Sonnenaufgang betrachten, sich mit der Sonne verbinden und sich auf sie konzentrieren, um alle Partikel aufzufangen, die sie aussendet. Der Wissenschaft sind diese Partikel, die sich im Sonnenlicht befinden, noch nicht bekannt. Obwohl man in der Medizin noch nicht so weit ist, die feinstoffliche Seite der Materie anzuerkennen, hat man doch schon entdeckt, dass die allerfeinsten, unwägbaren Stoffe im Organismus und für den Organismus von höchster Bedeutung sind. Nachdem man lange versucht hat, nur dadurch zu heilen, dass man Verdauungs-, Kreislauf-, Atem- und Ausscheidungsstörungen behandelte, also nur organorientiert zu behandeln, wurden schließlich die endokrinen Drüsen entdeckt, deren nicht wahrnehmbare Sekretionen eben gerade die Funktion dieser Organe anregen oder hemmen.

Aber damit ist es noch nicht genug. Die endokrinen Drüsen werden nicht die letzte Entdeckung bleiben, denn diese Drüsen hängen ihrerseits wieder von subtileren Zentren ab... Und diese Abhängigkeit geht weiter bis hin zum Denken. Es ist so, als gäbe es im Denkapparat Drüsen, die die Vorgänge im ganzen Organismus steuern. Vom Denken bis hin zu den Organen gibt es also ein ganzes hierarchisches System, das die Wissenschaft eines Tages entdecken wird. Ja, ich meine, dass die endokrinen Drüsen nicht das Wichtigste sind, da sie selber noch von anderen Funktionen abhängig sind. Über seine Gedanken und Gefühle wirkt der Mensch also auf sein Drüsensystem ein, und damit leidet der Organismus oder, im Gegenteil, er wird gesund. Und wenn er wächst oder das Wachstum einstellt, wenn er ab- oder zunimmt, sind es nicht die endokrinen Drüsen allein, die dafür verantwortlich sind.

Immerhin ist es interessant zu sehen, dass die Wissenschaftler jetzt mit immer subtileren Stoffen arbeiten. Wiederum im medizinischen Bereich ist es die Homöopathie, in der Hochpotenzen eingesetzt werden, bei denen man annehmen sollte, es sei nichts mehr darin enthalten, und doch gibt es etwas darin, das eine Wirkung hervorruft. Auch die Physiker entdecken immer feinere Bereiche der Materie; nach den Protonen und Neutronen sind es nun die Mesonen und Neutrinos. Wenn sie so bis zu den feinstofflichen Elementen vorgedrungen sein werden, dann werden sie bisher noch unbekannte Partikel und Energien entdecken, die von der Sonne kommen. Dann wird sich um die Sonnenstrahlung herum eine ganze Wissenschaft entwickeln. Und anstatt seine Vitamine in der Apotheke zu kaufen, wird man sie sich bei der Sonne holen. Die pharmazeutisch hergestellten Vitamine werden übrigens vom Organismus nicht gut verwertet, und es ist daher besser, sie über Obst und Gemüse aufzunehmen, wo die Sonne sie hineingelegt hat. Alle Eigenschaften der gängigsten Gemüsearten, wie Zwiebeln, Lauch, Radieschen usw. sind noch gar nicht bekannt. Man sollte sogar die Blätter der Radieschen essen, denn sie sind schmackhaft und nahrhafter als die Radieschen selber. Auch Steckrüben sind ausgezeichnet. Um zu sagen, dass man etwas blöde findet, sagt man in Frankreich: »Das ist eine Steckrübe.« Das ist aber nicht recht, denn man beleidigt die Steckrüben und zeigt damit, dass man sie für minderwertig hält. So, damit mache ich mich nun zum Anwalt der Steckrüben!

Abschließend möchte ich noch sagen, wenn ihr es versteht, richtig zu atmen, zu trinken und zu essen, werdet ihr Vitamine aus all dem aufnehmen, wo die Sonne sie hineingelegt hat, denn das Wichtigste ist der Seelenzustand, in dem ihr seid, wenn ihr diese Dinge zu euch nehmt. Seid ihr in keiner guten Verfassung, könnt ihr den ganzen Tag lang Vitamine schlucken, ohne damit euren Organismus zu stärken. Es kann euch sogar passieren, damit Verdauungs- oder Kreislaufbeschwerden hervorzurufen. Die Ärzte betonen nie, wie wichtig der Bewusstseinszustand und die innere Einstellung

sind, die man den Dingen gegenüber haben muss. Dadurch verlieren die von ihnen verschriebenen Medikamente noch mehr an
Wirksamkeit. Damit haben wir einen weiteren wesentlichen Punkt:
die innere Haltung, mit der man die Dinge entgegennimmt.

Viele Brüder und Schwestern sagen mir: »Meister, wenn wir
mit Ihnen zusammen sind, dann denken, fühlen und handeln wir
anders als sonst, es gibt keine Probleme mehr, und alles läuft gut.
Kaum entfernt man sich aber für einige Zeit, ist es nicht mehr so;
man kehrt zurück in eine farblose Realität, hat nicht mehr die gleichen Überzeugungen, und es bleibt einem fast nichts von dem, was
Sie uns gesagt haben.« Darauf antworte ich, dass auch ich in meiner
Jugend derartige Erfahrungen mit meinem Meister Peter Deunov
gemacht habe. Wenn ich nun aber hier bei euch bin, so nicht nur,
um euch zu bestimmten Wahrheiten hinzuführen, sondern auch um
euch anzuspornen, diese möglichst lange zu bewahren. Das Leben
ist hart... wem sagt ihr das! Ständig muss man kämpfen, sich den
Dingen stellen, und man ist doch müde. Ich weiß, das Leben ist
sehr schwierig. Ich erkläre euch vorerst noch nicht, warum es so ist,
bin aber bei euch, um euch begreiflich zu machen, dass ihr stärker
und mutiger werdet, dass Hoffnung und Frieden in euch einziehen
werden, wenn ihr das Licht dieser Lehre annehmt.

Wenn ihr also wieder nach Hause geht, bemüht euch, die emp-
fangenen Wahrheiten in euch lebendig zu erhalten, vergesst sie
nicht. Sagt euch: »Ich weiß wohl, dass ich die Realität des Alltags
nicht umgehen kann, und so muss ich mich zusammennehmen,
wachsam sein, wenn ich eines Tages wankend werde, den Mut sin-
ken lasse und schlechten Gedanken nachhänge. Was auch kommen
mag, ich werde standhalten, mich nicht herunterziehen lassen, mein
inneres Feuer, meine Begeisterung und meine Hoffnung nicht aufgeben.« Ja, klammert euch an die Wahrheiten, die ich euch gebe,
schöpft einmal tief Luft und dann stellt euch der Realität! In dem
Augenblick werdet ihr stark und kraftvoll, ihr werdet dann zu einem
Lebensquell. Findet ihr das nicht besser so?

Viele sagen: »Oh ja, ich hab's begriffen! Jetzt werde ich stark sein. Wartet nur... und ihr werdet staunen!« Wenn die Ereignisse dann aber da sind, kapitulieren sie. Und wenn sie später wieder hierherkommen, schämen sie sich natürlich, weil sie schwach gewesen waren und sagen von Neuem: »Wollen wir doch einmal sehen, was da kommen mag!« Ja, bis zur nächsten Schwierigkeit... Daher ist es wohl das Gescheiteste, wenn ihr hierherkommt, bis ihr euch durch nichts mehr erschüttern lasst. Das ist die Lehre: Was auch kommen mag, sich durch nichts erschüttern lassen, daran denken, dass ihr unsterblich seid und dass Gott alle Fähigkeiten in euch hineingelegt hat. Vergesst ihr dies, dann ist es aus mit euch.

Meine lieben Brüder und Schwestern, versteht mich recht... »Aber«, werdet ihr sagen, »wir verstehen Sie doch... wir verstehen Sie...« Nein, ihr habt noch nicht das Verständnis, auf das ich abziele. Mich verstehen bedeutet, dass ihr unerschütterlich bei euren Überzeugungen bleibt. Einige tun es wohl, ja, aber die anderen... Kaum, dass sie wieder in die Strudel des Lebens geraten oder, wie jetzt zur Weihnachtszeit, sich vor dem reichen Warenangebot der Geschäfte befinden, dann ist es vorbei mit ihrem philosophischen Gleichmut, und sie denken nur noch: »Oh! Wenn ich doch nur das haben könnte... und das... und das!...« Gleich benehmen sie sich so, als gäbe es für sie keinen Glauben, keine Religion und keine Göttlichkeit mehr. Und meint ihr vielleicht, ich hätte nicht vor diesen Geschäften gestanden? Nur, wenn ich sie sehe, dann sage ich mir: »Das ist ja großartig! Das ist ja wunderbar, was es da alles gibt! Aber das ist für die anderen... nicht für mich. Für mich gibt es anderswo andere Dinge.«

Das Einzige, was mich interessiert, ist diese Philosophie, die ich euch mit viel Geduld beibringe und die euch alle Möglichkeiten verschafft, euch unendlich zu entwickeln. Übrigens kann keine Philosophie, die dem Menschen die Möglichkeit nicht zuerkennt, sich bis ins Unendliche zu entwickeln, ihm den wahren Sinn des Lebens geben. Wendet euch daher von diesen Lebensanschauungen ab.

Also, liebe Brüder und Schwestern, was ich euch über das Sonnenlicht gesagt habe, ist noch sehr wenig. Nehmt es aber und denkt darüber nach. Viele Dinge werden verschwinden, ohne auch nur eine Spur zu hinterlassen. Das jedoch, was ich euch über die Einweihungswissenschaft enthülle, wird ewig bestehen.

Sèvres, den 23. Dezember 1967

Anmerkungen

1. Siehe Band 232 der Reihe Izvor »Feuer und Wasser, Wunderkräfte der Schöpfung«, Kapitel 17: »Der Baum des Lichtes«.
2. Siehe Band 239 der Reihe Izvor »Die Liebe ist größer als der Glaube«, Kapitel 4: »Dein Glaube hat dir geholfen«.
3. Siehe Band 315 der Reihe Broschüren »Die Quelle des Lebens«.
4. Siehe Band 222 der Reihe Izvor »Die Psyche des Menschen«.
5. Siehe Band 201 der Reihe Izvor »Auf dem Weg zur Sonnenkultur«, Kapitel 4: »Die nährende Sonne«.

III

DIE ZUKUNFT DER MEDIZIN

Freier Vortrag

Frage: Meister, wie sieht, vom Standpunkt Ihrer Lehre aus betrachtet, die Zukunft der Medizin aus?

Die Zukunft der Medizin? Sie hat eine große, hervorragende Zukunft! Alle Ärzte werden arbeitslos sein. Ihr lacht... aber es stimmt, denn sie werden nichts mehr zu tun haben, weil es keine Kranken mehr geben wird. Bis dahin allerdings... bis dahin wird es ihnen an Arbeit gewiss nicht mangeln, denn bei der heutigen Lebensweise gibt es nicht nur immer mehr Kranke, sondern es werden auch noch neuartige Krankheiten hinzukommen. Die westliche Medizin, so wie sie heute dasteht, mit ihren großen Fortschritten in der Chirurgie, mit der Strahlenbehandlung usw. das ist phantastisch! Aber warum sind die Leute, anstatt gesund zu werden, immer häufiger krank? Man muss sich wirklich fragen, ob es auf der ganzen Erde wohl zwei Menschen gibt, die bei bester Gesundheit sind; und darüber hinaus werden immer mehr neue Krankheiten entdeckt. Natürlich werdet ihr nun einwenden, dass es diese Krankheiten schon immer gegeben hat, dass man sie eben einfach nicht gekannt hat. Das stimmt wohl ein wenig, aber doch nicht so ganz. Und ich werde auch nicht behaupten, wie viele andere dies tun, dass sie nur von der Luft- und Wasserverschmutzung herrühren oder von der Verfälschung der Lebensmittel. Zwar leiten die Fabriken Schadstoffe ins Wasser ein, die Luft ist von allen möglichen Rauchgasen verpestet, Obst und Gemüse werden mit chemischem Dünger angebaut und alles, Öl, Butter, Brot, alles ist voller künstlicher Zusätze und verfälscht! Aber alles das ist nur der äußere Aspekt des Problems; die wahren Ursachen der Krankheiten finden sich anderweitig, sie beruhen auf der Art und Weise wie man denkt, fühlt und handelt. Und von diesem Aspekt wird nicht gesprochen, nie wird erklärt, dass dieser Gedanke oder jenes Gefühl Gärungen oder Vergiftungen hervorruft. So versucht man, den Leiden abzuhelfen, indem man Medikamente zu schlucken gibt; was man dabei aber nicht weiß ist, dass es in Wirklichkeit Gedanken und Gefühle sind, die aufbauen oder zerstören.

Mit Beginn der psychosomatischen Medizin wird man sich seit höchstens zwanzig oder dreißig Jahren so langsam wirklich klar darüber, dass das Seelenleben bei der Entstehung der Krankheiten eine Rolle spielt, und man fängt auch endlich an, in die feinstofflichen Bereiche des Menschen vorzudringen. Diese feinstofflichen Bereiche haben allerdings schon immer existiert! Und warum bleiben die Ärzte nun in vielen Fällen noch eigensinnig dabei, nur die materielle, die physische Seite zu betrachten? Vor vierzig oder fünfzig Jahren schaute man nur auf die Kalorienmenge, die zur guten Funktion des Organismus nötig ist; man sprach nur von der Menge an Eiweiß, Fett, Kohlenhydraten und Mineralstoffen, die der Mensch mit der Nahrung aufnehmen muss. Dann wurden die Vitamine entdeckt, und man sprach nur noch von den Vitaminen, die in winzigsten Mengen eine sehr viel stärkere Wirkung haben als Eiweiß, Kohlenhydrate usw. Die neueste Entdeckung sind nun die endokrinen Drüsen, deren allerfeinste Sekrete, die Hormone, von noch größerer Bedeutung sind.

Aber wie wichtig die endokrinen Drüsen auch sein mögen, sie sind doch nicht für alle Vorgänge verantwortlich, die im Organismus ablaufen. Sie führen lediglich die Weisungen aus, die sie erhalten. Und wenn es vorkommen kann, dass sie ihre Funktion einstellen, dass sie zu viele Hormone, zu wenige, eine ungeregelte Menge absondern, so deshalb, weil sie von weitaus subtileren Vorgängen abhängig sind, die die Wissenschaftler noch nicht entdeckt haben. Ja, es gibt noch einiges zu entdecken. Das Sichtbare wird vom Unsichtbaren gelenkt, die physische Welt wird von der feinstofflichen Welt, die Materie vom Geist gelenkt. Aber die Menschen von heute haben das noch nicht akzeptiert. Sie glauben, die feinstofflichen, seelischen Bereiche würden von der Materie, vom physischen Körper abhängen, und die Gedanken würden vom Gehirn sozusagen abgesondert werden, so wie die Galle von der Leber. In Wirklichkeit ist es genau das Gegenteil, denn Gedanken sind eine Art lebende Wesen. Aber darüber habe ich schon zu euch gesprochen und gehe jetzt nicht weiter darauf ein, um bei der gestellten Frage zu bleiben.[1]

Nachdem die Medizin den chemischen Medikamenten eine zu hohe Bedeutung beigemessen hat, wendet sie sich nun wieder natürlicheren Behandlungsmethoden zu, denn so nach und nach hat man doch festgestellt, dass die chemischen Mittel lähmend auf die Funktionen des Organismus einwirken. Nun muss man aber dem Organismus gerade die Möglichkeit lassen, sich zu wehren. Er hat die Mittel dazu, aber durch eine häufige Anwendung chemischer Substanzen wird er gehemmt. Dann kann er nicht mehr richtig arbeiten und die Antikörper zu seiner Heilung produzieren. Schaut die Tiere an! Wenn sie krank sind, nehmen sie keine Antibiotika, sondern ziehen sich irgendwohin zurück oder fressen bestimmte Kräuter, um gesund zu werden. Den Menschen stopft man aber mit allem Möglichen voll, bis der Organismus unfähig wird, noch zu reagieren. Inzwischen wird allerdings fast einmütig zugegeben, dass die Antibiotika und auch die Strahlentherapien wie Ultraviolett-, Infrarot-, Kobalt- und andere Bestrahlungen eindeutig schädliche Nebenwirkungen haben.

Man macht Versuche, ohne dass die Reaktionen immer genau vorhersehbar sind, und so dienen manche Kranke, ohne es zu wissen, als Versuchskaninchen. Oder man nimmt für die Experimente Tiere; aber was für die Tiere gut ist, muss nicht unbedingt auch für den Menschen gut sein. Wie kann man glauben, dass das, was mit einer Maus oder einem Kaninchen gelingt, auch beim Menschen zu einem Erfolg führt? Der Mensch ist völlig anders aufgebaut als eine Maus oder ein Kaninchen! Und außerdem hat man doch nicht das Recht Abertausende von Tieren zu Versuchszwecken zu töten. Das ist ein Verbrechen, für das die Menschheit einmal zur Verantwortung gezogen wird. Wenn ihr die Schöpfungsgeschichte lest, werdet ihr sehen, dass Gott erst zu Zeiten Noahs den Menschen erlaubt hat, Tiere zu töten. Adam und Eva hatte er nur Kräuter und Früchte als Nahrung gegeben. Später dann, erst nach der Sintflut, da die Menschen ihre Unschuld und ihr Licht verloren hatten, wurde es ihnen gestattet, Tiere zum Essen zu töten. Es war ihnen nur noch verboten, das menschliche Leben anzutasten, denn »das Blut des Menschen fordert Rache.« Nun, ich denke aber, dass auch das Blut der Tiere Rache fordert und dass viele neue Krankheiten darin ihre Ursache haben. Ebenso wie der Mensch tierisches Blut vergießt, wird menschliches Blut vergossen werden.[2] Das ist die ausgleichende Gerechtigkeit. Lassen wir das aber für den Augenblick.

Wie wird also die Medizin der Zukunft aussehen? Man wird mehr und mehr begreifen, dass der Mensch in sich selbst alles besitzt, was nötig ist, um der Krankheit Einhalt zu gebieten. Ja, es gibt Fälle, wo Kranke, die von den Ärzten schon aufgegeben waren, es geschafft haben, wieder gesund zu werden. Wie ist das möglich? Durch den Willen und durch die Gedanken! Zwar schaffen das nicht alle, denn man muss schon gewisse Fähigkeiten entwickelt haben, aber es ist doch möglich. In einem anderen Vortrag habe ich zu euch von einer Pflanze gesprochen, deren Wurzeln nicht in der Erde verankert sind und die frei in der Luft hängend ihre Lebenskraft aus der Atmosphäre schöpft. Wie ist ihr das möglich? Wenn diese Pflanze unter solchen Bedingungen in der Lage ist, alle ihre nötigen Stoffe aufzunehmen, so kann dies der Mensch umso mehr. Die Chemiker werden nun sagen: »Das sind chemische Prozesse, immer sind es chemische Vorgänge...« Ja, natürlich, alles beruht auf chemischen Vorgängen, aber die Chemie unterliegt dem Geist. Und der Geist ist in der

Lage, heilsame chemische Stoffe zu erzeugen. Nun hat aber die Medizin diese Fähigkeiten des Geistes weder erkannt noch anerkannt, und eben darin beruht ihr Irrtum.

Anstatt weiterhin hoch komplizierte chemische und chirurgische Versuche anzustellen, muss man nun in anderen Richtungen suchen; man muss die Kranken in einer völlig anderen Umgebung unterbringen, sie brauchen um sich herum Farben, Töne usw., um all die Kräfte, die in ihnen schlummern, zu erwecken. Der Mensch ist so aufgebaut, dass er alles Übel in sich neutralisieren kann. Nur die Kenntnisse, der Wille, kurz, alle geistigen Voraussetzungen dazu fehlen, während es im materiellen Bereich an nichts fehlt. Noch nie hat es so viele Kliniken, Krankenhäuser und Apotheken gegeben. In der Vergangenheit lebte man im Elend. Aber heutzutage, was gibt es da nicht alles? Das ist fast unglaublich! Und doch gibt es immer mehr Kranke.

Die Heilkunde der Zukunft wird den Menschen zeigen, wie sie die heilkräftigen Stoffe im ätherischen Bereich finden können. Denn all die Stoffe, die man in den Apotheken in Form von Medikamenten bekommt, existieren in ätherischer Form in der Atmosphäre; dort wird man sie ohne das geringste Risiko einnehmen, einatmen und sich daran sättigen können. Ja, in der Zukunft werden die Menschen immer weniger die chemischen Mittel verwenden, die einen auf die Dauer vergiften. Alle werden die Heilstoffe über Sonne, Luft, Meer, Bäume und Berge aufnehmen, aber auch durch Farben, Musik, Worte, Bewegungen, Gedanken und Gefühle, deren Kräfte man noch gar nicht wirklich erforscht hat.

Es gibt so viele Bereiche, in denen man erkennen kann, wie materialistisch die Menschen in ihren Ansichten geworden sind. Nehmen wir doch nur die Pädagogik. Man ist der Meinung, um die Kinder zu unterrichten und ihnen die Fähigkeit zu vermitteln, verantwortungsbewusst im Leben zu stehen, müsse man die Schulräume und das Unterrichtsmaterial verbessern, Schwimmbäder und Sportanlagen bauen usw. Und was bringt das ein? Die Kinder erlangen wohl mehr Wissen und behalten dies auch leichter (obwohl die Lehrer sich mehr und mehr darüber beklagen, dass die Schüler nichts lernen würden), aber ihr Charakter und ihre Geisteshaltung sind beklagenswert. Früher hingegen fehlte es fast an allem. Manchmal gab es weder Bücher noch Bleistifte, die Fenster hatten keine Scheiben, und jedes Kind musste zum Feuer machen ein Holzscheit mitbringen. Aus diesen Schulen gingen aber Genies, Führungskräfte und Vorbilder hervor. Warum? Weil alles auf das Betragen, auf den Charakter, auf die geistige Seite ausgerichtet war.

Also, ich sage es euch, die Zukunft für die Medizin ist die Arbeitslosigkeit! Ich besitze auf jeden Fall die Mittel, alle Ärzte arbeitslos zu machen. Und zwar wie? Das ist sehr einfach. Ich werde einen weiträumigen, sehr schönen Ort auswählen. Dort werde ich Gebäude in bestimmten Formen und Farben bauen lassen. Weiterhin wird es dort Blumen, Gemälde, Statuen usw. geben. An diesem Ort können dann schwangere Frauen neun Monate lang freie Kost und Wohnung bekommen. Alles wird ihnen leicht gemacht. Sie werden Vorträge und Konzerte hören, sie werden im spirituellen Bereich eine Arbeit ausführen, mit der sie auf das Kind einwirken, das sie austragen. Natürlich werden ihre Ehemänner sie besuchen und dabei auch Vorträge anhören. Und so wird man Kinder zur Welt bringen, die niemals krank sein werden. Jetzt werden sie oft krank, denn während der neun Monate Schwangerschaft, was muss die arme Mutter da nicht alles erdulden! Oft lebt eine große Familie in engen Behausungen im Hinterhof, wo die Wäsche zum Trocknen hängt... Dann kommt der Mann heim und hat keine Arbeit gefunden, er hat getrunken und schlägt seine schwangere Frau... Wie sollen da nachher die Kinder sein?

Natürlich sind die Zustände nicht immer so dramatisch, aber das ändert nichts daran, dass es an den Eltern liegt, wenn sie kranke oder zu Kriminalität neigende Kinder haben, da sie nicht wussten, diese auf die rechte Weise zur Welt zu bringen. Wenn die jungen Leute lesen würden, was ich schon vor dreißig

Jahren über das Mysterium der geistigen Galvanoplastik gesagt habe, würden sie erkennen, dass diese geistige Galvanotechnik tatsächlich in allen Bereichen vorkommt und insbesondere bei der Heranbildung des Kindes im Mutterleib.

Sie würden verstehen, was in der schwangeren Frau der Metall-lösung entspricht, was der Anode, der Kathode usw., und sie wüssten, wie sie wunderbare Kinder bekommen können. Diesen Vortrag muss man lesen.[3] Ja, wenn ich sehe, wie der Staat unnützerweise Milliarden für Krankenhäuser, Gefängnisse und Gerichte ausgibt, dann sage ich mir, wenn er es akzeptiert, dann kann ich dabei helfen, enorme Einsparungen zu machen, denn es ist möglich, es so einzurichten, dass es eines Tages weder Kranke noch Kriminelle mehr gibt... Nun sagt bloß, ob das nicht wissenschaftlich ist?! Es gibt gar nichts, was wissenschaftlicher wäre, als das, was ich euch gerade gesagt habe.

Und wenn die Ärzte niemanden mehr zu behandeln haben, was wird dann aus ihnen? Sie werden Dichter, Tänzer, Maler, Musiker... Alle werden bei bester Gesundheit sein und sich des Lebens freuen, man wird tanzen und singen und Reisen machen, um all das Schöne in der Welt anzuschauen. Ihr werdet nun wohl sagen: »Das ist doch unglaublich, Sie träumen!« Ja und nein. Natürlich, wenn man darauf schaut, wie die Leute sich zeigen, wenn man sieht, wofür sie sich interessieren, wonach sie streben, dann sagt man sich, dass das Leben für die meisten weitergehen wird wie zuvor, nämlich in Ungeordnetheit und Krankheit. Weiß man aber, dass der Mensch hervorragende Fähigkeiten besitzt, die nur noch nicht zum Vorschein gekommen sind, dann hat man doch die Überzeugung, dass alles möglich ist, wenn man diese Fähigkeiten nur erforschen, daran arbeiten und sie entwickeln will.

Solange der wirkliche Aufbau des Menschen in der Medizin nicht bekannt ist, wird es nicht gelingen, die Krankheiten zu heilen, vor allem nicht die psychisch bedingten, wie Wahnsinn, Persönlichkeitsspaltung usw., denn dabei sind es andere Körper als der physische, deren Funktion gestört ist. Darum muss man als

Allererstes wissen, dass der Mensch außer dem physischen noch
weitere, feinstoffliche Körper besitzt, und zwar den Ätherkörper,
der den physischen Körper durchdringt und der Träger der Lebenskraft und des Gedächtnisses ist. Dann gibt es den Astralkörper,
das ist der Körper der Gefühls- und Empfindungswahrnehmungen.
Weiter gibt es den Mentalkörper... Aber schon oft habe ich von
diesen verschiedenen Körpern gesprochen, vom Äther-, Astral-,
Mental-, Kausal-, Buddhi- und Atmankörper und darauf will ich
jetzt nicht weiter eingehen.[4] Auch vom Strahlenkörper, den man
auch Lichtkörper, Körper der Unsterblichkeit oder Christuskörper
nennt, habe ich zu euch schon gesprochen. Die wichtigste Arbeit
in der esoterischen Wissenschaft ist es eben gerade, diesen Körper
auszubilden, denn mit ihm geht der Mensch in die Ewigkeit ein.

In Bezug auf sich selbst und auf die anderen klammern die
Menschen sich zu sehr an den physischen Körper. Oft schon habe
ich euch die Geschichte von dem Milliardär erzählt, der seiner Frau
alles gab: Villen, Autos, Pelze, Schmuck... Und siehe da, eines
Tages lässt sie ihn sitzen und brennt mit dem Chauffeur durch!
Warum tut sie das? Weil alle Geschenke nur ihrem Körper galten.
Ihrem Herzen, ihrer Seele wusste er keine Nahrung zu geben, er
konnte nichts Geistiges geben, nichts von diesen Dingen, die man
wohl spürt, aber nicht sieht. Ja, so ist es, seine Frau besaß eine
Seele, und daran hatte er nicht gedacht. Er dachte nur daran, den
Körper zu befriedigen, und die arme Seele siechte dahin, sie ver-
hungerte regelrecht, während der Körper übersättigt wurde. Was
für ein Elend bedeutet es doch, wenn man meint, der Körper sei
alles! Und darin liegt auch meine Kritik an den materialistischen
Ideologien, denn sie wollen nur für das materielle Wohlergehen
sorgen, für Arbeit, Nahrung und Wohnung. Die Bedürfnisse von
Seele und Geist lassen sie unberücksichtigt.
   Nun, meine lieben Brüder und Schwestern, trennt euch von
dieser materialistischen Lebensanschauung, denn sie macht euch
nur schwach und stumpft euch ab. Schaut nur, das zeigt sich doch

darin, wenn man einem Menschen die Idee in den Kopf setzt, er sei nur Materie und eine Seele, ein Leben nach dem Tode gäbe es nicht, was kann man dann von ihm erwarten? Er wird was weiß ich was machen, und darüber braucht man sich nicht zu wundern. Viel schlimmer ist es aber, dass man ihm durch diese Ideen den Willen nimmt, etwas Großes, Erhabenes zu tun. Man zerstört dadurch die Kraft seines Geistes, und somit tötet man ihn. Bringt man diesem Menschen hingegen zum Bewusstsein, dass er einen Geist besitzt und dass er Großes vollbringen wird, wenn er diesem Geist die Möglichkeit gibt, sich kundzutun, dann gibt man ihm die wahren Fähigkeiten an die Hand. Denn dann beginnt sein Körper nämlich, ihm zu gehorchen, sich seinen Entscheidungen zu beugen, und er erliegt dann nicht mehr den Entbehrungen, dem Unglück und der Krankheit; er schreitet vorwärts, er ist stark, tatkräftig, und sein Schwung reißt die ganze Welt mit! Nimmt er aber die materialistische Lebensanschauung an, dann wird er zu einem Nichts. Darin liegt also die Gefahr, wenn man den Körper, die Materie, das Äußere, rein Gegenständliche an die erste Stelle setzt. Natürlich wird die Tragweite des Übels nicht sofort sichtbar, aber nach und nach wird der Mensch schwach und stirbt. Lest noch einmal den Vortrag über die Kraft des Geistes[5], darin findet ihr alle wichtigen Punkte, die euch helfen, voranzuschreiten und die Schwierigkeiten zu bemeistern. Ja, die Lebensanschauung des Geistes gilt es jetzt anzunehmen. Hört nicht mehr auf die Schwachen und Abgestumpften, die euch in den Staub ziehen! Es ist wohl wahr, wir sind aus Materie, aus Staub gemacht, aber nur zu einem Teil, der andere Teil stammt aus den Himmeln.

Ich sage es noch einmal, solange man in der Medizin nicht weiß, was der Mensch mit seinen verschiedenen Körpern eigentlich ist, wird sie ihn nicht retten können. Nehmen wir doch zum Beispiel jemanden, dessen Ätherkörper nicht mehr richtig mit dem physischen Körper verbunden ist. Ihm ist unwohl, und doch finden die Ärzte nichts, denn der physische Körper funktioniert völlig normal. Ja, man weiß eben noch nicht, wie man auf den Ätherkörper einwirken kann. Solange die Mediziner die Existenz der feinstofflichen Körper des Menschen nicht anerkennen, dürfen sie mit der endgültigen Heilung der Krankheiten nicht rechnen.

Gewiss verfügt die heutige Medizin über phantastische technische Möglichkeiten, davor ziehe ich meinen Hut... Doch fühle ich mich verpflichtet, zu wiederholen, dass sie große Irrtümer begeht, da sie das wahre Wesen des Menschen noch nicht kennt.

Toulouse, den 20. Dezember 1970

Anmerkungen
1. Siehe Band 5 der Reihe Gesamtwerke »Die Kräfte des Lebens«, Kapitel 6: »Gedanken sind lebendige Wesenheiten«.
2. Siehe Band 204 der Reihe Izvor »Yoga der Ernährung«, Kapitel 5: »Der Vegetarismus«.
3. Siehe Band 214 der Reihe Izvor »Liebe, Zeugung und Schwangerschaft«, Kapitel 1: »Die geistige Galvanoplastik«.
4. Siehe Band 222 der Reihe Izvor »Die Psyche des Menschen«, Kapitel 3: »Von Seelen und Körpern«.
5. Siehe Band 5 der Reihe Gesamtwerke »Die Kräfte des Lebens«, Kapitel 8: »Die Kraft des Geistes«.

IV

DER SCHÜLER MUSS DIE SINNE FÜR DIE GEISTIGE WELT ENTWICKELN

Freier Vortrag

Mit dem, worüber ich heute zu euch sprechen möchte, wende ich mich vor allem an alle diejenigen, die zum ersten Mal hierherkommen. Ich denke allerdings, es wird auch den anderen Brüdern und Schwestern zum Nutzen sein, da sie darin Argumente finden können für Gespräche mit Leuten, die die Bedeutung des spirituellen Lebens noch nicht begriffen haben.

Wir besitzen einen physischen Körper, und dieser Körper setzt sich aus Organen zusammen. Sogar die Babys wissen das schon; fragt sie nur, wo sich ihre Augen befinden, und sie zeigen sie euch, so wie sie euch auch ihren Mund, ihre Ohren und die kleinen Beinchen zeigen. Das ist großartig, was diese Kleinen schon wissen! Später, in der Schule lernen sie dann, dass der Mensch fünf Sinne besitzt, nämlich den Gehör-, Gesichts-, Geruchs-, Geschmacks- und Tastsinn. Jeder der fünf Sinne erlaubt eine ganz bestimmte Wahrnehmung, denn was man beim Tasten empfindet, ist anders als das Empfinden des Sehens, das weiß jeder. Sämtliche Beziehungen des Menschen mit der äußeren Welt basieren auf den fünf Sinnen, und darum versucht er auch, ihre Möglichkeiten erschöpfend auszunutzen und möglichst viele Empfindungen über Augen, Ohren, Haut usw. zu erleben. Diese Empfindungen sind nicht alle in gleichem Maße notwendig und haben auch nicht alle die gleiche Intensität.

Nehmen wir zum Beispiel das Schmecken. Wer wird die Fülle und die große Bedeutung der Geschmacksempfindungen abstreiten, vor allem, wenn man eine schmackhafte Mahlzeit hält? Und der Tastsinn erst; wenn ein Mann und eine Frau sich liebkosen, erleben sie Empfindungen von so großer Intensität, dass man gemeinhin sagt, das sexuelle Vergnügen bringe die höchsten Empfindungen mit sich. Was allerdings stark anzuzweifeln ist. Im Allgemeinen mag es wohl so sein, gilt aber nicht für jeden. Manche Künstler, bei denen das Sehen oder Hören ausgesprochen weit entwickelt ist, erleben außergewöhnliche Empfindungen durch Farben und Töne, und zwar weitaus stärker als beim Geschlechtsakt, der sie oft sogar gleichgültig und kalt bleiben lässt. Da die meisten Menschen nun noch nicht so weit entwickelt sind, kann man sagen, dass der Tastsinn (der die Sexualität miteinschließt) und der Geschmackssinn zurzeit die Sinne sind, die die Welt regieren. Sehen, Hören und Riechen stehen an untergeordneter Stelle. Es gibt Menschen, die Düften, Tönen und Farben gegenüber gleichgültig bleiben, es sei denn, es geht um ihre Interessen. Das ist dann aber den Tieren vergleichbar, bei denen der Geruchs-, Gehör- und Gesichtssinn stark ausgebildet ist, da sie diese brauchen, um sich zu schützen und um ihre Nahrung zu suchen.

Ich spreche da von Dingen zu euch, die euch schon bekannt sind, möchte damit aber eure Aufmerksamkeit auf bestimmte Punkte lenken, die euch noch nie aufgefallen sind. Seit Jahrtausenden üben sich die Menschen regelrecht darin, die Wahrnehmungen und Empfindungen über die fünf Sinne zu vermehren und zu verstärken, und dieses Spiel auf der »Tastatur« der fünf Sinne nennt man nun Bildung und Kultur. Schön und gut, aber ich finde das doch ein wenig armselig. Wie sehr man die fünf Sinne auch verfeinern mag, sie werden immer innerhalb der durch die Materie gesetzten Schranken bleiben, der sie ja angehören, und werden nie über den physischen Bereich hinausgehen können. Die Natur hat nun aber für diese »Tastatur« weitere Tasten vorgesehen... ja, nämlich einen sechsten, siebenten, achten Sinn von weitaus höherer Intensität und Stärke. Zurzeit beschränken sich die Menschen allerdings auf die fünf Sinne; sie wollen nicht zugeben, dass es andere Bereiche zu erforschen, zu sehen, zu berühren, ja zu atmen gibt. So ist es nicht weiter verwunderlich, wenn sie keine neuen, weiterreichenden, reicheren und feineren Wahrnehmungen erlangen können. Wie erklärt es sich aber, dass manche Menschen, ohne den fünf Sinnen Nahrung zu geben, Empfindungen haben, die sie bis zur Ekstase führen, bis zu einer Bewusstseinserweiterung, einem Gefühl von Fülle, Größe und Unermesslichkeit? Ich kenne diese Empfindungen, denn ich habe sie erlebt, gekostet... es gibt keine Worte, um sie zu beschreiben.

Man muss den Menschen begreiflich machen, dass sie auf große Enttäuschungen zusteuern, wenn sie lediglich ein immer häufigeres und stärkeres Erleben der physischen Empfindungen suchen, denn diese sind begrenzt. Ein jeder weiß, dass jedes Sinnesorgan nur die seiner Funktion entsprechenden Wahrnehmungen verschafft; ihr seht nicht mit den Ohren, sondern mit den Augen, ihr hört weder mit den Augen noch mit der Zunge und auch nicht mit den Beinen, sondern mit den Ohren. Jedes Organ ist auf eine bestimmte Funktion spezialisiert und verschafft einem nur die ihm entsprechenden Empfindungen. Um nun also neuartige Sinneswahrnehmungen zu erleben, müssen wir uns anderen Organen zuwenden, die wir ebenfalls besitzen.

Beobachtet einmal die Menschen, sie können alles sehen, kosten, anfassen, kaufen, und doch befriedigt sie das nicht. Wie viele Leute habe ich doch auf all meinen Reisen gesehen, die wohl ausgesprochen reich, dabei aber traurig, des Lebens überdrüssig und abgestumpft waren. Sie hatten alles versucht, um Zerstreuung zu finden, um ihrer Traurigkeit und ihrer Langeweile zu entkommen, hatten es aber nicht geschafft. Denn sie hatten eben nur in zu begrenzten Bereichen gesucht. Oft habe ich das Beispiel eines überaus reichen Mannes herangezogen, eines Stahl- oder Ölmagnaten, oder was weiß ich von was sonst... Er kauft seiner Frau alles, Schmuck, Edelsteine, ja sogar Paläste, und doch kann er sie nicht zufriedenstellen, gelangweilt schmachtet sie dahin. Wie kommt das? Weil etwas in ihr, was man Seele und Geist nennt, verschüttet ist und so langsam erstickt und abstirbt. Nie denkt man daran, dass auch die Seele nach Nahrung verlangt, immer ist es der Körper, zu dem man sagt:»Da, nimm und iss, das ist für dich.« Aber der arme Körper ist ja gar nicht schuld an all der Unzufriedenheit, und doch gibt man alles immer nur dem Körper. Dabei verlangt er gar nicht einmal so viel. Er ist schon mit sehr wenig zufrieden. Seele und Geist sind es, die hungern und dürsten und vor Schwäche dahinsiechen! Da man das aber nicht weiß, ja nicht einmal auf den Gedanken kommt, dass sie existieren und Nahrung benötigen, kümmert man sich ständig um den Körper, was an der Sache jedoch nichts ändert, man ist und bleibt unzufrieden. Gerade um Seele und Geist muss man sich aber kümmern.

Und wonach verlangt die Seele? Nach Raum. Ja, nach Raum, um zu atmen, um sich auszudehnen. Und der Geist, wonach verlangt er? Vor Jahren schon habe ich euch eine synoptische Tabelle (siehe Tabelle am Ende des Kapitels) gegeben, in der ich versucht habe, die Hauptelemente unseres Seelenlebens zusammenzufassen, nämlich Herz, Intellekt, Seele und Geist mit ihren Bedürfnissen und charakteristischen Aktivitäten. Diese Tabelle stellt die Quintessenz unserer spirituellen Philosophie dar.[1] Um die Fülle zu erfahren und Wahrnehmungen von wirklich überragender Intensität und Vielfalt zu erleben, muss man nun langsam aufhören, sich ausschließlich auf die fünf Sinne zu verlassen. In diesem Bereich ist man im fernen Orient fähig, Erfahrungen zu machen, die für den westlichen Menschen unvorstellbar sind. In Indien oder Tibet zum Beispiel leben manche Yogis in einem Loch in der Erde. Als ich im Himalaja war, habe ich einen Schüler von Babadji getroffen, der Hanuman Baba hieß. Er sprach nicht, denn Babadji hatte es ihm für einige Jahre untersagt; um mit anderen zu kommunizieren hatte er eine Schiefertafel, auf der er schrieb. Ich verbrachte viele Stunden mit ihm, dabei sprach ich, und er schrieb seine Antwort auf. Er konnte gut Englisch, und manchmal blieben wir bis zwei oder drei

Uhr morgens beisammen. Auch er schlief in einem Erdloch, wo er gerade genug Platz hatte, um sich hinzulegen. In dieser Dunkelheit und absoluten Stille finden die fünf Sinne keinerlei Nahrung mehr; durch die Meditation gelingt es dem Yogi, sie völlig ruhigzustellen. Und wenn die fünf Sinne ihre Arbeit einstellen, ziehen sie keine Seelenenergie mehr ab, die für die feinstofflichen Zentren bestimmt ist; dadurch erwachen diese, und der Yogi beginnt, in den höheren Regionen fluidumartige Elemente zu sehen, zu hören, zu fühlen und zu berühren.

Im Westen hingegen hat man das Leben mit den fünf Sinnen bis zur Vollkommenheit getrieben. Und nun bildet man sich ein, auf diese Weise alles zu erfahren und kennenzulernen. Jetzt weiß man zwar vieles, aber die fünf Sinne verschlingen die gesamte Seelenenergie, und nichts bleibt für die spirituelle Seite. So leben die Menschen im Westen zu sehr in den physischen Wahrnehmungen, und ihnen bleibt keine Energie, um sich auf andere Fähigkeiten zu konzentrieren, die sie in sich erwecken könnten. Ja, zu viele Sinnesreize! Schaut nur die Jugend an. Bei den Erwachsenen ist diese Neigung weniger stark entwickelt, da sie schließlich erkennen, dass dies nicht viel einbringt; die Jugendlichen hingegen sind wie ausgehungert nach Sinnesreizen: sehen, hören, sich treffen, sich küssen, sich raufen, schreien... sie meinen, darin bestände das ganze Leben. Aber nein, das ist nur ein Aspekt des Lebens. Zwar lebt man, ja, aber ein Leben, das das wahre Leben verdeckt. Genau das muss man begreifen, um sich dann zu entscheiden, viele Sinnesreize auszuschalten, die nämlich das wahre Verständnis, die wahre Intuition unmöglich machen. Zu viele Sinnesreize sind nicht zu empfehlen. Die Leute leben in einem Meer, das aufgewühlt ist von ihren täglichen »atmosphärischen Störungen«. Nicht einmal einige Minuten können sie in Stille verweilen, um sich durch ihre Gedanken emporzuschwingen und Wahrnehmungen anderer Natur und anderer Qualität zu haben. Ständig suchen sie unten, obwohl man doch oben suchen muss.

Wie viele Male habe ich es doch selbst erlebt, dass man in der
Stille und der Meditation, abseits aller physischen Empfindungen,
bestimmte feinstoffliche Regionen erreichen und sich dort an Empfindungen sättigen kann, die man mit materiellen Mitteln niemals
zu kosten bekommt.[2] Nur im Innern, durch eine Arbeit des Denkens und Wollens, kann man diese Wahrnehmungen erlangen. Nun
werdet ihr vielleicht sagen: »Das ist aber sehr vage, was Sie uns
da erzählen! Sie sprechen von außerordentlichen Wahrnehmungen,
ohne uns dabei zu erklären, worin sie bestehen und wie sie sich
zeigen.« Das stimmt wohl, aber niemand wird euch das erklären
können, denn das kann man nicht in Worten ausdrücken. Um das
zu verstehen, müsst ihr selber diese Wahrnehmungen erleben. Ich
habe dafür keine Worte... Ich weiß nur, dass dies das einzig wirklich
Reale in der Welt ist. Ja, das einzig wirklich Reale ist dieses Leben
von »oben«, und nur Seele und Geist haben den Zugang dazu.

Ihr wisst, dass man seit einigen Jahren viel von den Drogen
spricht, die bei der Jugend großen Schaden anrichten: Opium, LSD,
Marihuana, Kokain, Heroin... In manchen Ländern Asiens und Süd-
amerikas sind einige dieser Drogen traditionell im Gebrauch, das ist
aber ein anderes Thema. Schlimm ist es, dass die Jugendlichen, die
diese Drogen nehmen, um angeblich dem Alltag zu entfliehen, sich
in Wirklichkeit damit kaputtmachen. Denn die Drogen sind sehr
schädlich für das Nervensystem. Die Eingeweihten würden niemals
zu ihrem Gebrauch raten und benutzen sie auch nicht selbst, außer
vielleicht in sehr seltenen Fällen und sehr kleinen Dosierungen, wie
zum Beispiel den Moschus.

Bevor ich in Indien war, kannte ich schon die Eigenschaften
des Moschus. Man darf ihn nicht mit dem künstlichen Moschus
verwechseln, der synthetisch hergestellt und als Parfüm verwendet
wird. Der echte Moschus (muscus officinalis) ist eine Substanz, die
von den Geschlechtsdrüsen des sogenannten Moschustieres, das
auf den Hochebenen Tibets lebt, abgesondert wird. Die männlichen
Tiere scheiden diese Substanz aus, mit der sie die weiblichen Tiere
über große Distanz anziehen. Dieses Sekret wird getrocknet und

hat dann eine schwarzbraune Farbe; es sieht fast aus wie Tee, nur sind die Stückchen noch kleiner. Ich kenne es, denn in Ausnahmefällen habe ich es schon verwendet. Manche Eingeweihte, wenn sie eine bestimmte Arbeit ausführen wollen, nehmen davon ein oder zwei Körnchen in heißem Pfefferminztee aufgelöst ein, um so das Nervensystem und den Solarplexus zu stärken. Der Moschus ist nicht schädlich, man kann sagen, dass man dem Organismus damit eine Art Rohstoff oder Brennstoff zuführt.

Als ich in Indien war, hat man mir auch gezeigt, wie man aus den Wurzeln einer bestimmten Pflanze und den roten Blättern einer anderen Pflanze eine Paste herstellen kann. Diese werden zusammen auf einem Stein zerrieben, und das Gemisch, das man dabei erhält, wird dann zwischen den Augenbrauen als roter Punkt auf die Stirn aufgetragen. Man benutzt es für die Meditation, denn dieses Mittel hat die Eigenschaft, das dritte Auge zu erwecken. Wenn ihr wollt, gebe ich euch die Namen dieser Pflanzen, allerdings werdet ihr euch schwer tun, sie irgendwo zu bekommen. Die Inder und die Tibetaner haben eine sehr gute Kräuterkenntnis; dieses Wissen wird seit Jahrtausenden von Generation zu Generation weitergegeben. Sie kennen Pflanzen, die wirklich hervorragend sind. Wenn man ein bestimmtes Kraut isst, so heißt es, könne man wochenlang ohne sonstige Nahrung auskommen, mit einem anderen es tagelang im Schnee des Himalajas aushalten, ohne zu frieren. Das hat man mir jedenfalls so gesagt; zwar habe ich es nicht nachgeprüft, halte es aber für durchaus möglich. Warum auch nicht? Manche Kräuter haben eine sehr große Kraft.

In bestimmten Büchern über das Mittelalter steht, dass man damals auf Kräuterbasis hergestellte Salben kannte, mit denen die sogenannten Hexen sich einrieben, um zum Hexensabbat zu reisen. In Wirklichkeit machten sie diese Reise nicht mit ihrem physischen, sondern mit dem Astralkörper. Einige Ärzte haben die Echtheit dieses Phänomens überprüft. Sie haben sich die Rezepte besorgt, (was allerdings sehr schwierig ist, denn alles daran wurde im Laufe der

Zeit mehr oder weniger verändert) und haben sie dann ausprobiert. Bestandteil all dieser Salben sind anregende Substanzen, die Visionen und den Austritt der Seele aus dem Körper bewirken.

Lassen wir aber nun dieses Thema. Ich wollte damit nur sagen, dass es wohl ausgesprochen stark wirkende Mittel gibt, die aber oft auch sehr schädlich sind. Darum rate ich euch davon ab, sie unter welchem Vorwand auch immer zu benutzen. Freude, Weite, Freiheit, Fülle muss man mit spirituellen Mitteln zu erlangen suchen. Das ist der königliche Weg. Die wahren Eingeweihten verlassen sich auf nichts Äußeres, sie wissen, dass Gott in sie selbst alle Fähigkeiten, alle Schätze und alle Substanzen jeglicher Labors hineingelegt hat. Man muss nur in sich gehen und sie benutzen. Leider schaffen es einige, dreißig, vierzig und fünfzig Jahre in einer Einweihungsschule zuzubringen, ohne jemals zu lernen, auch nur die geringste ihrer Fähigkeiten zu nutzen. Wie ist das möglich?

Wenn man die Menschen beobachtet, wird man gewahr, dass die meisten ein derart banales Ideal haben, dass dieses sie sogar daran hindert, die Realität der Dinge zu sehen, zu erspüren und zu begreifen. Und sogar das, was sie an höchst Nützlichem und Gutem für sich selbst hören, lehnen sie instinktiv ab, weil es nicht das ist, was sie suchen, da sie andere Ziele im Sinn haben. Das ganze Geheimnis besteht also darin, sein Ideal, sein Lebensziel zu ändern. Besteht euer Ideal darin, die Vollkommenheit zu erlangen, wird alles um euch herum euer Leben bereichern und in euch den wahren Sinn für die Dinge erwecken. Dann bekommt die geringste Tätigkeit des täglichen Lebens unerhörte Bedeutung und Wert. Besteht euer Ideal aber nur darin, auf der physischen Ebene reich, groß und mächtig zu sein, dann wird euch nichts von alledem, was ihr auch immer finden oder ausprobieren mögt, wirkliche Befriedigung bringen. Ob ihr nun Lehrer, Ingenieur, Arzt, Philosoph, Künstler, Geschäftsmann oder Minister seid, wenn ihr nicht zum Ideal habt, euch jeden Tag der Vollkommenheit weiter anzunähern, dann fehlt euch das Wesentliche.[3]

Mir genügt es, jemanden anzuschauen, um zu wissen, welches Ideal er hat, und wenn dieses Ideal göttlich ist, dann erscheint mir seine ganze Bestimmung in klarem Licht. Für mich ist das etwas sehr Einfaches, denn ich habe die wahren Maßstäbe. Versteht mich recht. Besteht euer Ideal nur darin, es in der Gesellschaft zu etwas zu bringen, dann wird euch immer das Wesentliche fehlen. Und was ist nun das Wesentliche? Es ist das innige Gefühl, ein Kind Gottes zu sein, zu spüren, dass Himmel und Erde euch gehören, und auf eine herrliche Zukunft zu hoffen.

Über jedes Sinnesorgan erlangen wir Kenntnis über einen Teilbereich dieser Welt; damit eröffnet es uns neue Perspektiven, und es ist interessant, einmal ihre hierarchische Ordnung anzuschauen. Der Tastsinn betrifft nur die festen Stoffe, man ertastet nichts Gasförmiges und nichts Ätherisches, wohl ein wenig die Flüssigkeiten, aber vor allem die festen Stoffe. Der Geschmackssinn ist auf die Flüssigkeiten spezialisiert. »Na so was«, werdet ihr nun sagen, »wenn ich einen Bonbon in den Mund stecke, dann ist der doch recht fest, aber ich spüre etwas Süßes...« Ah, ja!? Darauf muss ich euch antworten, dass ihr die Sache nicht genau untersucht habt, denn der Geschmackssinn funktioniert nur dann, wenn das, was ihr in den Mund gesteckt habt, vom Speichel verflüssigt wird. Und nun zum Geruchssinn; er nimmt die Gerüche wahr, das heißt, alles Gasförmige. Somit steht die Nase noch in Beziehung mit der Materie. Mit dem Gehör verlassen wir den Bereich der Materie und kommen zu den Wellen und Schwingungen. Das Gleiche gilt für das Sehen. Damit ist man schon fast in der Welt des Ätherischen. Ihr seht also, dass die fünf Sinne eine hierarchische Ordnung haben, die bei der physischen Ebene beginnt und bis ins Ätherische reicht.

Will man nun allerdings bis in die Astralwelt vordringen, nützen einem die fünf Sinne nichts mehr. Man braucht einen weiteren, dafür geeigneten Sinn, der nämlich in der Lage sein muss, einen noch feineren Bereich wahrzunehmen. Wer diesen sechsten Sinn noch nicht entwickelt hat, kann nicht wissen, dass es einen weiteren

Bereich, eine weitere Region gibt, und ahnt auch nicht einmal, dass
Schwingungen anderer Art das Universum durchziehen, die uns
weitaus größere und intensivere Wahrnehmungen ermöglichen.

Um einen Gegenstand zu berühren, muss man diesem ganz
nahe sein; auch um ihn zu schmecken. Um einen Duft einzuatmen,
kann man sich schon in einer gewissen Entfernung befinden. Für
Klänge kann die Entfernung noch etwas größer sein. Und für das
Sehen noch einmal größer, denn die Augen sind so gestaltet, dass
sie Informationen über eine sehr weite Distanz empfangen können.
Daran seht ihr wiederum, wie weise die Natur die hierarchische
Ordnung der fünf Sinne eingerichtet hat. Und der sechste Sinn soll
uns mit noch weiträumigeren, entfernteren und feinstofflicheren
Regionen in Kontakt bringen.

Solange allerdings unsere Zeitgenossen – seien es Gelehrte,
Künstler oder Kirchenangehörige – diesen Sinn nicht entwickelt
haben, der sie mit höheren Regionen und Wesen in Verbindung
bringen kann, bleiben ihre Kenntnisse begrenzt. Sie werden sprechen, schreiben, erklären, kritisieren und urteilen, aber immer
werden sie sich im Irrtum befinden, da sie nur einen Teil der Realität kennen. Wollen sie nun die ganze Wirklichkeit kennenlernen,
müssen sie sich darin üben, andere Fähigkeiten zu erwecken, die
sie zwar schon immer besessen haben, die in ihnen aber noch
schlummern und darauf warten, zum Einsatz zu kommen. Über-
lieferungen der Einweihungslehre berichten, dass der Mensch in
einer sehr weit zurückliegenden Zeit, als er von seinem physischen
Körper noch nicht völlig Besitz ergriffen hatte, ständig außerhalb
dieses Körpers lebte... Später erst, als sein Geist begann, mehr und
mehr in die Materie einzutauchen, hat er die Fähigkeiten zur Arbeit
mit eben dieser Materie entwickelt, nämlich die fünf Sinne. Dabei
vernachlässigte er seine medialen Fähigkeiten, und diese stumpften
ab. Verloren hat er sie allerdings nicht, er besitzt sie noch immer.

Schaut die Kinder an. Während einer ganzen Periode ihrer
Entwicklung, bis zum siebten Lebensjahr, sind sie noch nicht
völlig in ihren Körper eingetreten. Damit spiegeln sie die

Entwicklungsperiode wider, in der die Menschheit eben diesen Evolutionsstand erreicht hatte. In dieser Epoche sprachen die Menschen mit den Naturgeistern und den Seelen der Toten. Sie trafen diese, kommunizierten mit ihnen, und wenn sie dann selber starben, waren sie sich gar nicht bewusst, ob sie nun lebten oder gestorben waren. Die unsichtbare Welt, die Welt der Geister war für sie eine selbstverständliche Realität. Sie schwebten in der Atmosphäre, so als seien sie immateriell und schlüpften nur von Zeit zu Zeit in ihren physischen Körper. Unter diesen Bedingungen waren sie natürlich überhaupt nicht darauf vorbereitet, mit der Materie zu arbeiten. Daran führte dann aber kein Weg vorbei. Und wenn Wissenschaft und Technik sich haben entwickeln können, so liegt das an diesem Eintauchen in die Materie; und die Menschen besitzen nun unwahrscheinliche Mittel, um sie zu beherrschen. Allerdings haben sie bei diesem Abstieg in die Materie die Existenz der geistigen Welt vergessen; mit dieser haben sie die Verbindung abgebrochen und vergessen, dass sie unsterblich sind. Manche haben wohl noch eine intuitive Erinnerung daran, aber die meisten haben alles vergessen.

Zurzeit stehen wir wieder an der Schwelle zu einem weiteren Evolutionszyklus. Ich weiß, was die kosmische Intelligenz vorhat und kenne ihre Pläne, und so weiß ich, dass die Menschen, wenn sie erst einmal die Materie und den physischen Körper bemeistern und beherrschen, allmählich wieder ihre geistigen Organe entwickeln werden, um sich in spirituelle Höhen aufzuschwingen. Nun werdet ihr sagen: »Ja, warum kritisieren Sie sie dann ständig und schimpfen über sie?« Nein, versteht mich recht. Auch wenn ich weiß, dass alles so kommt, wie es kommen muss, sollte das ein Grund sein, nicht alle diejenigen ein wenig anzutreiben, die schon jetzt in der Lage sind, zur Quelle zurückzukehren? Und die anderen... die lässt man ihrer Wege gehen! Aber seid unbesorgt, eines Tages wird die ganze Menschheit den Weg des geistigen Aufstiegs einschlagen.

Das ist meine Antwort an alle, die von der materiellen Realität zu sehr umnebelt sind und die Lösung aller Probleme mit den begrenzten Mitteln der fünf Sinne herbeiführen wollen. Selbstverständlich muss man die fünf Sinne ihre Arbeit tun lassen, es handelt sich nicht darum, sie auszuschalten. Sich aber Hals über Kopf in die Sinnesempfindungen des physischen Körpers zu stürzen, um darin Glück, Befriedigung und Fülle zu finden, das bedeutet, sich allen erdenklichen Enttäuschungen preiszugeben. Mögen diejenigen, die den Wunsch haben, voranzuschreiten und neue Wahrnehmungen zu erleben, damit beginnen, die Aktivität der fünf Sinne ein wenig zu reduzieren, um von nun an in sich selbst zu forschen. Im Innern ist Weite, Fülle... nur sucht man dort nicht! Man glaubt nicht einmal, dass es möglich sei, dort etwas zu finden. Hätte Gott es mir nicht gegeben, diese Wahrheiten selber in mir zu entdecken, fiele es mir vielleicht auch sehr schwer, daran zu glauben. Aber schon seit meiner frühesten Jugend hat Er mir die außergewöhnlichsten Wahrnehmungen zu kosten gegeben. Und wenn ich nun verstehen kann, was in schwer verständlichen esoterischen Büchern steht, so deshalb, weil ich es selbst erlebt habe. Hat man es nicht erlebt, hat man es nicht geschmeckt, dann versteht man es nicht, denn das sind Erfahrungen aus einer anderen Dimension.

Nehmen wir einmal das Phänomen der Ekstase. Über die Heiligen und Mystiker, die Ekstasen erlebten, wurde schon viel gesprochen. Sie nahmen keinerlei Drogen und erlebten doch außergewöhnliche Zustände. Wer mit ihnen zusammentraf, war erstaunt über das, was von ihnen ausstrahlte... Und glaubt mir, eine Ekstase kann man nicht vortäuschen. Niemand wird euch glauben, dass ihr in Ekstase seid, wenn euer Blick nicht etwas Lichtvolles, etwas Göttliches ausdrückt. Eure Augen müssen widerspiegeln, was ihr erlebt. Wenn euer Blick stumpf, ausdruckslos und ohne Leben ist, so ist das gewiss keine Ekstase. Als ich in Indien war, habe ich einen Schüler Babadjis gesehen, der angeblich in Samadhi fiel... Nun, ich fand als Einziger heraus, dass er in Wirklichkeit krank war. Nach einer Ekstase muss man sich gestärkt fühlen, die Gesundheit, das

Licht, die Intelligenz, alles muss stärker geworden sein. Ist man aber deprimiert und niedergeschlagen, so ist das keine Ekstase, sondern ein krankhafter Zustand. Die Ekstase ist ein intensives Gefühl des Einsseins mit der Welt der wahren Realität. Wer eine Ekstase erlebt, von dem geht Licht aus, sein Blick ist erhellt und sein Gesicht strahlend. Wohl können bestimmte Erlebnisse den physischen Körper anstrengen, was aber von dem Menschen ausgeht, kann zu keinem Irrtum Anlass geben.

Sucht im materiellen Bereich nur das, was er euch geben kann. Etwas anderes werdet ihr dort nicht finden, das steht fest. Das zeigt sich schon daran, dass die reichen Leute oft eingestehen: »Ich habe alles, nur den Sinn des Lebens finde ich nicht.«

Vor etlichen Jahren hatten wir billig eine große Baracke erstanden und ließen uns daraus drei oder vier kleine Holzhäuschen bauen. Damit hatten wir einen Schreiner beauftragt, der mit seinen Söhnen zu uns kam. Der Vater arbeitete zu einer bestimmten Zeit an dem dritten Häuschen, das an dem Weg zum Felsen steht und sah uns jeden Morgen, wenn wir von der Betrachtung des Sonnenaufgangs zurückkamen. Eines Morgens sagte er zu mir: »Ah! Monsieur, jetzt wird mir allmählich klar, was Sie da machen.« – »So, so, und was wird Ihnen denn allmählich klar, Monsieur Carrodano?« – »Ja, ja, jetzt ist es mir klar...« – »Aber sagt doch nur, was...« – »Zuerst werde ich Ihnen etwas erzählen, antwortete er. Als ich jung war, das war in Italien, arbeitete ich zusammen mit meinen Kollegen, die waren genauso jung wie ich, und zu Mittag aßen wir in einem kleinen, sehr bescheidenen Restaurant Makkaroni, Bratkartoffeln und tranken ein wenig Wein dazu. Aber wir waren glücklich, lachten und machten unsere Späße... Eines Tages kam ein Herr herein, an seiner Kleidung, seinem Hut, seinen Ringen sah man, dass er sehr reich war, aber sein Blick war so traurig und düster! Er setzte sich und schaute uns an. Und wir, wir lachten, tranken, aßen und waren froh gestimmt.« – »Oh ja, das verstehe ich, Monsieur Carrodano.« – »Da steht dieser Herr nun auf, kommt zu uns herüber und sagt:

»Verzeihen Sie, wenn ich Sie unterbreche, meine jungen Herren, aber ich sehe Ihren Frohsinn, Ihre Jugend, und das tut mir gut... Sehen Sie, ich bin sehr, sehr reich, kann mir alles leisten, nur glücklich bin ich nicht, das Leben hat für mich keinen Sinn. Sie aber sind jung und frohgemut; nun tun Sie mir einen Gefallen, bestellen Sie, was Sie wollen, ich spendiere es.« Na, und wie wir bestellt haben! Wir haben gegessen und getrunken...! Und er schaute uns dabei zu. Dann verabschiedete er sich und ging. Und jetzt wird mir allmählich klar, was Sie machen, Sie zeigen Ihren Schülern den Sinn des Lebens.« – »Bravo, Monsieur Carrodano! Aber wie sind Sie denn darauf gekommen?« – »Wenn ich Ihre Schüler jeden Morgen den Weg herunterkommen sehe, so glücklich und strahlend, dann ist es mir klar, was Sie ihnen geben, nämlich den Sinn des Lebens.« Diese Worte haben mir Freude gemacht!

Natürlich ist es normal, wenn man jung ist, sich zu freuen, zu singen und glücklich zu sein; aber nach einiger Zeit, wenn man da keine spirituelle Lebensanschauung besitzt, genügen Vitalität und Jugend dafür nicht mehr. Die Jugend ist von Natur aus glücklich, auch ohne philosophische Lebensanschauung, ohne tiefes Wissen, eben einfach nur so ist sie glücklich. Aber mit der Zeit bleibt das nicht immer so. Darum darf man sich nicht einzig und allein auf die natürliche Vitalität und Fröhlichkeit verlassen, das genügt nicht, man braucht eine philosophische Lebensanschauung. Schaut nur die Verliebten an, Tag und Nacht liegen sie sich in den Armen und küssen sich, aber im ideellen Bereich findet oft keinerlei Austausch zwischen ihnen statt; ihr Austausch beschränkt sich auf die Bereiche Gefühl und Sexualität. Mit der Zeit lassen die Gefühle aber nach, und dann steht man plötzlich vor einer Leere, entdeckt einen Mangel an Intelligenz oder ein unzureichendes Ideal beim Partner, versteht sich immer weniger, und die Auseinandersetzungen beginnen. Und zwar ganz einfach deshalb, weil im intellektuellen und spirituellen Bereich keine Gemeinsamkeiten da sind. Ihr seht, mit der Liebe ist es das Gleiche, verlässt man sich einzig auf ihre körperliche und sinnliche Seite, dann ist sie nach einiger Zeit dahin. Ohne gemeinsame Ausrichtung, ohne gemeinsames Ideal trennen sich schließlich Menschen, die sich anfangs vor Liebe fast verschlungen haben.

Ja, ich füge sogar noch Folgendes hinzu: Es kommt oft vor, dass ein junger Bursche und ein Mädchen sich nicht lieben und noch nicht einmal Sympathie füreinander empfinden... Wenn sie dann aber im Laufe der Zeit entdecken, dass sie die gleiche Lebensanschauung, das gleiche Ideal haben, fangen sie an, sich zu achten und zu schätzen, und auch die Liebe stellt sich ein. Daran seht ihr, das Ideal ist ebenso wichtig oder vielleicht sogar noch wichtiger als Empfindungen des Herzens und der Sexualität.[4]

Darum sage ich zur Jugend: Baut nicht nur auf euren Charme. Eignet euch auch eine philosophische Lebensanschauung an! Hübsche Beine und ein schöner Busen... wisst ihr, die Männer bekommen die hübschesten Dinge einmal satt, und wenn eine Frau nichts in ihrem Kopf hat, dann lassen sie sie schließlich sitzen. Und das Gleiche gilt für die Männer. Es gibt hübsche Gecken, die haben kleine Schnauzbärtchen aber nichts Großartiges in ihrem Kopf, und wenn einer dieser Schönlinge zu einem Mädchen sagt, dass er sie glücklich machen werde, dann weiß er in Wirklichkeit gar nicht, was sie braucht, nämlich jemanden, der ihr Kenntnisse vermittelt, sie führt und beschützt. Da der arme Bursche aber selber jemanden nötig hat, der ihn führt und berät, wird sie sich nach einiger Zeit einen anderen suchen... Und so entstehen die Tragödien. Glaubt mir das, liebe Brüder und Schwestern. Ich habe im Leben so viel analysiert, erlebt und beobachtet, dass ihr mir glauben könnt. Glaubt ihr mir nicht, werdet ihr vielleicht eines Tages selbst die Erfahrung machen, nur könnte es dann zu spät sein.

Nehmt die Philosophie der Eingeweihten an, und dann werdet ihr nicht mehr sein wie die Leute, die sich ständig suchen, ohne sich jemals zu finden. Sie verbringen ihr Leben in Unsicherheit und Ratlosigkeit, obgleich es ihnen doch an nichts mangelt. Vielleicht wollt ihr nun einwenden, dass manche sehr gut ohne Philosophie,

ohne Ideal und ohne sonst was leben. Das weiß ich schon, nur ist
ihr Glück nicht von Dauer; in einigen Jahren ist es vorbei damit. Im
Augenblick sind sie glücklich, weil sie allem Geistigen gegenüber
unempfindlich sind, sie begnügen sich mit groben Dingen... wie
die Tiere. Die Tiere sind glücklich, sie haben keine spirituellen
Bedürfnisse, und die Welt ist für sie in Ordnung. Die Probleme
tauchen dann auf, wenn ihr anfangt, das instinktive Leben hinter
euch zu lassen; dann habt ihr auf einmal andere Bedürfnisse, denn
was bis dahin euer Glück ausmachte, stellt euch nun nicht mehr
zufrieden. Ohne es selbst zu wollen, werdet ihr wählerisch, und ihr
leidet darunter, dass eure neuen Bedürfnisse eure Mängel zutage
treten lassen. Wollt ihr auf der physischen Ebene ewig glücklich
sein, dann entwickelt euch nur ja nicht. Bleibt auf dem Stand der
Steine, Pflanzen oder Tiere. Erreicht man die Stufe des Menschen,
dann ist das Glücklichsein nicht mehr gesichert. In Wirklichkeit
ist es allerdings so, will der Mensch das wahre Glück finden, ein
unwandelbares Glück, dann muss er beständig der Göttlichkeit
zustreben.[5]

Solange die Menschen sich damit begnügen, ihre Kenntnisse
und ihre geistige Nahrung einzig und allein aus landläufigen Meinungen zu beziehen, werden sie mit Sicherheit weder Befriedigung
noch den Sinn des Lebens, noch sonst etwas finden. Mögen sie
sich also auf die Suche nach dem Licht des esoterischen Wissens
machen, und dann wird sich in ihrem Bewusstsein eine unwahrscheinliche Klarheit einstellen! Dafür muss man allerdings auch ein
wenig Mut aufbringen. Denn viel zu wenige trauen sich, die bei
der großen Mehrheit geltenden Vorstellungen über Bord zu werfen.
Man liebt es, auf ausgetretenen und staubigen Pfaden zu wandeln,
und darum sind es nur wenige Mutige, die den Weg dieser neuen
Philosophie einschlagen. Ich versichere euch aber, dass sie dort den
Sinn des Lebens und in den unscheinbarsten Dingen Köstliches
finden werden. Ob sie dann ruhen, sprechen, spazieren gehen oder
arbeiten, alles wird für sie unermesslich groß und kostbar sein.

Aber andernfalls, was sie auch unternehmen werden, um ein paar kleine Freuden zu genießen, sie werden unbefriedigt und enttäuscht sein. Manch einer sagt mir schon mal: »Meister, wir erkennen mehr und mehr, dass die Liebe nicht auf der physischen Ebene zu finden ist. Wir haben schon etliche Erfahrungen hinter uns, aber die Liebe, die wir suchten, haben wir dabei nicht gefunden.« Nun ja, die Liebe findet man nicht mithilfe der Körperorgane; wohl kann man sich dieser Organe bedienen, um seiner Liebe Ausdruck zu geben, doch die Liebe selbst befindet sich woanders. Aber die Menschen müssen Enttäuschungen erleben und leiden, damit sie endlich erkennen, dass das, was sie suchen, sich vielleicht doch in etwas höheren Regionen befindet. Könnte man die Liebe auf der physischen Ebene finden, hätten alle sie finden müssen, denn schließlich alle »machen Liebe«. Warum gibt es übrigens viele, die bei der körperlichen Liebe kalt und unbefriedigt bleiben? Ja, warum? Die Ärzte werden euch erklären, dass diese Leute anormal und krank sind. Welch eine Erklärung!

Und nun sage ich zum ersten Mal zu allen, die hierherkommen: »Versucht ein wenig, das beiseite zu lassen, was ihr wisst, kennt, gelesen und gehört habt. Wenigstens einen Monat lang, kümmert euch nicht darum, sondern prägt euch einige Regeln aus der Lebensanschauung der Eingeweihten ein und dann beobachtet einmal, was ihr in euch spürt: Ihr werdet unerklärliche Wahrnehmungen entdecken. Zum Beispiel, wenn ihr euch in einer Nacht irgendwo hinlegt und den Sternenhimmel beobachtet; ein wunderbarer Frieden zieht dann in euch ein, ein Frieden, den ihr vormals nie gefunden habt, ja, ihr spürt, wie ihr mit dem Universum verschmelzt...[6] Und doch habt ihr weder getrunken, noch sonst etwas angerührt! Oder vielleicht seid ihr bei dem Menschen, den ihr liebt, ihr sprecht nichts und liegt euch auch nicht in den Armen, aber ihr seid beisammen und spürt in euch alle Herrlichkeit der Welt...«

Man sollte also ein wenig nachdenken und einsehen, dass, würde man diese Erfahrungen häufiger machen und sie bewusst wiederholen, man eine unsagbar schöne und noch unerforschte

Welt entdecken würde. Aber leider ist es meist so, hat man diese Empfindungen einmal zu kosten bekommen, vernachlässigt man sie nachher, so als seien sie nur ein unerklärliches Zufallsprodukt. Anstatt sie zu vertiefen, kümmert man sich nicht mehr darum und läuft von Neuem seinem Glück hinterher. Aber nein, diese Erfahrungen müsste man wiederholen und sich sagen: »Vielleicht ist es eine Illusion, aber ich brauche diese Illusion, weil sie mich stärkt, mich klug und glücklich macht, und ich werde versuchen, dieses Erlebnis so oft wie möglich von Neuem zu haben.« Und dann wird man erkennen, dass man durch diese »Illusion« zur Realität findet.

Denn auf diese Weise haben die Eingeweihten die Realität entdeckt. Sie stellten zuerst einmal fest, dass sie Empfindungen der Fülle und Bewusstseinserweiterungen erlebten, die nicht auf Grund physischer Bedingungen zustande kamen, und sie bemühten sich, so oft wie möglich den Zustand wiederzufinden, der ihnen diese Wahrnehmungen ermöglichte, und diese zu verstärken. So gewöhnten sie sich nach und nach daran, in der Gedankenwelt zu leben, in einer Welt, die aus einem äußerst feinen Stoff gemacht ist. Darum möchte ich auch euch anraten, wenn ihr nur einmal in eurem Leben, sei es nur einen Augenblick lang, eine Offenbarung, ein Gefühl der Fülle gehabt habt, kehrt zu diesem Augenblick zurück, erinnert euch daran, wiederholt dieses Erlebnis, und ihr werdet sehen, welche Fortschritte ihr dann macht. Ihr könnt euch also diesen Zustand andächtigen Staunens zunutze machen, fast so wie eine innere, spirituelle Schallplatte, anstatt so wie die meisten Leute immer nur die negative Platte aufzulegen, weil sie es nicht besser wissen, als immer wieder ihre Momente der Wut, der Traurigkeit und der Mutlosigkeit zu durchleben.

Damit die Sache noch etwas klarer wird, werde ich noch einige Worte hinzufügen. Der Mensch kann, ohne zu meditieren oder zu beten, selbstverständlich leben und in der Gesellschaft Erfolg und eine gute Stellung haben. Gewiss, nur wird er die feinstoffliche Welt so nicht kennenlernen. Wer hingegen eine spirituelle Arbeit auf sich nimmt, wird in der materiellen Welt vielleicht nicht den gleichen Erfolg haben, dafür aber im feinstofflichen Bereich Dinge zu kosten bekommen, die ihm eine Freude vermitteln, die den anderen versagt bleibt, obwohl sie alles besitzen. Die Materialisten werden euch zwar ihre Autos, Häuser und sonstigen Errungenschaften zeigen, während die Spiritualisten nichts dergleichen vorzuweisen haben. Im Allgemeinen haben die Leute lieber das, was man vorzeigen kann, aber für mich gibt es da noch einen offenen Punkt, denn das ist nur die eine Hälfte des Problems. Wer nämlich eine spirituelle Arbeit für ein hohes Ideal auf sich nimmt, besitzt Kostbarkeiten, die die anderen nicht haben, das ist unausbleiblich. Es ist wohl ein wenig schade, dass sie einem diese Kostbarkeiten nicht konkret vorzeigen können. Für sie selbst allerdings sind sie real und ganz offensichtlich, da sie diese erleben und regelrecht darin schwimmen. Sie können nicht alles veräußerlichen, aber sie leben es. Die anderen können wohl alles im Äußeren vorzeigen, aber im Innern haben sie kein Leben. Und es gibt eben keinen größeren Beweis als das Leben, als das göttliche Leben, das man lebt. Alles andere ist nur Schale, Schlacke und oberflächliche Erscheinung.[7]

Im Leben steht man immer wieder vor der Notwendigkeit, eine Wahl zu treffen, und die Eingeweihten haben sich für das Leben entschieden, denn das Leben zu haben ist Millionen Mal mehr wert als die gesamte Erde, wenn diese Erde tot ist. Die Eingeweihten ziehen es vor, zu leben, das heißt, zu fühlen, zu erfahren... während die anderen es vorziehen, tot zu sein, aber zu besitzen. Nun gut, für mich sind sie aber nicht besonders intelligent. Der Maßstab für die Intelligenz liegt darin, das Leben zu wählen, ein intensives Leben im Feinstofflichen. Genau danach wird in einer Einweihungsschule die Intelligenz gemessen. In der Welt wird die Intelligenz anhand von Diplomen, Erfolgen und sogar Besitz gemessen. Für einen Eingeweihten ist der Klügste derjenige, der sich für das Leben entschieden hat, für ein intensives Leben, denn darin liegt Gesundheit, Liebe, Erkenntnis, Licht und Kraft. Alles liegt in einem solchen Leben.

Wenn ich hier von Leben spreche, handelt es sich natürlich nicht
um das rein tierische, biologische Leben, um die bloße Vitalität,
nein, denn alle Lebewesen besitzen diese Lebenskraft. Wenn ich
von Leben spreche, meine ich damit das geistige Leben, das Intelligenz, Licht, Liebe, Güte und Freude ist. Das ist für mich eine ganz
klare Sache. Nur wie soll ich es den Menschen begreiflich machen,
damit es für sie genauso klar wird? Denn durch ihre Erziehung sind
sie auf einen sehr, sehr schlechten Weg geraten. Sie wählen immer
das, was sie behindert, was sie schwer macht und ihnen außerdem
noch Sorgen bereitet, da sie ja ständig Angst haben, jemand könne
es ihnen wegnehmen. Man muss einige Dinge haben, bin ich gar
nicht dagegen, aber nur das, was man unbedingt braucht und was
einem die Möglichkeit gibt, dieses intensive feinstoffliche Leben zu
erlangen. Denn überschreitet man eine gewisse Grenze, wird das,
was man besitzt, sperrig und zur Last, und man kommt nicht mehr
dazu, sich geistig zu erheben, zu meditieren und zu beten. Dann
sind alle Gedanken gefangen, gebunden und kleben am materiellen
Besitz, der doch tot ist; nach einiger Zeit ist man dann selber geistig
tot und klebt nur noch an seinen Reichtümern. Selig, wer sich mit
dem Wesentlichen zufriedengeben kann und nicht vorhat, sich zu
überladen!

Wenn ihr Leute trefft, die stolz sind auf ihr Wissen und ihre
Reichtümer, dann beobachtet sie, und ihr werdet feststellen, dass
sie nicht glücklich sind, denn Wissen und Reichtum reichen nicht
aus zum Glücklichsein. Die Erziehung, die die Menschen genossen
haben, hat sie auf falsche Wege gebracht und sogar verunstaltet,
denn sie wurden niemals an das Leben, an das göttliche Leben her-
angeführt. Und in unserer Schule arbeiten wir gerade daran, dieses
Leben zu entwickeln. Freilich müsst ihr eine unwiderstehliche Liebe
für die göttliche Welt des Lichtes mitbringen, denn sonst werdet ihr
in der kurzen Zeit, die ihr hier im Bonfin seid, gerade ein wenig von
dem annehmen, was ich euch sage (fünf Prozent vielleicht), und
wenn ihr dann wieder zu Hause seid, werden sich eure mystischen
und spirituellen Bedürfnisse mit einem Schlage verflüchtigen, und

ihr fangt wieder an, so zu denken wie alle anderen. Ich lebe in der Welt, genauso wie ihr, nur machen die Lebensanschauungen der Weltmenschen keinerlei Eindruck auf mich. Das hindert mich nicht daran, die Menschen zu lieben und ihnen nützen zu wollen, aber ihre Lebensanschauungen, von denen habe ich mich schon lange getrennt, und zwar gründlich! Die Menschen liebe ich schon, aber ihrer materialistischen Lebenseinstellung gegenüber bin ich unerbittlich.

Auf jeden Fall ist Folgendes ein fantastisches Argument für die Philosophie der Spiritualisten: Wie erklärt es sich, dass ein Mensch sehr starke Gefühle und Empfindungen erleben kann, ohne im Geringsten etwas gegessen, getrunken, eingeatmet, gesehen oder gehört zu haben? Das liegt eben daran, dass es in ihm etwas gibt, das erwachen und in Schwingung geraten kann, um ihm dann Wahrnehmungen von unerhörter Größe, Fülle und Pracht zu ermöglichen. Also, man muss sich nur dazu entschließen, diese Fähigkeiten weiterzuentwickeln. Das ist alles, was ich euch für heute zu sagen habe, meine lieben Brüder und Schwestern.

Bonfin, den 2. August 1969

Anmerkungen

1. Siehe Band 17 der Reihe Gesamtwerke »Erkenne Dich selbst – Jnani-Yoga«, Kapitel 2: »Die synoptische Tafel«.
2. Siehe Band 229 der Reihe Izvor »Der Weg der Stille«, Kapitel 9: »Suche nach Stille, Suche nach dem Zentrum«, Kapitel 12: »Stimme der Stille, Stimme Gottes« und Kapitel 14: »Das stille Kämmerlein«.
3. Siehe Band 307 der Reihe Broschüren »Das hohe Ideal«.
4. Siehe Band 14 der Reihe Gesamtwerke »Liebe und Sexualität«, Kapitel 27: »Die Jugend und die Liebe«.
5. Siehe Band 231 der Reihe Izvor »Saaten des Glücks«, Kapitel 10: »Entwickelt eure Sensibilität für die göttliche Welt« und Kapitel 14: »Die Suche nach Glück ist die Suche nach Gott«.
6. Siehe Band 229 der Reihe Izvor »Der Weg der Stille«, Kapitel 13: »Die Offenbarungen des Sternenhimmels«.
7. Siehe Band 240 der Reihe Izvor »Söhne und Töchter Gottes«, Kapitel 1: »Ich bin gekommen, damit sie das Leben haben«.

PRINZIP	IDEAL	SPEISE	BEZAHLUNG	TÄTIGKEIT
GEIST (GÖTTLICHES BEWUSSTSEIN)	ZEIT EWIGKEIT UNSTERBLICHKEIT	FREIHEIT	WAHRHEIT	IDENTIFIKATION VEREINIGUNG SCHÖPFUNG
SEELE (ÜBER-BEWUSSTSEIN)	RAUM UNENDLICHKEIT UNERMESSLICHKEIT	SELBSTLOSIGKEIT NÄCHSTENLIEBE	VERSCHMELZUNG ERWEITERUNG EKSTASE	KONTEMPLATION ANBETUNG GEBET
VERSTAND (ICH-BEWUSSTSEIN)	KENNTNISS WISSEN LICHT	GEDANKE	WEISHEIT	MEDITATION STUDIUM VERTIEFUNG
HERZ (BEWUSSTSEIN)	FREUDE BEGLÜCKUNG WÄRME	GEFÜHL	LIEBE	MUSIK SINGEN/POESIE HARMONIE
WILLE (UNTER-BEWUSSTSEIN)	HERRSCHAFT MACHT BEWEGUNG	KRAFT	ATEM GESTIK	ATMUNG GYMNASTIK/TANZ PANEURHYTHMIE
KÖRPER (NICHT-BEWUSSTSEIN)	KRAFT GESUNDHEIT LEBEN	NAHRUNG	GELD	BEWEGUNG DYNAMIK ARBEIT/AKTIVITÄT

Auszug aus der von Meister Omraam Mikhael Aivanhov erstellten Übersicht (synoptische Tafel), in der er aufzeigt, wie das spirituelle Leben auf der feinstofflichen Ebene – genauso wie das (körperliche) Leben auf der physischen Ebene – genährt, gepflegt und aufrechterhalten wird.

V

WAS UNS DAS HAUS LEHRT

Freier Vortrag

Jeden Tag arbeitet ihr alle daran, das Haus und unser neues Grundstück herzurichten, und ihr alle wisst, dass man dafür eben arbeiten muss. Aber wie man nun arbeiten muss, welche Mittel und Methoden anzuwenden sind, um eine gute Arbeit zu leisten, darin liegt das ganze Problem. Und ich muss euch sagen, dass tatsächlich sehr wenige es wissen, in der rechten Weise zu arbeiten. Darum frage sich ein jeder: »Arbeite ich wirklich entsprechend den besten Regeln und Methoden der neuen Lehre?«

Bevor ich aber mit diesem Thema beginne, möchte ich euch kurz etwas von der Friedenskonferenz berichten, der ich vorgestern beigewohnt habe. Verschiedene hoch qualifizierte, gebildete, intelligente, sympathische und auch kurzweilige Redner haben dort gesprochen. Bis Mitternacht habe ich ihnen zugehört. Und dadurch habe ich erfahren, dass der Frieden eine großartige Sache ist, die die Menschheit unbedingt braucht, während der Krieg ein schreckliches Unheil ist. Wirklich, ich war begeistert, das zu erfahren, und habe mir gesagt, da man endlich begriffen hat, dass der Frieden eine wünschenswerte Sache ist, dürfte es ja nun selbstverständlich sein, dass die Menschheit jetzt ihrem Heil entgegengeht.

Aber ich wollte doch auch gerne hören, wie man diesen Frieden
zu schaffen gedenkt. Mehrere Redner haben dazu ihre Pläne dargelegt. Einer hat vorgeschlagen, eine Weltpolizei einzurichten, um die
Länder daran zu hindern, sich zu bekämpfen. Das hört sich großartig
an, nur wie soll man konkret vorgehen? Wo kann man die Polizisten finden, die ehrlich genug sind, um ein solches Amt auszuüben?
Dieses Vorhaben hat mich an die Fabel mit den Mäusen erinnert, die
sich versammelt hatten und einen Weg finden wollten, wie sie sich
vor der Katze schützen könnten. Sie hatten es satt, ständig verfolgt
und gefressen zu werden, und eines Tages hielten sie also Rat. Nach
endlosen Debatten gab schließlich die älteste unter ihnen ihre Ansicht
kund: »Man müsste«, so sagte sie, »der Katze ein Glöckchen um den
Hals binden, damit man sie schon von weitem herannahen hört.« Da
seht ihr einmal, wie klug die Mäuse sind, sie hatten begriffen, dass die
Katze so leise heranschlich, dass sie nicht zu hören war. Alle fanden
diesen Plan der alten Maus wunderbar und waren damit einverstanden. Nur brachte dann leider keine von ihnen den Mut auf, hinzugehen
und der Katze dieses Glöckchen umzuhängen. Und wie mir scheint,
wird es für diesen Plan mit der Weltpolizei nicht anders sein.

Ein anderer Redner hat erklärt, dass Föderalismus und Pazifis-
mus dasselbe seien, und dann allerlei wunderliche Theorien dargelegt, von denen, glaube ich, keiner so recht was verstanden hat.
Darauf kam ein dritter und sagte, man müsse das Militär abschaffen... ohne allerdings dazuzusagen, wie diese Abschaffung denn
möglich gemacht werden könnte. Wohl wieder so eine Geschichte
wie mit den Mäusen und der Katze! Ein vierter klagte dann den
Staat an, seine Macht zu missbrauchen und die Bürger zu verskla-
ven. Kurz und gut, viele andere haben noch gesprochen, und aus all
diesen Reden musste ich letztendlich schließen, dass der Frieden
doch so bald nicht kommen wird, da keiner weiß noch begreift, was
Frieden eigentlich ist.

Der Frieden ist kein Zustand, den man mechanisch herstellen
könnte. Wenn ihr Frieden sucht und dabei in euch alles in Erregung
und Aufruhr belasst, werdet ihr ihn niemals finden. Der Frieden ist

ein Ergebnis; Frieden zu haben bedeutet, dass alle Funktionen im Menschen und alle seine Tätigkeiten sich in vollkommener Ausgeglichenheit und Harmonie befinden; er ist eine Folgeerscheinung einer gut abgestimmten Funktion, des perfekten Funktionsablaufs in den Zellen sämtlicher Organe. Sucht den Frieden nicht außerhalb von euch, dort findet ihr ihn nie. Da der Frieden eben ein Ergebnis, eine Folgeerscheinung ist, muss man die Elemente, Mittel und Methoden kennenlernen, die ihn schaffen können, und das ist eine ganze Wissenschaft.

Nehmen wir ein sehr einfaches Beispiel. Ein Mann hält ein üppiges Mahl mit Würstchen, Schinken, Huhn und dazu gutem Wein. Nach dem Essen sagt er sich: »Gut, und jetzt werde ich ein gemütliches Plätzchen aufsuchen und Siesta halten.« Er findet auch eine ruhige Ecke, nur im Innern spürt er, wie irgendetwas in Unruhe gerät. Also nimmt er eine Zigarette und raucht sie, dann streckt er sich aus und denkt dabei, wie schön es doch wäre, jetzt ein nettes Mädchen bei sich zu haben. Wo könnte man das finden? Ah ja, beim Nachbarn natürlich. Um das Nachbarhaus herum gibt es eine Mauer, aber das macht nichts, er springt hinüber! Nun, ihr könnt euch gewiss vorstellen, wie das Abenteuer weitergeht... Wie kann man da von Frieden sprechen? Solange der Mensch in sich bestimmte Wünsche und Begierden nährt, kann er keinen Frieden erlangen. Darum kann man sagen, dass der Frieden das Ergebnis einer Arbeit ist, die auf einem sehr schwer zu erlangenden Wissen beruht, das nur die Eingeweihten wirklich besitzen.

Um den Frieden zu verwirklichen, muss man eine tiefe Kenntnis des Menschen besitzen, seines Wesens, des Aufbaus seiner Seele und seiner verschiedenen feinstofflichen Körper, die alle ganz bestimmte Bedürfnisse haben und nach bestimmten Dingen verlangen. Einstweilen sieht man vor allem Leute, die sich verbissen gegenseitig beschuldigen, Kriegstreiber zu sein. Für die einen sind die Reichen schuld, für die anderen sind es die Intellektuellen, die Politiker oder die Wissenschaftler. Die Gläubigen klagen diejenigen an, die nicht ihrer Kirche angehören, Häretiker zu sein, die die

Menschheit ins Verderben führen, und diese wiederum beschuldigen die Gläubigen des Fanatismus... Beobachtet die Menschen, und ihr werdet sehen, sie meinen, wenn sie im Äußeren irgendetwas beseitigen, Dinge oder Leute, könnten sie den Frieden in die Welt bringen. Aber das funktioniert nicht! Selbst wenn man Armee und Kanonen abschaffen würde, hätten die Leute am folgenden Tag schon neue Mittel und Wege gefunden, sich gegenseitig umzubringen. Friede ist ein innerer Zustand, den man niemals dadurch erhalten kann, dass man im Äußeren was auch immer verschwinden lässt. Zuerst muss man im eigenen Innern die Kriegsursachen beseitigen. Und um den Frieden im Innern zu leben, muss man lernen, wie man auf den drei Ebenen, der mentalen, astralen und physischen Ebene, dementsprechend zu handeln hat.

Nun werdet ihr vielleicht sagen, ihr könnt essen und trinken, was ihr wollt, weil euer Magen alles verdaut. Das ist schon möglich, aber alles, was ihr eurem Organismus an Unreinem zuführt, trägt dazu bei, selbst wenn ihr es nicht spürt, euch den Frieden zu nehmen. Ihr bekommt bestimmte Wünsche und Begierden, und mit eurem Frieden ist es vorbei. Selbst wenn ihr alles euch Mögliche tut, um ihn zu bewahren, wird es euch nicht gelingen, da ihr mit euren Wünschen schon eure innere Ordnung gestört habt.

Nehmen wir als Beispiel einen Mann, der etwas gestohlen hat; instinktiv wird er denken, dass ihn vielleicht jemand gesehen hat, und er kann die Vorstellung dessen, was ihm droht, nicht beiseiteschieben, er sieht sich schon verfolgt, verhaftet und ins Gefängnis gesteckt... Niemals ist er sicher, dass er nicht gesehen wurde, dass er keine Spuren hinterlassen hat, dass er nichts gemacht hat, was seine Dieberei aufdecken könnte, und so ist er unruhig, verliert den Appetit, schläft schlecht und denkt ständig daran, sich zu verstecken. Ein anderer hat sich Geld geliehen und versprochen, es bald zurückzugeben. Da er aber zu lange damit gewartet hat, sitzen ihm nun die Gläubiger im Nacken, und er weiß nicht, wie er ihnen entkommen kann. Ein weiterer sagt etwas Verletzendes zu jemandem und schafft sich so einen Feind. Auch da ist der Frieden wieder dahin. Nun ja, der Mensch findet immer Mittel und Wege, seinen Frieden zu verlieren. Wie sollte er ihn auch bewahren können, wenn er die Gesetze der Gerechtigkeit, Liebe, Weisheit und Lauterkeit nicht kennt?

Nur die Eingeweihten wissen, was Frieden ist.[1] Und damit Frieden in der Welt herrsche, müssen sie ihre Philosophie in diese Welt bringen und ihre Vorhaben und Pläne verwirklichen. Eine andere Lösung gibt es nicht, und sie ist so einfach, dass ich nicht einmal weiß, wie ich sie euch erklären soll. Allein die großen Meister sind in der Lage, den Frieden in der Welt wiederherzustellen. Nun mögt ihr fragen: »Ja, wo sind sie denn, diese Meister? Gibt es sie überhaupt?« Ja, es gibt sie, aber sie wollen sich nicht aufdrängen. Ihre Lehre ist die der Liebe und der Freiheit, und sie wenden keine Gewalt an, so wie die große Masse, obwohl sie ihre Macht einsetzen und den Elementen befehlen könnten, den Menschen eine ordentliche Lektion zu erteilen. Die Eingeweihten können Blitze schleudern, Wirbelstürme und Windhosen erzeugen, Überschwemmungen und Erdbeben von alles zerstörender Heftigkeit hervorrufen. Ja, sie könnten es, aber sie wollen es nicht.

Die Eingeweihten besitzen große Geduld und sehr viel Liebe. In der Vergangenheit waren sie es, die regiert und den Völkern Licht, Frieden und Glück gebracht haben. Als dann später Ehrgeizige und Gewalttätige aus der unterirdischen Welt kamen und begannen, Keime der Gesetzlosigkeit zu säen, zogen sie sich zurück und überließen die Menschheit sich selbst. Aber sie warten ab und schauen sich wie bei einem Schauspiel die hilflosen Versuche und die Machenschaften der Politiker und Philosophen an, die ohne rechtes Wissen versuchen, ihre Systeme durchzusetzen. Sie wissen, dass kein Regierungssystem dem Wohle der Menschheit dienen und zu einem Erfolg führen wird, solange es von denen geschaffen wird, die die Dinge von unten und von außen betrachten.

Die Eingeweihten wachen über die Welt, und wenn sie dann sehen, dass die Menschen die ewigen Kriege leid sind und aufrichtig anfangen, den Frieden herbeizusehnen, werden sie vielleicht versuchen, eine echte Regierungsgewalt zu erstellen. Diese Regierungsgewalt besteht schon im Universum. Im Universum ist die höchste Instanz, die höchste Macht Gott selbst. Die Engel und Erzengel sind Diener, die dafür sorgen, dass Seine Anordnungen durchgeführt werden, und schließlich die Naturgeister, die kümmern sich um die Auf- und Verteilung der Naturschätze... Wenn die Eingeweihten dann einmal kommen, werden sie die Erde nach dem Vorbild des Himmels gestalten, und sie werden die Regierungsgewalt haben. Denn die Eingeweihten sind die Vertreter Gottes auf Erden, sie stehen in ständiger Verbindung mit dem Herrn und halten Beratungen ab, bei denen sie immer nach seinen Gedanken, Wünschen und Plänen fragen. Sie werden schließlich einen Wirtschaftsrat einsetzen, der sich mit den Fragen der Produktion und der Güterverteilung befassen wird. So sieht die Regierung aus, die die Eingeweihten eines Tages erstellen werden, nämlich dann, wenn die Menschen genug davon haben, zu leiden, ständig in Uneinigkeit zu leben und sich gegenseitig umzubringen. Zurzeit hat jeder noch seine Meinung dazu: Der eine denkt, es ist so, der andere denkt, es ist anders... Die Meinungen sind ständig verschieden, und da jeder seine durchsetzen will, ist es ein Krieg ohne Ende.

Um die Situation wieder ins Lot zu bringen, gibt es nur ein Mittel, nämlich die Eingeweihten herbeizurufen, damit sie die Herrschaft übernehmen. Wenn sie dann unserem Aufruf Folge leisten, werdet ihr sehen, wie viele Verbesserungen sie einführen können. Wenn wir Vertrauen in sie haben und zu ihnen sagen: »Wir wollen uns euch anvertrauen, führt und belehrt uns. Wir haben begriffen, dass ihr uns unerlässliches Wissen zur Neugestaltung unseres Lebens bringt«, wenn sie also unseren guten Willen sehen, werden die Eingeweihten sich bereit erklären, uns zu helfen. Und da sie hellsichtig sind, werden sie sagen: »In jener Stadt wohnt ein unbekannter, einfacher Mann, er ist der beste Richter, den man finden kann. Holt ihn herbei! In jener anderen Stadt wohnt ein sehr großer Arzt«... Und auf diese Weise werden sie alle späteren Führungskräfte zusammensuchen. Die ganze Welt wird in großem

Wohlstand leben, denn die Eingeweihten werden in allen Ländern die bestqualifizierten Menschen auffinden und zum Volk sagen: »Dies sind die Menschen, die dafür sorgen, dass die Verbindung zu Gott aufrechterhalten bleibt. Hört auf sie, denn der Geist Gottes ist mit ihnen. Sie werden euch auf den Weg des Fortschritts, des Friedens und des Glücks führen.«

Die Eingeweihten könnten wohl die Erde regieren, aber sie warten noch ab, da es noch ehrgeizige Leute gibt, die voller Begierden stecken und keineswegs vorhaben, den Platz zu räumen. Meint ihr vielleicht, dass Intriganten, gewalttätige und machtgierige Leute Lust hätten, ihren Platz anderen zu überlassen? Aber die Bevölkerung, eine größtmögliche Anzahl von Menschen muss endlich klar sehen und lautstark die Eingeweihten zu Hilfe rufen. Wenn diese einst kommen, werden sie alle unnützen, ja schädlichen Leute durch andere ersetzen. Bevor diese Epoche jedoch anbricht, muss die Menschheit schon noch allerlei durchmachen.

Kommen wir nun wieder auf das Thema des Hauses zurück. Jeden Tag baut ihr daran und habt doch noch nicht darüber nachgedacht, welch tiefe Enthüllungen es euch machen kann. Nun werdet ihr sagen: »Was? Ein Haus? Aber das ist doch etwas ganz Simples.« Ja, gewiss hat jeder schon Häuser gesehen. Nur wer denkt schon daran, dass alles, was uns umgibt, was wir zum Leben brauchen und auch was wir tun, einen tiefen Sinn hat? Eben alles das bildet das große Buch der Natur. Selbst alles das, was wir gewohnheitsmäßig tun, enthält schon das ganze esoterische Wissen, aber man muss es zu entschlüsseln verstehen, man muss Augen haben, die in der Lage sind, es zu lesen und zu verstehen.

Wenn man ein Haus bauen will, wie stellt man das an? Man beginnt mit einem Bauplan. Dieser Plan existiert als Vorstellung schon in der unsichtbaren Welt, dann wird er zu Papier gebracht, das heißt, in die physische Ebene. Ist der Plan dann fertig, besorgt man sich das Baumaterial und lässt schließlich die Arbeiter kommen, die den Plan dann realisieren. Da haben wir also drei Etappen: Planung, Materialbeschaffung und Bau.

Und wenn man nun zu bauen beginnt, wie macht man das? Wird zuerst das Dach aufgestellt? Nein, man beginnt mit den Fundamenten, mit der Basis. Ihr meint nun, das ist doch ganz klar... Oh, nicht unbedingt! Für manche ist das überhaupt nicht klar. In Wirklichkeit haben das sogar nur sehr wenige begriffen. Nach den Fundamenten werden die Mauern gezogen und zum Schluss wird das Dach aufgesetzt. Bei den Außenarbeiten geht man also von unten nach oben. Und wie geht man innen vor? Kümmert man sich zuerst um den Fußboden? Nein, man beginnt bei der Decke, dann kommen die Wände dran und schließlich der Fußboden. Bei den Innenarbeiten geht man also von oben nach unten. Wenn dann alles so weit fertig ist, kümmert man sich um die ästhetische, dekorative Seite; an den Wänden werden Bilder aufgehängt, an den Fenstern Gardinen angebracht usw.

Außen arbeitet man also von unten nach oben, innen von oben nach unten. Somit lehrt uns das Haus, wie man mit den zwei Strömen, mit der Evolution und der Involution arbeitet. Symbolhaft wiedergegeben werden diese Arbeiten des Bauens und Einrichtens des Hauses von den beiden Dreiecken, die übereinander gelegt das salomonische Siegel bilden. Diesem Symbol liegt ein tiefes Wissen zugrunde.[2] Es enthüllt uns, wie Gott die Welt erschaffen hat und wie auch wir arbeiten müssen. Zunächst einmal zeigt es uns, dass wir für das Leben im Äußeren nicht die gleichen Methoden anwenden dürfen, wie für das Innenleben, sondern dass wir in der physischen Ebene von unten nach oben arbeiten müssen, während wir im Bereich des inneren Lebens oben anfangen und unten aufhören. Ich sehe, das erstaunt euch... Aber das sollte euch nicht erstaunen. Wollt ihr auf der physischen Ebene Erfolg haben, müsst ihr entsprechend der Evolutionsgesetze arbeiten und beim Festen, Materiellen beginnen, um nach und nach zu den feineren Dingen zu kommen. Arbeitet ihr hingegen im Seelischen, also im Bereich des Inneren, müsst ihr oben beginnen, das heißt beim Feinstofflichen, Lichthaften, Göttlichen, und zum Schluss die Arbeiten im physischen, sichtbaren, konkreten Bereich machen.

Aber wer versteht es schon, so zu arbeiten? Beim Hausbau, da weiß man es natürlich, wenn es aber darum geht, die gleichen Regeln im Leben anzuwenden, dann ist das weniger gewiss.

Um auf der materiellen Ebene Ergebnisse zu erzielen, müsst ihr damit beginnen, eine solide, haltbare Basis zu bauen. Im geistigen Bereich hingegen müsst ihr zuerst ein Dach errichten, sonst würden sogar die Fundamente zusammenbrechen. Denn im Innern, im Geistigen ist alles umgekehrt, es ist so, als wäre die Basis oben und das Dach unten. Ihr müsst die Dinge also zuerst in eurem Kopf konstruieren, bevor ihr sie auf die physische Ebene bringen könnt; und da sehr viel Zeit nötig ist, die geistigen Konstruktionen auf diese Ebene herunterzubringen, müsst ihr jahrelang dafür arbeiten, dass sie eines Tages konkrete Formen annehmen.

Diese Bewegung von oben nach unten lehrt uns, wie Gott die Welt erschaffen hat. Um zu erschaffen, musste Gott sich eine Form geben, das heißt, aus sich selbst herausgehen und in die Materie »hinabsteigen«. Auf diese erste Bewegung des Hinabsteigens, die Involution genannt wird, folgt dann aber eine zweite Bewegung, Evolution genannt, die des Wiederaufstiegs, bei der Gott wieder in sich selbst zurückkehrt. In einer ersten Bewegung tritt Gott also aus sich heraus, um zu erschaffen, dann kehrt er in sich zurück, wobei er alles wieder mit in sich hineinnimmt. Dieser Zyklus erstreckt sich allerdings auf Milliarden von Jahren.

Die Involution vollzieht sich von oben nach unten (oder auch vom Zentrum zur Peripherie), während die Evolution von unten nach oben stattfindet (oder aber von der Peripherie zum Zentrum). Die Involution ging der Evolution voraus. Erstere ist ein Materialisierungsprozess, während letztere ein Prozess der Entmaterialisierung ist. In der Natur finden diese beiden Bewegungen unaufhörlich statt und treffen aufeinander, an ihren Umkehrpunkten entsteht Leben in all seinen Erscheinungsformen. Durch das Zusammentreffen dieser beiden Bewegungen, die Bewegungen Gottes sind, entstehen im Weltenraum ständig neue Lebensformen. Dort gibt es nicht Geist und Materie, sondern einzig zwischen den beiden Polen, zwischen oben und unten, zwischen Zentrum und Peripherie strömendes Leben. Je näher die Lebensformen am Zentrum sind, umso feinstofflicher sind sie, und ihre Materie wird dichter, je weiter sie sich zur Peripherie hin entfernen. So befinden sich diese Lebensformen in einem ständigen Kreislauf, die einen hin zur Feinstofflichkeit, die anderen auf dem Weg zur Materie.

Diese beiden Prozesse der Evolution und der Involution zeigen sich auch in unserem Leben. Wenn ein Kind zur Welt kommt, so ist das die Involution, es steigt in die Materie hinab; wenn der Mensch aber stirbt, ist dies die Evolution, er löst sich von der Materie, um in den Geist zurückzukehren. Das Gleiche gilt, wenn man sich entkleidet, das ist die Evolution, und wenn man sich ankleidet, entspricht das der Involution. Schauen wir sogar das Ankleiden selbst an, bestimmte Kleidungsstücke werden von oben nach unten angezogen, andere von unten nach oben. Ja, selbst in den Bewegungen beim Anziehen finden sich die Bewegungen der Involution und der Evolution wieder. Aber hat man wohl darüber schon nachgedacht, hat man das schon einmal beobachtet?

Diese beiden Ströme von Involution und Evolution haben auch dem Menschen seine Gestalt gegeben. Zuerst bestand er nur aus einem Kopf. Erst viel später kamen nach und nach Herz, Lunge und Magen hinzu. Während dieser Entwicklungsperiode war der Mensch noch unsichtbar; auch der Kopf war noch nicht materialisiert, er bildete eine Art feurige Kugel, die im Äther schwebte. Der Mensch fing erst dann an, sich zu materialisieren, als seine Füße ausgebildet waren. Und eben die Füße materialisierten sich zuerst, dann die Unterschenkel und Oberschenkel, die Geschlechtsorgane, das Sonnengeflecht, der Magen... und so weiter, bis hin zum Kopf. Der Kopf materialisierte sich also zuletzt, obwohl er sich als Erster gebildet hatte; und die Füße, die sich als Letzte gebildet hatten, erschienen in der Materie als Erste... Aber das alles erscheint euch vielleicht schwer vorstellbar und auch schwer verständlich.

Diese beiden Ströme von Evolution und Involution finden sich auch in der Astrologie. Wenn ihr die Tierkreiszeichen in der Reihenfolge Widder, Stier, Zwillinge, Krebs usw. lest, folgt ihr der involutiven Bewegung. Und dementsprechend hat sich der Mensch in den feinstofflichen Bereichen gebildet, zuerst der Kopf, das ist der Widder; ihr wisst ja, dass jedes Tierkreiszeichen einem Körperteil entspricht. Der Frühlingspunkt aber bewegt sich im Tierkreis in entgegengesetzter Richtung, in der Reihenfolge Fische, Wassermann, Steinbock, Schütze, Skorpion usw. Sein Weg entspricht der evolutiven Bewegung, und die Reihenfolge ist die, in der der Organismus sich materialisiert hat. Betrachtet man nun noch die Bewegung des Tierkreises in Bezug auf die der Planeten, findet man die gleiche Gegenläufigkeit. Die Sternbilder des Tierkreises bewegen sich am Himmel in folgender Ordnung: Widder, Stier, Zwillinge, während die Planeten die entgegengesetzte Richtung nehmen. Die Wanderung der Planeten ist also involutiv und die des Tierkreises evolutiv.

Den Gegensatz von den Planeten und dem Tierkreis kann man auch noch unter einem anderen Gesichtspunkt betrachten. Der Tierkreis steht für das Feststehende, Unwandelbare. Im Unterschied zu den Planeten, die auch zueinander in ständiger Bewegung sind, behält der Tierkreis immer seine geregelte Ordnung bei. Noch nie sah man Widder neben Waage oder Fische zwischen Löwe und Jungfrau. Die Positionen innerhalb des Tierkreises sind ewig unverändert, während die Planeten niemals in der gleichen Stellung und Reihenfolge zueinander sind. Sie stehen für den seelischen Bereich, der sich in ständiger Wandlung befindet, im Gegensatz zum physischen Körper, dessen Teile immer die gleiche Anordnung aufweisen. Weder Kopf, Magen noch Füße haben jemals ihren Platz gewechselt. Die Glieder und die Organe bleiben wie die Tierkreiszeichen an ihrem Platz, so wie es bei der Schöpfung festgelegt wurde. Im Innern des Körpers hingegen ist alles in Bewegung, das Blut, die Körpersäfte, die Nervenströme, die den Organismus durchziehen, sind ebenso wie die Planeten in ständiger Bewegung.

Andererseits weiß man, dass die Eigenschaften der Planeten durch die Sternbilder, durch die sie hindurchwandern, verstärkt oder auch abgeschwächt werden, und auch sie wirken auf die Zeichen ein. Wenn Mars im Widder erscheint, wird er stark und mächtig, da Mars und Widder Sympathie füreinander haben, sich verstehen und einer im anderen Kräfte schöpft. Erscheint Mars aber in anderen Zeichen, wie Krebs oder Waage zum Beispiel, wird er schwach, da diese ihm fremd sind. Auf dieselbe Weise wird das, was in uns die Planeten darstellt, nämlich die Kräfte, die Gefühle, entsprechend der Organe und Zentren, durch die sie sich äußern, mehr oder weniger hervorgehoben oder abgeschwächt. Habt ihr die Liebe in eurem Kopf, wird sie nicht in der gleichen Weise handeln, wie sie es im Herzen tut. Und wenn eure Weisheit woanders als im Gehirn ist, wie wird sie dort wirken? Nur dort, wo die Organe und Kräfte miteinander in Harmonie sind, geben sie sich gegenseitig große Energie. Das sind Dinge, mit denen die Astrologen sich noch nicht befasst haben. Ebenso wie die Planeten, die in bestimmten Zeichen »erhöht« und in anderen »exiliert« (d. h. im Abseits) stehen, so werden auch die Tugenden, die guten Eigenschaften, die Leidenschaften und die Gefühle stärker oder schwächer entsprechend der Organe, durch die hindurch sie zum Ausdruck kommen.

Halten wir uns aber nicht allzu lange bei der Astrologie auf und kehren wir zurück zum Symbolgehalt des Hauses. Merkt euch vor allem, wenn eure Vorhaben in der seelisch-geistigen Welt gelingen sollen, müsst ihr damit beginnen, das Dach zu bauen, dann kommen die Mauern und zum Schluss das Fundament. Denn in der geistigen Welt bildet das Dach die Basis, das Fundament, den Boden, auf dem man baut; um aber keine Verwirrung zu stiften, bleiben wir dabei, es Dach zu nennen. Wenn ich nun also sage, dass man in der geistigen Welt mit dem Bau des Daches beginnen muss, so bedeutet das unter anderem, dass man, bevor man sich als Weiser, als Prophet, Hellseher oder Heiler ausgibt, lange geforscht und sich mit dem Herrn verbunden haben muss, um im Göttlichen tief verwurzelt zu sein. Jahre der Geduld und des Lernens sind nötig, bevor die spirituelle Arbeit in der physischen Ebene ihren Niederschlag findet. Oft aber machen die Leute genau das Gegenteil; kaum haben sie ein spirituelles Leben begonnen, sollen alle dies gleich wissen und sehen. Aber nein, in Wirklichkeit wird das erst nach vielen Jahren der Arbeit, der Meditation und des Gebets ersichtlich. Arbeitet, betet und wartet ab, bis die Dinge von selber erscheinen! Ohne dass ihr davon sprecht, selbst gegen euren Willen, zeigt sich, wer und was ihr seid.

Lasst die unsichtbare Welt sich für alle sichtbar über euren Gesichtsausdruck, durch eure Augen, eure Stimme, in euren Bewegungen offenbaren. Manch einer kommt an und erzählt mir: »Ich bin Jesus... Ich bin Napoleon... Und ich bin die heilige Jungfrau«... Einer hat mir sogar geschrieben: »Das Herz des gesamten Universums grüßt Sie. Es ist tief berührt von diesem und jenem«... Ich sah mich tief geehrt durch einen derartigen Brief, aber das ist wohl noch so jemand, der noch nicht begriffen hat, wie man ein Haus baut. Selbst wenn ihr ein Heiliger oder ein göttlicher Mensch seid, müsst ihr das nicht gleich sagen, ganz von alleine muss das sichtbar werden, sollen die anderen es doch spüren und es dann sagen. So gehen jedenfalls die wahren Eingeweihten vor. Viele Jahre lang bauen sie im Unsichtbaren, ohne darüber zu reden, und eines Tages rufen sogar die Blindesten aus: »Oh, hier hat einer etwas gebaut!« Aber versucht nur, die Leute davon zu überzeugen, dass ihr der Himmlische Vater persönlich oder die heilige Jungfrau seid, sie werden euch einsperren, so wie man jemanden einsperren würde, der das Dach eines Hauses bauen wollte, ohne zuerst die Grundmauern gezogen zu haben. Wenn ihr zu den anderen sagt: »Ich bin reich, stark und intelligent«, werden sie antworten: »Also, was haben Sie sich geschaffen? Zeigen Sie es uns!« Sie glauben nicht einfach so euren Worten, sie wollen sich selbst davon überzeugen, und solange ihr nicht eure Schätze oder eure Fähigkeiten vorzeigt, glauben sie nicht daran; nicht einmal, wenn ihr schon mit dem Bau begonnen habt, genügt das. Und genau so ist es im spirituellen

Leben; nur haben dort die Leute, die sehr gut erkennen können, was einer auf der physischen Ebene verwirklicht hat, nicht die gleichen Möglichkeiten, in die geistige Welt hineinzublicken. Darum müsst ihr sehr, sehr lange arbeiten.

In Bulgarien erzählt man sich folgende Anekdote: Ein junger Bauer hatte eine junge Frau aus dem Nachbardorf geheiratet, und diese war ungewöhnlich groß. Nach der Trauung begab sich die ganze festliche Gesellschaft zum Haus des jungen Mannes, und dort kam die Jungvermählte, die ziemlich steif war, nicht durch die Tür. Sie hätte sich bücken müssen, aber nein, dafür war sie viel zu stolz. Was war da zu machen? Die Eltern dachten über dieses schwerwiegende Problem nach und sagten sich, man müsse entweder die Tür einreißen, um sie zu vergrößern oder aber der Braut den Kopf abhauen. Welch großartige Entscheidung! Aber genau so macht man es oft im Leben. Man will sich nicht erniedrigen, indem man nachgibt und Demut zeigt, und folglich müssen Köpfe fallen oder Häuser eingerissen werden. Ist es nicht so, dass man oft sein Haus demoliert, anstatt nachzugeben und demütig zu werden? Zwei junge Leute wollen heiraten. Eines Tages gehen sie in Begleitung der Eltern und der Trauzeugen zum Standesamt. Aber kurz darauf, da keiner der beiden sich etwas kleiner machen will, wird schließlich das Haus abgerissen. Die einzige Lösung wäre gewesen, Demut zu zeigen, was dann beiden die Möglichkeit gegeben hätte, in das Haus einzuziehen.

Beim Anhören dieser Geschichte denkt ein jeder: »Zum Glück betrifft mich das nicht!« Seid ihr da ganz sicher? Wenn ihr gelegentlich mit bestimmten Leuten sprecht, dann wollt ihr doch nicht nachgeben, und da ihr dabei zornig werdet, kontrolliert ihr euch nicht mehr, verliert all eure Energien, und dann seid ihr für den Rest des Tages gedrückt, nervös und ohne Ausstrahlung. Wäre es nicht intelligenter gewesen, nachzugeben und etwas Demut zu zeigen? Ihr hättet eure Kraft bewahrt, euer inneres Haus. Ihr hättet euch nur sagen müssen: »Wenn ich nachgebe, gewinne ich letztendlich mehr. Ich muss mehr Geduld, Nachsicht und Liebe aufbringen.«

Nachzugeben bedeutet, intelligent, ein guter Psychologe, verständnisvoll, sanftmütig und demütig zu sein, ohne dabei natürlich zu allen Dummheiten und Ungerechtigkeiten Ja und Amen zu sagen.

Als ich heute Morgen gekommen bin, habe ich gesehen, dass ihr den Fußboden sauber gemacht habt, obwohl ihr mit dem Streichen der Wände noch nicht fertig seid. Das zeigt aber, dass ihr nicht sehr viel nachdenkt. Wofür meint ihr wohl hat Gott euch das Gehirn gegeben? Nun werdet ihr mir alle antworten, dass ihr voll guten Willens seid. Das weiß ich schon, das ist auch wunderbar, aber es genügt nicht. Wenn man eine Arbeit beginnt, muss man immer bestimmte Regeln beachten, zum Beispiel muss man wissen, dass eine Reihenfolge einzuhalten ist. Und auch muss das Werkzeug nach der Arbeit sauber gemacht werden. Wenn ihr an einem sauberen Ort mit schmutzigem Werkzeug arbeitet, macht ihr alles schmutzig und müsst dann später wieder sauber machen. Das ist nicht sehr klug. Ihr meint nun, das sei doch nebensächlich, ihr habt schließlich ein Diplom der Wissenschaftlichen Fakultät... Das mag schon sein, aber alles steht in Verbindung zueinander und daran, wie jemand im physischen Bereich arbeitet, kann ich genau sehen, wie er auf der intellektuellen und spirituellen Ebene arbeitet, wie er seine Angelegenheiten im Leben regelt, wie seine Zukunft ausschaut, auf welche Schwierigkeiten und Komplikationen er später einmal treffen wird und welche Gefahren auf ihn lauern. Wenn ich beobachte, wie langsam oder schnell jemandem die Arbeit von der Hand geht, ja wie er seinen Pinsel beim Anstreichen hält, kann ich ihm sogar sagen, wie widerstandsfähig sein Nervensystem ist. Denn in der Art, wie man im materiellen Bereich vorgeht, spiegelt sich das ganze Wesen wider. Die materielle Ebene ist wie eine Baustelle, auf der man sich übt, um fähig zu werden, die spirituelle Arbeit auszuführen.

Ihr müsst auch wissen, dass ihr jede Arbeit, egal welcher Art, die euch die Vorsehung oder das Schicksal zugeteilt hat, perfekt ausführen müsst. Damit steigt ihr die Stufenleiter der Evolution weiter hinauf. Denkt ihr aber: »Es ist doch egal, wie ich diese

Arbeit mache, sie ist ja meiner gar nicht würdig«, dann bleibt ihr in eurer Entwicklung stehen, und später müsst ihr sogar wieder dorthin zurückkehren, um die Dinge richtig zu machen, in Ordnung zu bringen und alles zu wiederholen. In dem Moment werdet ihr feststellen, wie schwer es einem fällt, eine Arbeit noch einmal zu machen, von der man glaubte, sie sei vollendet. Wenn wir auf der Erde leiden müssen und mit vielen Schwierigkeiten zu kämpfen haben, so eben deshalb, weil wir gerade wieder von vorne anfangen. Man hat uns zurückgeschickt, damit wir die Dinge in Ordnung bringen und um uns zu zeigen, dass wir noch nicht wissen, wie man richtig arbeitet und was wir noch lernen müssen. Wenn wir das nicht einsehen, wird man uns noch einmal zurückschicken, und unsere Fehler werden immer schwieriger zu korrigieren sein. Solange die Menschen über die Reinkarnation nicht Bescheid wissen und auch nicht, warum man wiedergeboren wird, verschließen sie sich den Weg der Evolution.

Wenn ihr wüsstet, welch tiefes Wissen in den verschiedenen Bewegungen verborgen ist, die man beim Arbeiten macht! Selbst wenn diese Arbeit dem Anschein nach nichts mit Spiritualität zu tun hat, spiegelt sich doch in den Bewegungen, die wir dabei ausführen, das ganze Universum wider. Renoviert man ein Zimmer, muss man eine bestimmte Ordnung einhalten: zuerst die Decke, dann die Wände (einschließlich Türen und Fenster) und zum Schluss der Fußboden. Genau dasselbe gilt für das seelische, das innere Leben. Zuerst muss man nachdenken (das ist die Decke), symbolisch hängt man damit die Lampen auf und schaltet sie an, damit das Licht alles erhellt. Dann versucht man mit seinem Gefühl zu erspüren, ob das, was man tun will, auch gut ist. Und danach handelt man. Dafür läuft man aber nicht die Wände und die Decke hinauf, sondern bleibt auf dem Boden. Der Fußboden, die Wände und die Decke entsprechen den drei Bereichen des Denkens, des Fühlens und des Handelns. Das Licht, also Weisheit, Intelligenz und Erkenntnis, kommt von oben. Der Gefühlsbereich, das sind die Wände, wo man Bilder und Spiegel aufhängt und allerlei hübsche

Gegenstände anbringt. Und die Tat ist der Fußboden, auf dem man geht und arbeitet. Die Fenster, das sind die Augen, darum putzt man die Scheiben, damit alles hell ist. Seht ihr, so liest man das Buch der lebendigen Natur, und dieses Buch hat man niemals ausgelesen.

Viele Leute beginnen mit dem Boden, mit der Tat. Zuerst handeln sie, laufen hierhin und dorthin, hetzen sich ab, und dann geht es ihnen natürlich schlecht, und sie fangen an zu spüren, dass es so nicht geht. Also beginnen sie endlich, nachzudenken und Schlüsse zu ziehen. Ja, aber das Nachdenken hätte zu Beginn kommen müssen! Oft sagt man sich, dass man schon mal damit anfangen kann, Verschiedenes auszuprobieren, und dass man immer noch Zeit hat, dann Schlussfolgerungen zu ziehen. Aber nein, es ist besser, mit dem Überlegen zu beginnen, um eine klare Linie in seinem Vorgehen zu haben. Das ist doch einfach und einleuchtend. Alles, was uns umgibt, ist wie ein wunderbares Buch, aber man vergisst, es zu lesen. Jetzt möchte ich einmal sehen, wie ihr diese Regeln anwenden werdet.

Denkt vor allem daran, dass man auf der physischen Ebene die Methode der Evolution anwenden muss, während es für den spirituellen Bereich die Methode der Involution ist, die Methode des Geistes. Wenn ein Mann einer Frau seine Autos, Häuser und Diplome zeigt, gewinnt er natürlich schnell ihr Vertrauen dadurch. Wenn ein Kunde in einem Geschäft etwas kaufen will, kümmert sich der Kaufmann nicht darum, ob dieser Mensch nun intelligent oder gutmütig ist, sondern er schaut darauf, ob dieser sein Portemonnaie herauszieht und ob genug Geld darin ist. Mit den himmlischen Wesen verhält sich das aber ganz anders. Vor ihren Augen könnt ihr eure sämtlichen materiellen Anschaffungen ausbreiten, und wenn ihr sonst weiter nichts habt, wird man euch antworten: »Wir kennen euch nicht, ihr habt ja noch nicht einmal angefangen, euer Dach hier zu bauen.« Die Leute, die in der physischen Welt überaus mächtig, reich und angesehen sind, können sich in den höheren Welten keine Achtung und Liebe erwerben, man wird nicht einmal nach ihnen fragen, solange sie nicht anfangen, in sich Tugenden aufzubauen sowie reine und edle Gedanken zu hegen.

Wer meint, nur weil er in der materiellen Welt Erfolg hat, wird er auch auf der spirituellen Ebene Erfolg haben, der irrt sich. Das sind zwei ganz verschiedene Bereiche. Ebenso irrt sich der, dem es gelungen ist, Tugenden und gute Eigenschaften zu entwickeln, wenn er meint, dass er deswegen auf der materiellen, physischen Ebene Erfolg haben wird. Seine Tugenden springen ja nicht direkt ins Auge, und die Materialisten legen keinen Wert darauf.[3] Damit einen auf der materiellen Ebene ein jeder klar versteht, muss man mit dem evolutiven Strom arbeiten, das heißt, hier auf der Erde solide Grundlagen schaffen. Um aber im unsichtbaren Bereich voranzukommen, um von den Geistwesen der höheren Welten angenommen und beschützt zu werden, um Offenbarungen, Ekstasen und die Fülle zu haben, muss man mit den Methoden des involutiven Stromes arbeiten, das heißt, erst einmal im Himmel feste Wurzeln schlagen. Die beste Lösung besteht natürlich darin, mit beiden Strömen zu arbeiten, um im Himmel und auf der Erde akzeptiert zu werden; die Wesen des Himmels werden den Eingeweihten anerkennen, und die Menschen den, der fähig ist, hier auf Erden etwas zu vollbringen.

Hier in unserer Schule brauchen wir keine wirklichkeitsfremden Schwärmer, die uns ihre Fantastereien aufdrängen wollen. Wir brauchen hier diejenigen, die lichtvolle und vernünftige Gedanken einbringen und es gleichzeitig verstehen, im materiellen Bereich solide, saubere und korrekte Arbeit zu leisten. Leider sind solche Menschen nicht häufig anzutreffen, und zur Zeit sieht man vor allem Leute, die entweder im physischen Bereich qualifiziert sind und keinerlei spirituelles Wissen haben oder aber Spiritualisten, die mit ihrem in der Luft schwebenden geistigen Dach herumlaufen und unfähig sind, irgendetwas zu verwirklichen. Die echten Schüler einer Einweihungsschule müssen die Gesetze der spirituellen Welt kennenlernen, um zuerst einmal ihre Wohnung in der höheren Welt auf eine solide Grundlage zu stellen, und gleichzeitig müssen sie lernen, im materiellen Bereich durch ihre Arbeit und ihr Verhalten vernünftig aufzutreten. Das sind dann ausgeglichene und vollkommene Wesen in beiden Welten. Das ist es, was das Haus uns lehrt.

Und warum habe ich euch mit den Innenarbeiten beginnen lassen? Um euch zu zeigen, dass man sich immer zuerst im Innern reinigen und läutern muss. Das hat symbolischen Wert. Diese innere Läuterung wird sich außen widerspiegeln, in euren Augen, in eurer Gesichtsfarbe, in euren Bewegungen. Und unterlasst es dabei auf jeden Fall, zu behaupten, ihr wäret dieses oder jenes, ihr würdet euch nur lächerlich machen. Lasst die Dinge von alleine zum Vorschein kommen, für euch ist das Wesentliche die Arbeit. Seht doch, noch nie habe ich zu jemandem gesagt, ich sei ein Eingeweihter, ein Prophet oder ein Hellseher. Erst nach sehr vielen Jahren habe ich es mir erlaubt, zu sagen, dass ich die Arbeit von Meister Peter Deunov weiterführe. Damit ihr euch ein wenig beeilt, habe ich vorgestern gesagt, wir würden heute das Haus einweihen, nun ist es aber noch nicht fertig... Ihr seid hier auf der Baustelle der Bruderschaft, und von oben schaut man euch zu, um zu sehen, wie ihr arbeitet. Dazu müsst ihr wissen, dass jede Säuberungsarbeit im Äußeren euch auch innerlich reinigt, dass jede Verschönerungsarbeit euch auch im Innern schöner werden lässt.

Meine lieben Brüder und Schwestern, ihr seht wohl, dass die Menschen keinerlei Nutzen davon haben, wenn das Durcheinander, das in der heutigen Welt herrscht, so weitergeht. Sie haben nichts davon, weiterhin zu leiden auf Grund ihres Mangels an Licht und Liebe und durch die Machenschaften böser, ehrgeiziger, egoistischer und grausamer Menschen. Sie haben vielmehr den größten Nutzen davon, wenn sie in Freude, Freiheit und Fülle leben. Darum sollten sie den Himmel anflehen, er möge alle Eingeweihten, die sich auf Erden befinden, auf den Weg schicken, damit sie sich zusammentun. Denn sie sind selbstlos, sie wollen niemanden betrügen oder sich untertan machen, ganz im Gegenteil. Gerade sie werden das Goldene Zeitalter herbeiführen, so wie sie es in der Vergangenheit gemacht haben, und dann wird das Leben wieder in seiner ganzen Fülle aufblühen. Wir müssen die Eingeweihten flehentlich bitten, wiederzukommen. Tut es in eurem Innern. Man darf keinerlei Lösung von denen erwarten, die weder den Menschen, die

Natur, die Gesetze, die Tugenden, die Kräfte noch die Hierarchien der Engel kennen. Alle Systeme, die sie anzubieten haben, werden sich als untauglich erweisen. Allein die Eingeweihten können die Segnungen herbeiführen, nach denen sich die Menschheit sehnt.

Sèvres, den 6. Juli 1947

Anmerkungen

1. Siehe Band 208 der Reihe Izvòr »Das Egregore der Taube. Innerer Friede und Weltfrieden«, Kapitel 1 »Ein besseres Verständnis des Friedens«.
2. Siehe Band 26 der Reihe Gesamtwerke »Der Wassermann und das Goldene Zeitalter«, Kapitel 2: »Die wahre Religion Christi«.
3. Siehe Band 31 der Reihe Gesamtwerke »Leben und Arbeit in einer Einweihungsschule«, Kapitel 2: »Materialisten und spirituelle Menschen«.

VI

WIE SICH DIE GEDANKEN IN DER MATERIE VERWIRKLICHEN

Freier Vortrag

Schon oft haben wir uns mit der Frage des Denkens befasst, damit, was es eigentlich ist, wie es arbeitet, wie sich die Gedanken in der Materie verwirklichen und welche Bedingungen dazu nötig sind. Aber ich spüre doch, dass ich noch einmal darauf zu sprechen kommen muss, denn unzählige Dinge im Leben hängen vom rechten Verständnis dieser Frage ab. Wenn darüber keine Klarheit herrscht, bleiben viele Probleme ungelöst.

Manche Spiritualisten, die irgendwo gelesen haben, das Denken sei eine alles bewirkende Kraft, stürzen sich, ohne nachgeprüft zu haben, in welchem Falle das eigentlich zutrifft und wann eben nicht, Hals über Kopf in Konzentrationsübungen und hoffen so, im physischen Bereich konkrete Ergebnisse zu erzielen. Aber selbst wenn sie sich jahrelang konzentrieren, werden sie nichts erreichen, weil sie die Sache nicht richtig erforscht haben. Das Denken kann zwar alles bewirken, aber zuerst einmal muss man sich darüber Kenntnisse aneignen und wissen, in welchem Bereich und mit welchem Material es arbeitet, in welchem Maße es weitere Bereiche beeinflusst und dann noch wieder weitere, bis es schließlich in der Materie anlangt.

Die Natur hat das Universum bestimmten Gesetzen unterworfen; warum sollte der Mensch nun Zeit und Kraft vertun und diesen Gesetzen zuwiderhandeln? Wollt ihr zum Beispiel ein Stück Zucker von der Zuckerdose bis zu eurem Mund bringen, werdet ihr euch vergeblich darauf konzentrieren, es wird sich nicht rühren... und dann verliert ihr den Mut und seid enttäuscht. Aber schaut nur, wie einfach das geht, ihr nehmt es mit der Hand und steckt es in den Mund, fertig!... Die Natur hat die Hand dafür gestaltet, dass man Dinge damit nimmt. Nun werdet ihr sagen: »Ja, und was soll man dann mit den Gedanken machen?« Damit kann man weitaus wichtigere Dinge realisieren, nur muss man dafür ihre Beschaffenheit und ihre Arbeits- und Wirkungsweise kennen.

Das Denken ist eine Kraft, eine Energie, aber es bildet auch ein feinstoffliches Material, das in Regionen wirkt, die von der physischen Ebene weit entfernt sind. Nehmen wir, um es mit einem Bild anschaulicher zu machen, Antennen. Irgendwo auf einem Dach oder einer Turmspitze habt ihr gewiss schon Radio- oder Fernsehantennen gesehen; sie dienen dazu, Wellen und Schwingungen aufzufangen. Empfangen sie aber irgendetwas Materielles? Haben sich in all der Zeit, die sie schon da sind, etwa Ablagerungen gebildet von dem, was sie aufgefangen haben? Nein, weder Gewicht noch Volumen hat sich verändert, und doch haben sie etwas empfangen, aber etwas nicht Materielles. Zwar braucht man einen materiellen Sender, der die Wellen erzeugt, sie selbst sind aber nicht materiell. Folglich fangen die Antennen Schwingungen von bestimmter Wellenlänge auf, geben diese dann an allerlei Apparate weiter, die sie dann ihrerseits an Geräte weiterleiten, die schließlich im Physischen wahrnehmbare Erscheinungen auslösen.

Alle Geheimnisse der Natur liegen offen vor uns, nur erkennt und versteht man sie nicht...[1] Nehmen wir einmal an, wir hätten dort vor uns auf dem Boden eine Kugel; mit der Hand oder einem Gegenstand stoße ich sie an, und sie fängt an zu rollen. Mit dem Stoß habe ich ihr nichts Materielles gegeben, sondern nur eine

Energie, eine Kraft, durch die sie in Bewegung gesetzt wurde, und zwar für so lange, wie die Energie reicht oder bis sie auf ein Hindernis stößt. Diese beiden Beispiele, das der Antennen und das der Kugel, die man ins Rollen bringt, sollen uns zu dem Verständnis hinführen, dass unsere Gedanken nicht direkt die dichte, sichtbare Materie berühren; sie berühren und bringen zum Schwingen nur das, was ihrer Wesensart am nächsten kommt, nämlich die subtilsten Elemente, die es in uns und den anderen gibt. Ja, unser Denken wird genau so weitergeleitet, wie die Bewegungsenergie auf die Kugel übertragen wird.

Die Gedanken werden von bestimmten, mit einer Art Antennen ausgestatteten Zentren als Energie, Schwingung, Kraft wahrgenommen. Diese Antennen, die sich im Gehirn oder noch höher, im ätherischen Bereich, befinden, beginnen zu schwingen und leiten so die Botschaften an andere Organe weiter; in diesem Moment werden im ganzen Körper Aufzeichnungen gemacht, Kraft- und Energieströme, ja sogar Ströme chemischer Substanzen ausgelöst. Natürlich sieht man davon nichts, und vergeblich würde man auf im Physischen sichtbare Reaktionen warten. Im feinstofflichen Bereich aber ist eine Veränderung eingetreten. Und wenn man es nun so einrichtet, dass eine Verbindung zu dichteren Bereichen, zu weniger feinstofflichen Organen hergestellt werden kann, dann gelingt es, das ganze Kontakt- und Leitungssystem in Gang zu bringen. Das ist wie in einem Werk, schaut nur, alles ist angeschlossen, alles ist bereit und man braucht nur noch auf einen simplen Knopf zu drücken. Sofern dieser Knopf mit der gesamten elektrischen Anlage verbunden ist, die ihrerseits an Getriebe und Räderwerke angeschlossen ist, fangen alle Maschinen an zu arbeiten.

Ebenso ist in der Natur alles miteinander verbunden und aneinander angeschlossen. Und wenn es gelingt, die entsprechenden Anschlüsse im Menschen herzustellen, dann können die Gedanken direkt greifbare Resultate in der Materie auslösen. Solange allerdings die Verbindungswege von einer Ebene zur anderen nicht richtig hergestellt sind, bleiben die Gedanken ohne Wirkung, denn es gibt Löcher und tote Zonen, in denen kein Strom fließt. Die Frage ist also immer, wie kann man die Verbindung herstellen.

Wenn in einem Kreislauf eine Unterbrechung auftritt wegen abgesprungener Treibriemen, Zahnrädern mit gebrochenen Zacken, die die folgenden Räder nicht mehr antreiben oder wegen einer abgerissenen Stromleitung, dann wird nichts mehr weitergeleitet. Und ebenso verhält es sich mit dem Denken.

Wenn ihr einen Gedanken fasst, wirkt dieser schon auf die ihm entsprechende Region ein und setzt dort feinstoffliche Apparate in Gang; in der physischen Ebene wird aber noch nichts geschehen, solange die Übertragungsstationen nicht bereit sind. Zuerst müssen die Verbindungswege hergestellt werden, und wenn dann die Energien richtig fließen, wird man auch in der Materie konkrete Ergebnisse haben. Ja, und dann kann man sagen, dass die Gedanken mächtig und auch magisch sind.

Damit die Sache nun klar ist, müsst ihr also wissen, dass es völlig richtig ist, wenn man sagt, Gedanken sind Kräfte und werden Wirklichkeit, jedoch muss man begreifen unter welchen Bedingungen dies sich bestätigt. Veranschaulichen wir dies mit dem Beispiel eines Mannes, der zum Dieb geworden ist. Anfangs hat er sich noch nicht recht getraut und sich mit der bloßen Vorstellung begnügt: »Oh, ich müsste nur unbemerkt dort hinkommen, die Hand ausstrecken... Könnte ich doch nur dies und jenes mitgehen lassen, das würde mir das Leben schon leichter machen...« Er hat noch nicht einmal so richtig den Wunsch oder den Willen, es auch zu tun; hin und wieder nur gibt er sich diesen Gedanken hin, stellt sich die Situationen und die näheren Umstände vor, die Menge in der U-Bahn oder ein Kaufhaus und seine Hand, die in eine Mantel- oder Handtasche gleitet, über ein Regal huscht... Das alles bleibt aber noch im mentalen Bereich, er tut noch nichts, dazu ist er noch nicht fähig. Da dieser Gedanke nun aber einmal registriert ist, setzt er im astralen Bereich bestimmte Räderwerke in Bewegung und bahnt sich von dort aus seinen Weg bis hinunter in die Materie, und die Materie bedeutet hier für unseren Dieb die Handlung, die Tat, die Durchführung. Anfangs ist es so, als geschähe nichts; das, was der Mann im Schilde führt, bleibt unsichtbar, und nach außen hin ist er ehrlich und unbescholten. Da dieser Gedanke aber schon bis zur Astralebene, bis in den Gefühlsbereich herabgekommen ist, wünscht sich der Mann immer sehnlicher, dies auch auszuführen, was dann auch nicht mehr lange wird auf sich warten lassen. Denn, selbst ohne dass es ihm bewusst wird, werden die Verbindungen und Anschlüsse schon hergestellt, und dann eines schönen Tages, ohne dass er richtig begreift, was eigentlich vor sich geht, schiebt sich seine Hand in die Tasche von irgendjemandem oder lässt sonst irgendwo einen Gegenstand mitgehen. Seht ihr, nun habt ihr verstanden, wie das abläuft, der Gedanke, der zuerst noch weit oben im Mentalbereich war, ist über die Astralebene, den Bereich der Wünsche, bis in die physische Ebene hinabgelangt. Wie kann man da sagen, Gedanken würden sich nicht verwirklichen? Und aus dieser Verwirklichung können sich bedeutende Dinge ergeben; entweder wird er reich oder aber er kommt ins Gefängnis. Nicht wahr, bedeutende Geschehnisse sind das.

Nehmen wir nun das Beispiel eines anderen Mannes. Er ist wirklich nett, gutmütig und ein Idealist. Würde man ihm eine Ohrfeige geben, brächte er es fertig, die andere Wange hinzuhalten... Aber eines Tages, beim Lesen geschichtlicher Bücher, stößt er auf die Ideen bestimmter Denker und politischer Persönlichkeiten der Vergangenheit, die durch ihre Worte und Taten einen Wandel der gesellschaftlichen Systeme herbeigeführt und die Massen in allerlei Abenteuer hineingezogen hatten. Er begeistert sich für sie, ihre Werke werden ihm zur geistigen Nahrung, und dabei wird er immer kühner. Dann fängt er an, seine Ansichten zu ändern und mit den Leuten zu diskutieren, und schließlich kommt in ihm der Wunsch auf, aktiv zu werden. Er tritt einer Partei bei, beginnt, die anderen mitzureißen, bis er eines Tages in seinem Land eine Revolution auslöst. Wie sollte man da nicht einsehen, dass Gedanken eine

gewaltige Macht darstellen? Zwar sieht man sie nicht, und sie sind
nicht einmal in der Lage, ein Stück Zucker zu bewegen, wenn sie
aber einmal in der Materie Wirklichkeit werden, können sie das
Gesicht der Welt verändern! Nur muss man begreifen, wann und
unter welchen Bedingungen die Gedanken ihre volle Kraft entwickeln. Es wäre dumm, zu glauben, man könnte mit den Gedanken
direkt auf die Materie einwirken, ohne dass sie den Weg über die
verschiedenen Ebenen nehmen müssten. Auf direktem Wege ist das
nicht möglich; die mentale und die physische Welt sind zwei so
weit voneinander entfernte Welten, dass ein direkter Kontakt nicht
möglich ist. Gedanken durchdringen Mauern und Gegenstände,
ohne Spuren zu hinterlassen. Damit sie die Materie erreichen, muss
man ihnen Brücken bauen, das heißt, eine ganze Reihe von Zwi-
schenstationen einschalten. Baut ihnen diese Brücken, und ihr werdet sehen, wie die Gedanken das ganze Universum aus den Angeln
heben können. Zwar auf einen anderen Bereich bezogen, ist dies
auch der Sinn des Satzes des Archimedes: »Gebt mir einen Hebel,
und ich hebe die Welt aus den Angeln!« Archimedes wollte damit
sagen, dass er keine direkte Wirkung ausüben konnte, sondern dass
auch er einen Kraftüberträger brauchte, in diesem Falle den Hebel.
Man braucht also immer einen Übermittler, und die Gedanken können nur dann alles bewirken, wenn man sie den Weg über diese
Kraftübermittler nehmen lässt, die ihnen ermöglichen, bis auf die
Materie herabzugelangen. Darum spreche ich seit Jahren zu euch
nur über dieses Thema.

Ihr habt Ideen, das sehe ich schon, und zwar großartige, göttliche Ideen... Aber könnt ihr konkrete Ergebnisse vorzeigen? Nein?
Das zeigt dann, dass ihr noch daran arbeiten müsst, diese Ideen bis
auf die physische Ebene herabgelangen zu lassen. Ja, genau darum
geht es, man muss die Gedanken bis hier herunterbringen. Wenn ihr
sagt: »Ich stecke voller Ideen«, dann sage ich: »Bravo, das ist gut!«,
nur werdet ihr mit diesen Ideen verhungern und verdursten, wenn
ihr nicht wisst, wie ihr sie bis in euer Herz hinabgelangen lassen
könnt, um ihnen dann schließlich durch die Tat konkrete Formen zu

geben. Es genügt nicht, Ideen zu haben. Viele Leute haben welche, aber sie leben auf eine Art, dass zwischen diesen Ideen und ihren Gefühlen und Handlungen keine Verbindung besteht. Man muss aber Bande knüpfen, Verbindungen herstellen, Brücken bauen und die Antriebssysteme anschließen. Das Denken hat nicht die Eigenschaft, direkt auf die Materie einzuwirken, zwischen diese beiden muss man als Mittler die Gefühle einschalten. Über die Gefühle bekommen die Ideen dann sozusagen Hand und Fuß und gelangen bis zur Materie hinab.

Das Gefühl ist also dieser Hebel, mit dem man auf die Materie einwirken kann. Das Denken, das davon zu weit entfernt und auch zu feinstofflich ist, läuft ab, ohne etwas zu berühren oder in Schwingung zu bringen. Es kann nur unsere »Antennen« berühren, das heißt, unsere allerfeinsten Organe, die sich sehr weit oben im geistigen Bereich befinden. Um die Materie zu erreichen, muss der Geist den Weg über die Seele nehmen, das heißt über den Intellekt und das Herz. Ich kann euch das bildhaft an einem Beispiel erläutern, das ihr alle kennt, nämlich die Wirkung der Sonne auf Luft, Wasser und Erde.

Die Sonne erwärmt die Luft und den Wasserdampf, die zusammen die Erdatmosphäre bilden; die erwärmte Luft steigt auf, die kalte Luft hingegen wird dichter und schwerer, sinkt zum Boden hinab, und dabei bilden sich Tiefdruck- und Hochdruckzonen. Zwischen den Hochdruckzonen und den Tiefdruckgebieten entstehen Winde. Wenn der Druckunterschied zunimmt, werden die Winde heftiger und sogar Tornados und Orkane mit zerstörerischer Kraft können sich so bilden. Außerdem verdunstet unter dem Einfluss der Sonnenwärme das Wasser der Ozeane, Meere, Seen und Flüsse und steigt dann auf. Hat die Luft einen gewissen Sättigungsgrad erreicht, verwandelt sich der Wasserdampf in Regen oder Schnee; dann prasseln Schauer und Regengüsse auf die Erde herab und wirken sogar formgebend auf ihre Oberfläche ein. Jeden Tag spielen sich diese atmosphärischen Erscheinungen auf der ganzen Erde ab. Und der Urheber davon ist die Sonne.

Ebenso kann man sagen, dass in uns die Sonne dem Geist entspricht, die Luft dem Mentalbereich, das Wasser dem Astralkörper, also dem Gefühlsbereich und die Erde dem physischen Körper. Wenn der Geist auf das Denken einwirkt, ruft dieses seinerseits das Gefühl hervor; dieses Gefühl wiederum erfasst den physischen Körper und bringt ihn dazu, zu laufen, gestikulieren, sprechen und so weiter. Der physische Körper wird also durch das Gefühl in Bewegung gebracht, das Gefühl wird durch das Denken geweckt, und das Denken entsteht aus dem Geiste heraus.

Diesen Mechanismus können wir jeden Tag in der Natur beobachten, und dabei sehen wir, wie das Wasser unter Mitwirkung der Luft die Erde formt, an einigen Stellen bildet sich Schwemmland, an anderen wird Material abgetragen und bis ins Meer hinausgeschwemmt und so weiter... Ebenso kann der Mensch über das Denken auf den physischen Körper einwirken, unter der Bedingung allerdings, Luft und Wasser als Überträgerkräfte dazwischenzusetzen. Die Luft entspricht hierbei dem Nervensystem, und das Wasser steht für das Blut. Denn das Nervensystem regelt den Blutkreislauf im Organismus, und bestimmte Stoffe werden über das Blut irgendwo angelagert oder weggespült, und so wird der physische Körper ausgebildet.

Mit dieser bildhaften Darstellung des Wirkens der Sonne in der Natur könnte man sich noch tief greifender befassen, aber das würde uns nicht weiterbringen. Was mich interessiert, das ist der Grundgedanke, und der besagt, dass der Mensch, wüsste er diesen alltäglichen Naturvorgang des Einwirkens der Sonne über Luft und Wasser auf die Erde für sein Innenleben richtig zu deuten und anzuwenden, könnte er in sich selbst große Veränderungen bewirken. Eben darin beruht die Kraft der Gedanken. Vor allem muss man also wissen, dass das Denken nicht direkt auf den physischen Bereich einwirken kann. Man nimmt ja auch Glut nicht mit der Hand, sondern mit einer Feuerzange. Ebenso wird Suppe nicht mit der Hand geschöpft, sondern mit einer Kelle. Das Gleiche gilt auch für alle anderen Dinge. Und der Arm, wenn ihr nun begreifen wollt, was der Arm an sich ist, nun, das ist eben der Kraftüberträger zwischen dem Denken und dem Gegenstand. Wenn ich dieses Stück Zucker nehme, wer handelt dann? Mein Denken. Ja, vermittels meines Armes ist es doch mein Denken. Nehmen wir nun einmal an, mein Denken bleibt untätig. Dann habe ich zwar noch den Arm, aber kein Gedanke treibt ihn dazu, den Zucker zu nehmen, und dann nimmt er ihn auch nicht. In diesem Sinne kann man von der alles bewirkenden Kraft der Gedanken sprechen.

Immer sind es die Gedanken, die die Leute vorantreiben oder auch zurückhalten, die Kriege verursachen, Verwüstungen oder aber die edelmütigsten Unternehmungen. Ja, das Denken bewirkt alles, vorausgesetzt natürlich, dass Arme da sind, die es verwirklichen. Und sogar der Mensch ist ein Ausführender – wie ein Arm. Der menschliche Arm ist ein Symbol für den Menschen selber, der kosmisch gesehen auch einen Arm darstellt. Ja, der Arm entspricht vereinfacht gesagt dem Menschen selber, der insgesamt gesehen der ausführende Arm für die Gedanken ist; und weiter kann es sein, dass die Gedanken das ausführende Organ für weitere Gedanken sind, die aus den allerhöchsten Regionen kommen... bis hin zu Gott, der sich all dieser Arme bedient, das heißt, der durch alle Geschöpfe wirkt.

Und darum, meine lieben Brüder und Schwestern, besteht in der esoterischen Wissenschaft schon seit langem die Ansicht, dass alles, was wir in der Natur sehen, Tiere, Insekten, Bäume, Berge, Seen, Früchte, Blumen... nichts anderes ist als kristallisierte Gedanken. Ja, von Gott ausgesandte Gedanken, die sichtbar geworden sind. Auch ihr seid materialisierte Gedanken. Der Mensch ist ein Gedanke, eine Vorstellung... Will man nun wissen, was für ein Gedanke oder was für eine Vorstellung einem Geschöpf zugrunde liegt, braucht man nur die Form dieses Geschöpfes näher anzuschauen. Ist ein Wesen vollkommen, so ist auch der Gedanke, aus dem es hervorgegangen ist, vollkommen. Jeder Gedanke materialisiert sich, die Krake, der Wurm, der Skorpion, der Tiger haben die Farbe, die Form, das Aussehen entsprechend des Gedankens, der sich in ihnen manifestiert hat, sei es ein Gedanke der Grausamkeit, Bosheit, des Hasses, der Arglist oder der Sinnlichkeit. So entspricht also jeder Gedanke, jede Idee (obgleich die Begriffe »Gedanke« und »Idee« verschiedene Bedeutung haben) einer Form, einer Farbe, einer Gestalt. Daher sehen die Eingeweihten die Welt als eine Gedankenschöpfung an, als verdichtete Gedanken Gottes.

Ich habe euch schon erklärt, wenn ein Mensch göttliche Gedanken, Gefühle oder Wünsche hat, werden diese schon irgendwo im Universum Wirklichkeit, aber auch in seinem eigenen Sein. Und wenn ein Mensch böse, rachsüchtig, grausam ist, werden seine Gedanken und Gefühle auch in dieser oder jener Gestalt irgendwo auf der Welt und in ihm selbst Wirklichkeit. Natürlich ist das nicht gleich sichtbar, aber eines Tages kommt alles zum Vorschein. Auf diese Weise wird den Giftpflanzen und reißenden Tieren durch negative Gedanken und Gefühle der Menschen in ihrer Wesensart Nahrung und Stütze gegeben; ja, denn das Gift der Gedanken und Gefühle kondensiert sich irgendwo und verstärkt die Schädlichkeit dieser Tiere und Pflanzen... Alle guten Gedanken hingegen, alle guten Vorstellungen jeglicher sichtbaren und unsichtbaren Geschöpfe bringen das Schöne, Zauberhafte, Duftende und Lichtvolle in der Natur hervor. So leisten wir also unbewusst unseren Beitrag zu den ärgsten oder auch den schönsten Erscheinungen der Schöpfung.

Die Menschen kommen allerdings nicht dazu, die Auswirkungen ihrer Gedanken und Gefühle zu begreifen, da diese nicht unmittelbar erfolgen. Aber es sind ja nicht die direkten Auswirkungen, die uns überzeugen sollen. Manch einer sagt: »Da wir kein Ergebnis sehen, können wir auch nicht glauben.« Die Eingeweihten aber, die sich die Mühe gemacht haben, die Naturerscheinungen eingehend zu beobachten, wissen, dass letztendlich alles feste Form annimmt. Genau so, wie dies bei der Salzkristallbildung geschieht. Wenn ihr eine Flüssigkeit anschaut, in der ein Chemiker ein Salz aufgelöst hat, dann sagt ihr: »Aber es befindet sich doch nichts in dieser Flüssigkeit!«, da ihr ja nichts seht. »Wartet nur ab«, wird der

Chemiker antworten, »wir werden das einmal erhitzen.« Und gleich werden die Kristalle sichtbar. Denn gibt man einer Salzlösung die geeigneten Bedingungen, bilden sich Kristalle. In den Köpfen der Menschen befindet sich auch so einiges, und wenn ihr dafür die rechten Bedingungen schafft, werdet ihr sehen, wie es sich durch die Tat materialisiert.

Nun möchte ich euch noch erklären, wie die Gedanken sich auch noch auf andere Weise verwirklichen können. Zum Beispiel möchte jemand kraft seiner Gedanken Salz in die Suppe tun. Zwar meine ich, es ist natürlich sinnvoller, die Suppe zu salzen, indem man das Salz mit der Hand nimmt. Nehmen wir aber einmal an, gewisse Leute kennen die Gesetze zur Materialisierung der Gedanken, so wie es in den spiritistischen Sitzungen praktiziert wird, dann können sie eine fluidumartige Hand entstehen lassen und mit dieser Hand, die schon verdichtet aber noch unsichtbar ist, holen sie das Salz und tun es in die Suppe. Das Denken ist also doch in der Lage, die Materie zu berühren, allerdings vermittels einer weiteren Ebene, man muss es nämlich noch mit einem dichteren Stoff umgeben, und zwar mit ätherischem Stoff. Der Äther berührt die physische Materie, denn beide gehören dem gleichen Bereich an und sind daher miteinander verwandt. Allerdings müsst ihr wissen, dass die Eingeweihten sich nicht damit abgeben, Phänomene solcher Art hervorzurufen. Es ist nicht so, dass sie es nicht könnten, aber das sind nicht gerade energiesparende Aktivitäten. Und warum sollte man so viel Energie und Zeit vergeuden, um eine Suppe zu salzen, wo es doch so einfach mit der Hand zu machen ist!

Ja, aber worauf, werdet ihr nun fragen, konzentrieren sich denn die Eingeweihten? Auf weitaus wichtigere Aktivitäten. Sie arbeiten daran, wohltuende Veränderungen in den Köpfen der Menschen zu erreichen. Denn wenn diese Veränderungen erst einmal im Kopf stattgefunden haben, wird dieser schon die Mittel und Wege finden, sie ans Herz weiterzugeben, das Herz an den Willen, und so schlagen die Menschen dann allmählich eine gute Richtung ein. Das ist doch eine sehr viel nützlichere Beschäftigung als sich darauf zu konzentrieren, Gegenstände zu bewegen, anzuheben oder zu verbiegen. Denn wenn man sich derartigen Praktiken widmet, erreicht man nichts, was das Herz, die Seele, den Intellekt der Menschen bessern könnte, was sie aufklären und zu Gott hinführen könnte. Manche Yogis und Zauberkünstler haben sich wohl mit solchen höchst unbedeutenden Erscheinungen beschäftigt, aber die wahren Weisen sagen sich: »Zwar ist es machbar, wir könnten es tun, aber wir würden nur viel Zeit und Energie verlieren, um letztendlich was dabei zu gewinnen? So wenig! Das ist doch nicht der Mühe wert. Wir konzentrieren unsere Energien besser auf eine Arbeit in anderen Bereichen, die Millionen Mal wichtiger ist für die Zukunft der Menschheit.« Ja, so argumentieren die Weisen. Und ich gebe euch den Rat, ihrem Beispiel zu folgen. Dieses Wissen, das wir besitzen, dürfen wir nur für eine Arbeit einsetzen, die auch die Mühe lohnt und die wirklich von allergrößter Bedeutung für die Zukunft der Menschheit ist.

Was wird nun in der Universellen Weißen Bruderschaft gemacht? Da wird am Bau von Brücken gearbeitet. Schon vor längerer Zeit habe ich euch gesagt, dass ihr Arbeiter im Straßen- und Brückenbau seid. Ja, denn ihr baut ganz einfach Brücken, die euch mit der Sonne verbinden[2] und euer Denken mit der Materie; und da es kompliziert ist und Fingerspitzengefühl braucht, um sie zu errichten, benötigt es viel Zeit. Sind sie aber erst einmal aufgestellt, werdet ihr sehen, wie gut dann alles funktioniert! Auf einen Knopfdruck werden sich im Werk alle Maschinen in Gang setzen. Vorausgesetzt natürlich, dass das gesamte System der Anschlüsse und Verbindungen stimmt.

Betrachtet auch einmal eine Uhr. Darin befindet sich eine Feder, die das Uhrwerk in Bewegung setzt; das ist ein ganzes System von Rädchen, die vom größten bis zum allerkleinsten die Bewegung weitergeben, bis letztendlich die Zeiger berührt und bewegt werden. Die Feder steht nicht in direkter Verbindung mit den Zeigern, denn sonst würde sie zu abrupte Impulse geben. Dazwischen sind Kraftübertäger eingeschaltet, mit denen die Bewegung aufs

Genaueste beherrscht, dosiert und geregelt wird. Nur unter diesen
Voraussetzungen bewegen sich die Zeiger, der eine sehr langsam,
der andere hat es ein wenig eiliger und der dritte, der die Sekunden für die Sportler zählt, marschiert sehr flott voran... Auch da
seht ihr wieder, dass zwischen dem schwung- und impulsgebenden
Prinzip und den ausführenden oder anzeigenden Instrumenten und
Mechanismen Kraftüberträger eingeschaltet sind. In einer Uhr gibt
es noch weitaus mehr Mechanismen, die man auch im menschlichen Organismus wiederfindet. Wer richtig beobachtet und rechte
Überlegungen anstellt, erkennt diese große Wahrheit überall in der
Physik, Chemie, Biologie, Geschichte, Soziologie, Psychologie,
einfach überall.

Damit eine Umgestaltung des physischen Körpers oder der
Erde stattfinden kann, müssen zuerst die Verbindungen mit der
Welt des Geistes, mit dem Himmel hergestellt werden... Man kann
auch sagen, mit der Welt der Ideen, von der Plato sprach, das heißt,
mit der intelligiblen, vom Intellekt fassbaren Welt, der Welt der
Archetypen, die für mich nichts anderes als eben die göttliche Welt
ist. Die dazu nötigen Verbindungswege gehen über die Seele, der
Geist kann die Materie nur vermittels der Seele berühren, der im
menschlichen Organismus das Nerven- und das Kreislaufsystem
entsprechen.[3] Dabei steht das Nervensystem dem Geiste näher und
das Kreislaufsystem der Materie. Das Nervensystem gleicht der
Luft, die das Feuer anfacht, das dem Geist entspricht; das Kreislaufsystem gleicht dem Wasser, über das der Erde, die dem physischen Körper entspricht, Nahrung zugeführt wird. Mit der Luft und
dem Wasser, die als Übermittler tätig sind und deren Entsprechung
in der psychischen Ebene das Denken und das Gefühl ist, muss
man sich eingehend befassen. Was nun die Ideen betrifft (Idee im
philosophischen Sinne, reiner Begriff), so befinden sie sich in weitaus höheren Bereichen. Die Idee ist mit dem Feuer, dem Geist, der
Sonne verbunden; und die Welt der Ideen nimmt Einfluss auf die
Welt der Gedanken. Diese sind schon materieller und immer mit
den Gefühlen verbunden. Wenn ihr zum Beispiel denkt, dass ein

Mensch, den ihr liebt, wirklich schädlich und gefährlich für euch ist, dann beobachtet einmal, was in euch geschieht: Eure Gefühle wandeln sich, und allmählich lässt eure Liebe nach. Was hat diesen Gefühlswandel bewirkt? Die Art der Gedanken, die ihr gehegt habt. Und andererseits, wenn ihr erkennt, dass ein Mensch, für den ihr keinerlei Sympathie empfandet, für euch segensreich sein kann, dass die göttliche Vorsehung ihn euch zu eurem Wohl geschickt hat, dann beginnt ihr, ihn zu lieben.

Das Gefühl ändert sich entsprechend der Beschaffenheit der Gedanken, wie oft hat man das doch festgestellt! Und wenn das Gefühl da ist, treibt es den Menschen zum Handeln an, denn er will sich immer durch die Tat ausdrücken. Wenn ihr an eine Frau denkt, ohne Gefühle für sie zu empfinden, mögt ihr denken, dass sie hübsch, dass sie schön ist, aber solange sich keine Gefühlsregung bemerkbar macht, lasst ihr sie in Ruhe. Aber auf einmal ist das Gefühl da, und mit einem Schlag werdet ihr unternehmungslustig. Das Gefühl lässt euch keine Ruhe, es bringt Bewegung in den Körper, und ihr galoppiert los, um die Frau zu umarmen, um ihr Blumen zu kaufen und ihr den Hof zu machen. Solange das Gefühl aber ausbleibt, denkt ihr, selbst wenn ihr sie charmant und wunderhübsch findet: »Pah, sie lässt mich kalt.« Kaum zeigt sich aber das Gefühl, ist es nicht mehr wie zuvor; denn das Gefühl strebt nach sofortiger Verwirklichung in der Materie, da es mit ihr direkt verbunden ist, und es bringt einen ganzen Mechanismus in Gang.

Versucht nicht, die Materie direkt über euer Denken zu berühren, es würde euch nicht gelingen. Das Denken dient hauptsächlich zur Erkenntnis, zum Verständnis, zur Orientierung, aber auf die Materie kann es nicht direkt einwirken, wenn das Herz nicht mitwirkt. Solange Wunsch und Gefühl in euch nicht geweckt sind, bleibt ihr untätig. Vielleicht unternehmt ihr irgendetwas aus Verstandesgründen, aber ohne Herz und ohne Empfinden. Manche Menschen handeln wohl ohne Gefühlsregung, wie Roboter. Zwar kann man handeln, ohne vom Gefühl angetrieben zu sein, aber dann weiß man nicht einmal, warum man es tut. Wenn hingegen das Gefühl da ist... Oh! Natürlich ist nicht gesagt, dass man dann ein besseres Betragen an den Tag legt. Oft ist es sogar schlimmer, denn man kennt absolut nicht den eigentlichen Grund, aus dem heraus man handelt. Aber man weiß zumindest, dass einen etwas treibt, und man steuert geradewegs aufs Ziel los.

Ich übergehe viele Einzelheiten, denn das würde zu weit führen, und was ich schon gesagt habe, wäre nicht mehr so klar für euch. Merkt euch nur, dass das Denken eine Kraft ist, aber dass man diese Kraft recht verstehen muss. Glaubt nicht, dass eure Gedanken sich verwirklichen werden, solange ihr das Werkzeug, die Kraftüberträger, den Hebel, den Arm nicht richtig vorbereitet habt; sie bleiben schwebend in den oberen Bereichen, in der Mentalebene. Zwar werden sie registriert, bringen aber keine Ergebnisse in der Materie hervor. Lasst ihr sie hingegen bis zum Gefühl herabkommen, werden die Ergebnisse nicht ausbleiben.

Kommen wir jetzt zur Frage der Hypnose. Ihr gebt da zum Beispiel jemandem ein Stück Papier und sagt: »Da, das ist eine Rose, riech mal daran, was hat sie für einen Duft?« Und er erzählt euch, welch feinen Duft die Rose verströmt, denn er ist in einem hypnotischen Zustand, in dem das Denken augenblicklich Wirklichkeit wird, und zwar nicht auf der materiellen, sondern auf der Mentalebene. Dieser Mensch hat eure Gedanken aufgefangen, denn diese, zusammen mit den ausgesprochenen Worten, haben die Rose im Mentalbereich bereits entstehen lassen. Und da er selber nicht mehr auf der physischen Ebene, sondern im Mentalbereich reagiert, riecht er nun mit einem feinstofflichen Geruchssinn. Wenn er also sagt, dass er den Duft der Rose wahrnimmt, dann täuscht er sich nicht. Oder ihr reicht jemandem Wasser und sagt: »Schau, das ist Kognak, du wirst dich betrinken.« Er trinkt und bekommt wirklich einen Schwips. Was ist geschehen? Wie ich euch schon gesagt habe, er befindet sich im Mentalbereich, und für ihn ist dieses Wasser kein Wasser mehr, sondern Alkohol. Das zeigt, dass die Kraft des Denkens absolut und direkt wirksam ist, ja, aber in der Mentalebene.

Mit diesem Wissen könnt ihr euch alles mit einem Schlag
aufbauen und verwirklichen, allerdings in den höheren Regionen,
nicht in der Materie. Wollt ihr Paläste, Parks, Kutschen, tanzende
Frauen, singende Vögel? Sie sind sofort da. Wärt ihr nur ein wenig
hellsichtiger, würdet ihr sie schon sehen, denn sie sind Realität.
Nun sagt ihr: »Aber da ist doch nichts, ich kann sie ja nicht einmal
berühren!« Oh ja, mein Guter, um sie anfassen zu können, brauchst
du vielleicht einige Jahrhunderte. Genau so muss man diese Frage
verstehen.

Damit könnt ihr jetzt allerlei Experimente machen. Wenn zum
Beispiel ein recht unangenehmer Wind bläst, sagt ihr einige Worte,
um ihn zu besänftigen: »Wie lieb und sanft du bist! Du bist gar
nicht böse, ganz im Gegenteil, du gefällst mir.« Und einige Minuten darauf... oh, natürlich hat sich nicht der Wind geändert, sondern
ihr. In euch hat sich etwas gewandelt, und ihr habt das Gefühl,
dass der Wind euch nun streichelt. Aber man muss schon wissen,
die rechten Worte zu sagen, und meist vergisst man es, sie auszusprechen, um auf sich selbst eine suggestive Wirkung auszuüben.
Nun werdet ihr einwenden: »Aber wenn man auf sich selber eine
Suggestivwirkung ausübt, dann sind das Lügen, Illusionen.« Aber
nein, das sind Schöpfungen. Solche Suggestionen sind feinstoffliche Schöpfungen; man hat mit seinen Antennen etwas aufgefangen,
und diese haben es an die Haut oder die Geschmacksnerven, das
heißt an die Empfindungszellen, weitergegeben. Und so können
viele Menschen suggestiv beeinflusst werden, selbst ganz normale
Leute. Wie oft wurde den Menschen doch etwas einsuggeriert,
das ist unglaublich! Ja, ganzen Menschenmassen. Ein Mensch mit
großer Denkkraft und einem starken Gehirn sagt irgendetwas, und
gleich fangen alle Leute an, das auch schon zu spüren. Wie oft hat
man das in der Geschichte erlebt!

Also, zieht nun eure Schlussfolgerungen daraus. Arbeitet mit
eurem Denken, aber bildet euch nicht ein, dass die Gedanken sich
unmittelbar auf der physischen Ebene verwirklichen würden. Ihr
werdet nun sagen: »Ja, aber manchmal spricht man nur einige

Worte aus, und gleich fühlt man sich anders.« Gewiss, aber diese Veränderung geschieht nicht in der Materie, im Bereich der festen Formen, sondern in der Astral- und Mentalebene; in diesen Bereichen habt ihr dann etwas gespürt. Das steht nicht im Gegensatz zu dem, was ich gerade gesagt habe, denn die Veränderung kann unmittelbar erfolgen, aber in den höheren Regionen. Befindet ihr euch dort, verwirklichen sich eure Gedanken unverzüglich. Im Übrigen können sie ja auch in der physischen Welt unmittelbar Wirklichkeit werden. Manche Magier oder Zauberer sind in der Lage, Stürme losbrechen zu lassen oder sie zur Ruhe zu bringen, Krankheit oder Heilung zu bewirken... Das liegt daran, dass sie direkt auf die Überträgerkräfte, auf die »Straßen und Brücken« eingewirkt haben. Euch aber rate ich auf jeden Fall davon ab, eure Gedankenkraft direkt auf die Materie ausüben zu wollen, um so derartige Phänomene hervorzurufen. Arbeitet mit dem Denken, aber in den oberen, feinstofflichen Bereichen und bittet um die besten Voraussetzungen für eure eigene Entwicklung und die der ganzen Welt. So werdet ihr immer konkrete Ergebnisse erzielen. Und dann wappnet euch mit Geduld und wartet ab.

Mein Glaube und mein Vertrauen gründen nicht auf dem Nichts, auf Illusionen, sondern auf einem tiefen Wissen. Alles, was ich glaube, hoffe und tue, gründet auf diesem Wissen, und ihr könnt es unbesorgt übernehmen. Solltet ihr damit keinen Erfolg haben, heißt das noch nicht, dass alles, was ihr gelernt habt, unwahr wäre; ihr müsst dann noch einmal eure »Verbindungen und Anschlüsse« überprüfen und nachsehen, ob nicht irgendwo ein Teil fehlt. Ihr könnt ja auch euer Auto nicht in Gang setzen, wenn das geringste Teil fehlt; und wenn eine Uhr verstaubt ist, zeigt sie euch auch die Zeit nicht mehr an. Wenn also in euch etwas nicht funktioniert, liegt das nicht unbedingt an dem Wissen, sondern daran, dass eure Kenntnisse darin lückenhaft sind. So wie ich auch sagte, nicht die Astrologie ist irreführend, sondern die Astrologen führen in die Irre.

Warum haben wir heute ein wenig länger meditiert? Weil die
Voraussetzungen dafür gut waren. Diese günstigen Voraussetzungen können ebenso gut von außen kommen wie aus euch selbst
heraus. Manchmal seid ihr stärker geeint, tiefer miteinander verbunden, spürt intensiver den Wunsch nach Eintracht, Harmonie
und Einheit. Und wenn somit die Voraussetzungen da sind, bildet
sich etwas Wunderbares innerhalb der Bruderschaft, und wir haben
dann die besten Möglichkeiten, schöpferisch zu wirken.

Denn die gedanklichen Schöpfungen, liebe Brüder und Schwestern, sind echte Schöpfungen. Ihr könnt sie nicht sehen? Das ist völlig unwesentlich; ihr müsst euch nicht so sehr bei der Frage aufhalten, ob etwas sichtbar ist oder nicht. Man muss wissen, dass es sich
dabei um ganz reale Dinge handelt, das ist alles, und durch euren
Glauben helft ihr mit, dass diese Schöpfungen sehr viel schneller
in der Materie sichtbar werden; dadurch erleichtert ihr allen lichtvollen Geistern in der Welt die Arbeit, eine Arbeit, die ihr eines
Tages selbst eigenständig und bewusst ausführen müsst. Nun mögt
ihr fragen: »Ja, aber warum können wir es jetzt noch nicht?« Weil
ihr noch nicht bereit dazu seid, eure Kraftübermittler funktionieren
noch nicht gut genug, ihr habt sie noch nicht genügend ausgearbei-
tet. Bisher kanntet ihr sie noch nicht einmal. Und wie soll man an
etwas arbeiten, das man nicht kennt? Jetzt aber, da ihr nun um das
Vorhandensein und die Bedeutung dieser Übermittler wisst, wird
es euch gelingen, sie gut auszuarbeiten, und dann werden wir uns
zusammen großartige Schöpfungen vornehmen.

Jetzt schon gelingen einigen von euch solche Schöpfungen, aber
es sind noch keine klaren Gebilde, sie sind noch kümmerlich und
unstabil, denn ihre »Eltern«, die sie erzeugt haben, waren noch
nicht sehr überzeugt davon und auch nicht bewusst bei der Sache;
und so findet man einen Teil hier, und ein anderer liegt dort herum...
Es hängt einzig und allein von den Eltern ab, ob sie schöne, kräftige
und widerstandsfähige Kinder haben. An manchen Tagen ist euer
Bewusstsein wacher, seid ihr mehr in Übereinstimmung mit eurem
göttlichen Ideal, arbeitet endlich entschiedener dafür. An anderen

Tagen wiederum sagt ihr euch: »Gut, gut, heute lass' ich mich ein wenig gehen. Morgen sehen wir dann weiter. Heute erlaube ich mir ein paar kleine Kompromisse, aber morgen reiße ich mich wieder zusammen.« Nun gut, wie ihr wollt, aber wundert euch nicht, wenn euer Denken ohne Wirkung bleibt.

Vieles kann auch noch zu den Antennen gesagt werden. Sie sind dafür da, um Wellen und Schwingungen aufzufangen und diese an andere Apparate weiterzuleiten. Das weiß ein jeder. Aber jetzt geht es um die Frage, wie man lernen kann, sich mit Hilfe der geistigen Antennen zurechtzufinden! Im Unterschied zu den materiellen Radio- und Fernsehantennen, die fest an ihrem Platz bleiben, sind die geistigen Antennen äußerst beweglich, ja, denn sie sind lebendig. Man kann sie mit einer ganzen Reihe von Stimmgabeln vergleichen, die entsprechend ihrer Länge bei einer bestimmten Wellenlänge, die mit der ihrigen übereinstimmt, zu schwingen beginnen. Ihr könnt nun einen interessanten Versuch machen. Ihr stellt Stimmgabeln verschiedener Länge auf eine Unterlage und schlagt auf dem Klavier verschiedene Töne an: C... E... A... Dabei werdet ihr hören, wie einmal die eine und dann eine andere der Stimmgabeln mitschwingt. Immer diejenige, die in absoluter Übereinstimmung mit der ausgesandten Wellenlänge ist, gerät in Schwingung. Sie ist wie ein Medium, und übrigens, genau das kennzeichnet ein Medium; wie eine Stimmgabel fängt es die unterschiedlichen Wellenlängen auf.

Der Mensch allgemein ist auch einer Stimmgabel vergleichbar, und wenn er die himmlischen Wellenlängen empfangen will, muss er seine Stimmgabeln verkürzen; je länger er sie macht, umso mehr empfängt er die von unten, von der höllischen Welt ausgesandten Wellen. Der Mensch hat die Möglichkeit, seine Antennen kürzer oder länger zu machen, da diese lebendig sind, und es hängt von ihm ab, von seiner Antennenlänge, ob er bei dieser oder jener Wellenlänge mitschwingt. Ich spreche von »Verlängerung« oder »Verkürzung« der Antennen, aber das ist nur eine Art, sich auszudrücken; man kann ebenso gut andere Ausdrucksweisen benutzen,

mit denen man sagt, dass der Mensch sich materialisiert oder aber
sich vergeistigt. Je mehr er sich materialisiert, umso mehr empfängt er das, was die niederen Regionen aussenden; je mehr er sich
verfeinert und vergeistigt, umso mehr fängt er die vom Himmel
ausgesandten Wellen auf. Das liegt ganz bei ihm, denn in seinem
Innern stehen ihm alle Möglichkeiten offen.

Schaut, das ist doch ein immenses Betätigungsfeld, für alle, die
wahrlich schöpferisch tätig werden wollen. Wenn ihr euch entsprechend weit entwickelt habt, richtet ihr eure Antennen so aus, dass ihr
die Botschaften der himmlischen Wesen auffangt. Seid ihr hingegen
nicht sehr weit entwickelt, nehmt ihr natürlich Verbindung mit den
Bewohnern der ganz niederen Regionen auf. Und leider spielt sich
genau das sehr häufig ab; diejenigen, die sich nicht entwickeln und
vervollkommnen wollen, empfangen ständig das, was von sehr niederen Regionen ausgesandt wird, und dann leiden sie unter Besessen-
heit und Halluzinationen, von denen sie sich nicht mehr frei machen
können. Die Kliniken und Hospitäler sind voll von Leuten, die das
Opfer von allen möglichen Wahnvorstellungen geworden sind. Um
Heilung zu erlangen, gibt es nur einen Weg: den Aufstieg.

Je weiter ihr in die höheren Regionen aufsteigt, umso intelligenter, liebevoller, harmonischer und lichtvoller sind deren Bewohner.
Jeglicher Kontakt, den ihr mit den Engeln, Erzengeln und göttlichen
Wesen aufnehmen könnt, ist stets ein Segen für euch, denn sie bringen euch ihre Liebe und ihr Licht. An manchen Tagen strömt ihr
über vor lauter Glücksgefühl, alles in euch ist Melodie, und ihr habt
den Eindruck, alles zu verstehen. An anderen Tagen wiederum leidet
ihr unter grässlichen Zuständen, es ist einfach schrecklich, ihr seid
am Boden zerstört... Nun ja, was ihr da empfangen habt, war nicht
dasselbe, weil ihr auf eine ganz andere Region ausgerichtet wart.
Ich spreche hierbei nicht von der Ursache. Ich weiß sehr wohl, dass
eurem Zustand alle möglichen Umstände zugrunde liegen können,
ihr habt vielleicht eine traurige Nachricht erhalten, jemand hat euch
etwas Böses angetan usw. Aber damit befasse ich mich jetzt nicht,
ich schaue nur darauf, mit wem ihr kommuniziert habt, und ich sage

euch, dass da ein Austausch mit Wesen stattgefunden hat, die weniger intelligent waren und weniger Güte und Liebe besaßen. Wenn man sich an sumpfige Orte begibt, wo es von Mücken wimmelt, oder in Dschungelgebiete mit wilden Tieren und Reptilien, dann leidet man natürlich, allein schon durch die Anwesenheit all dieser Tiere fühlt man sich gepeinigt. Kommt man aber in andere Regionen, wo einen gastfreundliche und verständnisvolle Wesen empfangen, einem zu trinken und zu essen geben, das ist herrlich! Daher sollte man es vermeiden, Kontakte mit den niederen Regionen zu knüpfen und sich immer nur mit dem Himmel verbinden.

Zum Abschluss komme ich noch einmal auf das Thema des Denkens zurück. Versucht nicht, die Materie mit euren Gedanken zu berühren, es würde euch doch nicht gelingen. Das Denken kann nur dann auf die Materie einwirken, wenn das Herz, das sich angesprochen fühlt, den Willen zum Handeln antreibt. Merkt euch vor allem, dass der Mechanismus eures Seelenlebens in idealer Weise durch das Bild von der Sonne wiedergegeben wird, die auf die Erde nur einwirken und sie formen kann, wenn sie den Weg über die Luft und das Wasser nimmt. Gelingt es euch, diesen Vorgang zu begreifen, werdet ihr in der Lage sein, Wunder zu wirken. Das gesamte Wissen der weißen Magie und der Theurgie ist in dem Bild der vier Elemente enthalten: Sonne, Luft, Wasser, Erde.

Sèvres, den 13. Mai 1962

Anmerkungen
1. Siehe Band 216 der Reihe Izvor »Geheimnisse aus dem Buch der Natur«.
2. Siehe Band 10 der Reihe Gesamtwerke »Sonnen Yoga – Pracht und Herrlichkeit von Tiphereth«, Kapitel 3: »Unser höheres Ich wohnt in der Sonne«.
3. Siehe Band 8 der Reihe Gesamtwerke »Sprache der Symbole, Sprache der Natur«, Kapitel 1: »Die Seele«.

VII

DIE MEDITATION

Freier Vortrag

Wer zum ersten Mal hierherkommt, mag erstaunt darüber sein, dass wir hier so oft Momente der Stille einlegen. Sie verstehen nicht, warum wir das machen, und sagen sich: »Hier vertut man nur seine Zeit. Wäre ich zu Hause geblieben, hätte ich eine ganze Menge Dinge erledigen können... Was tun die Leute denn nur hier? Und was für Gesichter die machen! Mein Gott, wo bin ich nur hingeraten? Ich glaube, es ist besser, wenn ich mich wieder davonmache.« Nun ja, das ist schon ein sehr interessantes und auch kurzweiliges Thema! Wenn ihr wollt, kann ich heute noch einmal einige Worte zur Meditation sagen, obwohl ich darüber schon oft zu euch gesprochen habe.

Manch einer wird sagen, dass er schon weiß, was Meditation ist (er meditiert ja nicht erst seit gestern!), und schließlich hat er Bücher über die Meditation gelesen – und davon gibt es reichlich, vor allem buddhistische... Ich bin sogar sicher, dass alle Leute meditieren. Aber das sind vielleicht Meditationen! Wenn man müde und schläfrig ist, ja... dann fängt man an, mit dem Kopf zu nicken, als würde man allem zustimmen. Welch tiefe Meditation das ist! Ihr nennt das wohl eher, ein Nickerchen machen. Aber nennt es, wie ihr wollt. Sagen wir einmal, oft beginnt man zu meditieren und döst dann schließlich vor sich hin.

Nun, Spaß beiseite, werfen wir einmal einen philosophischen Blick auf die Frage der Meditation. Oft spricht man vom Meditieren, ohne genau zu wissen, was Meditation eigentlich ist; man hat noch nicht begriffen, was für ein außergewöhnliches Instrument sie für den Menschen darstellt, welchen Beitrag sie zu seiner inneren Entfaltung leisten kann, und auch nicht, wie sehr sie sein persönliches und familiäres Leben verändern, ja umwandeln kann, ebenso wie das der ganzen Gesellschaft und sogar der ganzen Welt. Und vor allem versteht man es nicht, die nötigen Voraussetzungen zu schaffen, damit die Gedanken sich frei entfalten können.

Im Allgemeinen ist die Meditation für die Menschen eher eine nebensächliche Angelegenheit. Von Zeit zu Zeit, wenn Schwierigkeiten auftreten, Probleme zu lösen sind, wenn sie ein Leid zu tragen haben, dann werden sie nachdenklich und besinnlich, da sie ja eine Lösung suchen. Das kann man natürlich noch nicht Meditation nennen, das ist eher eine instinktive, natürliche Reaktion auf die Gefahr oder die Not. Ja, in diesem Augenblick zieht sich der Mensch, der einen Zufluchtsort sucht, instinktiv in sich zurück, er wird besinnlich, beginnt sogar zu beten, und wendet sich dort einem Wesen zu, das er vernachlässigt hatte, da bis dahin für ihn alles gut ging. Nun wendet er sich diesem Wesen wieder zu, er sucht es, denn er erinnert sich daran, als er klein war, hatten ihm seine Eltern erzählt, dieses Wesen sei allmächtig, allwissend und reine Liebe. In tiefer Demut und von einem außergewöhnlich starken Gefühl geleitet bittet er nun Ihn um Hilfe und Beistand. Ja, um so weit zu kommen, bedarf es ungewöhnlicher Umstände: Gefahr, Krieg, Krankheit oder Tod.

Im täglichen Leben aber, wenn die Leute zufrieden sind und nichts sie beunruhigt, haben sie keine Lust zu beten oder zu meditieren, sie sehen dies keineswegs als notwendig oder unerlässlich an, sie halten es nicht einmal für nützlich. Wenn alles gut geht, dann meinen sie, sie sollten besser nicht in den vagen und nebulösen Bereichen der Meditation herumirren. In Zeiten der Not und der großen Schwierigkeiten aber, wenn sie erkennen, dass nichts von den konkreten und materiellen Dingen ihnen mehr helfen kann, dann suchen sie Halt im Innern, Beistand und Schutz in den himmlischen Regionen.

Seit Urzeiten haben die Eingeweihten uns immer wieder aufgezeigt, dass Gott dem Menschen mit dem Denken ein sehr wirksames Arbeitsmittel gegeben hat, und dass dieser, wenn er damit umzugehen versteht, Großes bewirken kann. Erlangt man damit keinerlei Ergebnisse, spürt man weder mehr Klarheit, noch mehr Freiheit und auch nicht tieferen Frieden, meint man natürlich, das Weitermachen lohne sich nicht. Viele versuchen zu meditieren, ein, zwei, drei und auch zehn Mal... und da es ihnen nicht recht gelingt, geben sie schließlich diese für sie unnütze Übung auf. Liebe Brüder und Schwestern, wenn man keine Ergebnisse erzielt, so deshalb, weil man noch gar nicht recht weiß, was Meditation eigentlich bedeutet. Zuerst einmal ist Meditation eine Tätigkeit des Denkens, wobei man sich auf eine Vorstellung oder ein Bild konzentriert, um es zu erforschen und zu erkennen, wie es mit anderen Vorstellungen oder Bildern verbunden ist, um es so präzise in die Gesamtheit der Dinge einordnen zu können. Es ist völlig egal, was ihr nehmt, die Schönheit, die Stärke, der Wille, der Raum, die Unsterblichkeit, die Göttlichkeit, alles kann Gegenstand der Meditation sein. Allerdings unter der Voraussetzung, und dies ist fürs Meditieren wesentlich, dass nichts außerhalb dieser Meditation euch Sorgen macht oder beschäftigt und somit die Arbeit des Denkens beeinträchtigt.[1]

Wenn ein Mensch zu meditieren beginnt, befindet er sich auf der Grenze zwischen zwei Welten, einer Welt nämlich, die über ihm ist, dem Himmel – und einer anderen Welt unter ihm – der Hölle. Er befindet sich in einem Grenzbereich, wo er die Möglichkeit hat, auf die Elemente, Kräfte und Wesen des Lichtes sowie der Finsternis einzuwirken. Der meditierende Mensch ist also ein Wesen, das die Fähigkeit hat, aufzubauen oder zu zerstören, die Dinge zu gestalten oder aber sie in ihrer Ordnung zu stören; und wenn es ihm an Klarheit und Intelligenz mangelt, dann stört er natürlich mehr, als dass er ordnet. Ob er sich dessen nun bewusst ist oder nicht, er beginnt sogleich, Kräfte und Elemente physisch, mechanisch oder chemisch zum Guten oder zum Schlechten, zum Aufbau oder zur Zerstörung in Bewegung zu setzen. Das Denken ist ein gewaltiges Werkzeug, das die Natur uns mitgegeben hat; ihr müsst euch dessen bewusst sein und wissen, dass ihr damit bestimmte Bereiche berühren und Kräfte auslösen könnt, und dass dies von überragender Bedeutung für das Gute und das Üble, für Gesundheit und Krankheit ist. Man muss sich tief ins Bewusstsein einprägen, von welch großer Bedeutung dieser mächtige und magische Vorgang des Denkens ist. Die meisten Leute sind sich nicht bewusst darüber, was sie gerade alles durcheinanderwirbeln, und dann wundern sie sich natürlich, wenn sie plötzlich selber Nackenschläge abbekommen! Nun ja, darüber sollte man sich nicht wundern, sondern man sollte wissen, dass die Meditation ein Auslöser gewaltiger Kräfte ist, die im Unterbewusstsein, im höheren Bewusstsein, im ganzen Menschen, ja sogar in der Natur selbst wirken.

Viele meinen, sie würden meditieren, sobald sie die Augen schließen, nur ihre Gedanken... wo sind sie mit ihren Gedanken? Nirgendwo. Diese spazieren hier und da herum, unbeständig und rastlos; nun, eine derartige »Meditation« ist natürlich zu nichts nütze. Für die Eingeweihten, die Weisen, die großen Meister aber ist die Meditation schon immer das wirksamste Arbeitsmittel gewesen, ohne das niemand zu irgendetwas Solidem und Konstruktivem kommen kann. Ohne Meditation ist es weder möglich, sich kennenzulernen und Herr seiner selbst zu werden, noch gute Eigenschaften und Tugenden zu entwickeln. Und gerade weil die Menschen der Meditation keinen vorrangigen Platz eingeräumt haben, bleiben sie schwach in ihrem Innenleben, in ihren Zielsetzungen und in ihrer Dynamik.

Manch einer hat mir gesagt: »Seit Jahren versuche ich zu meditieren, aber mein Gehirn sträubt sich dagegen, und ich komme nicht weiter.« Im Bonfin habe ich schon mehrere Vorträge gehalten, in denen ich erklärt habe, dass man sich beizeiten vorbereiten muss, um richtig meditieren zu können; sonst stellen sich der Meditation eine ganze Reihe von Hindernissen in den Weg, die man versäumt hat, vorher auszuräumen. Stellt euch einmal vor, ihr kommt morgens zum Sonnenaufgang auf den Meditationsfelsen. Ihr macht es euch bequem und denkt nun: »So, jetzt werde ich meditieren und die Sonne betrachten, ich werde mich mit den Sonnenkräften verbinden, denn der Meister hat uns erklärt, dass die Sonne ein von Gott geschaffenes Energiezentrum, eine unerschöpfliche Kraftquelle ist usw.« Und auf einmal zeigt es sich, dass es euch trotz der guten Vorsätze nicht gelingt, euch zu konzentrieren. Am folgenden Tag spielt sich wieder genau das Gleiche ab, und nach einiger Zeit gebt ihr natürlich auf.

Und wodurch kam dieser Misserfolg zustande? Dadurch, dass ihr noch nie daran gedacht hattet, dass jeder Augenblick eures Lebens nicht isoliert dasteht, denn er ist ja verbunden mit allen Momenten, die ihm vorausgegangen sind und die man die Vergangenheit nennt. Eben diese Vergangenheit lastet nun auf euch und behindert euch, und da ihr trotzdem meditieren wollt, tut ihr eurem Gehirn Gewalt an, und es stellt sich quer. Da ist nichts zu wollen. Ganz einfach deshalb, weil man nicht auf den Gedanken gekommen ist, sich schon am Abend vorher zu sagen: »Morgen gehe ich zum Sonnenaufgang, also muss ich meinen Kopf und meinen Organismus darauf vorbereiten, ich muss alles bereinigen, Klarheit in alle Dinge bringen, damit ich dann in der Lage bin, eine rechte Arbeit auszuführen.« Nehmen wir einmal an, ihr habt euch am Abend mit jemandem gestritten. Wenn ihr am nächsten Morgen dann zum Meditieren geht, kommt die Vergangenheit auch daher, und die ganze Zeit denkt ihr: »Oh, er hat dies zu mir gesagt, und er hat das zu mir gesagt... Wenn der mir wieder unter die Augen kommt, dann wird's ihm aber schlecht ergehen!« Darin besteht also der Gegenstand eurer Meditation. Radau und Spektakel ist das! Anstatt sich in die göttlichen Regionen aufzuschwingen, rührt man in der Vergangenheit herum, und das hört und hört nicht auf... Ein ganzer Zug von Gesichtern und Ereignissen zieht vorbei, und man findet nicht mehr heraus. Auf diese Art geht es jahrelang weiter, und so kommt man natürlich zu keinen Ergebnissen.

Der Mensch kann alles erreichen, aber nur unter der Bedingung, dass er einige Dinge weiß, und zwar insbesondere, dass jeder Augenblick mit den Momenten verbunden ist, die ihm vorausgehen. Wer vernünftig ist, denkt so: »Zuerst einmal werde ich nicht zu viel essen, damit ich mir den Magen nicht überlade. Auch werde ich nicht zum Diskutieren zu diesem oder jenem gehen, denn ich weiß nicht, wohin das führen mag, und dann wird am Morgen nichts aus der Meditation.« Der Schüler bereitet sich also vor, er läutert sich, isst nicht unmäßig und gönnt sich ausreichend Schlaf. Und vor allem bemüht er sich darum, dass sein größter Wunsch sei, der Vollkommenheit zuzustreben, damit er den anderen als ein Kind Gottes beistehen, ihnen Vorbild und gutes Beispiel sein kann. Er ist von dem erhabenen Wunsch beseelt, den Willen Gottes zu tun, so wie Jesus es in den Evangelien fordert. Um aber die Weisungen Jesu erfüllen zu können, muss man viele Dinge wissen, es genügt nicht, dies nur zu wünschen. Viele haben wohl diesen Wunsch, kommen aber nicht weit damit, da sie nicht wissen, wie sie die Sache anpacken sollen. Einer hat den Wasser- oder den Gashahn nicht zugemacht oder aber das Baby in der Badewanne vergessen, und mitten in der Meditation fällt es ihm plötzlich wieder ein! Wie soll er da meditieren?

Also, ihr müsst euch darauf vorbereiten, und wenn ihr in eurem Körper, in euren Gedanken und euren Gefühlen frei seid, endlich der Gefangenschaft des Alltags entronnen, dann verspürt ihr Reinheit, Klarheit, Frieden, Sonne... Und dann dankt ihr dem Himmel, erhebt euch innerlich und fangt an zu begreifen, dass es ein neues, weites, tiefes Leben gibt; ihr seid dann selbst so weit geworden, so voller Entzücken, dass ihr euch in eine andere Region hinaufschwingt... In eine Region, die in Wirklichkeit in euch selber liegt. Ja, das göttliche Leben strömt in eurem Innern, und ihr spürt, dass es euch endlich gelungen ist, für einen Augenblick das wahre Leben zu kosten.[2] Da seid ihr voll bewundernden Staunens und sagt euch: »Zum ersten Mal fange ich an zu begreifen, dass es eine Welt von erhabener Schönheit gibt. Mein Gott, warum habe ich mich nur mein ganzes Leben lang in Schmutz und Unordnung verrannt?« Auf diese Weise erwacht allmählich die göttliche Welt in euch, und ihr könnt sie nicht mehr vergessen. Ihr habt die Gewissheit, dass die Seele eine Realität ist, dass die göttliche Welt existiert und von unzähligen Geschöpfen bewohnt ist. Warum habt ihr diese Gewissheit? Weil es euch gelungen ist, euch bis dahin noch unbekannte Kräfte auszulösen, mächtige und wohltuende Kräfte, während ihr vorher in einem Räderwerk feindlicher Kräfte gefangen wart, die euch arg zusetzten, ja drohten, euch zu vernichten.

Das ist es, liebe Brüder und Schwestern, was die Eingeweihten schon seit jeher wissen und uns lehren. Die Meditation ist eine psychologische und philosophische Angelegenheit, aber auch ein kosmischer Akt von größter Bedeutung. Und hat der Schüler einmal die Erfahrung dieser höheren Welt gemacht, stärkt ihn dies in seiner Überzeugung, und er spürt, dass er seine geistigen Fähigkeiten so allmählich in den Griff bekommt; wenn er sein Denken in Gang setzen will, funktioniert es auch, will er es anhalten, gelingt ihm auch dies, so als hätten sich alle Zellen des gesamten Organismus entschlossen, sich zu fügen. Solange er diese Selbstbeherrschung nicht erreicht hat, braucht er Stunden und Tage, um innerlich still zu werden, denn seine Zellen rumoren weiter in ihm herum, hören nicht auf ihn, sondern sagen: »Meinst du vielleicht, du kannst uns Angst machen. Wir lachen doch über dich. Vor dir erzittern wir nicht, wir haben keinerlei Respekt vor dir, denn du bist zu dumm und unwissend«, und sie machen, was ihnen passt. Das kennt ihr doch, nicht wahr? Es gibt aber auch Tage, an denen sie euch gehorchen, weil ihr zufällig oder bewusst höher hinaufgestiegen seid, dort höhere Kräfte ausgelöst und somit Autorität erworben habt. Und da die Zellen die Hierarchie anerkennen, gehorchen sie ihrem Herrn und Meister.[3]

Übrigens läuft im Leben alles auf diese Weise ab. In den Büros und in der Verwaltung strebt jeder danach, eine höhere Stufe zu erklimmen, um Direktor, Vorsitzender, Kabinettschef oder General zu werden, weil dann, vor allem, wenn er seine kleinen Abzeichen und Orden hat, alle ihm gehorchen und sich beugen. Selbst wenn er ein Dummkopf oder ein Leuteschinder ist, das macht nichts, man gehorcht ihm. Woher kommt dieses Hierarchiedenken? Nicht die Menschen haben es erfunden, denn sie sind nicht in der Lage, irgendetwas wirklich zu erfinden; sie haben es durch Intuition bekommen, sie haben es erfühlt oder instinktiv erfasst, denn sie können nur entdecken, was in der Natur schon existiert. Überall in der Natur besteht eine hierarchische Ordnung, am Himmel (die Sterne, die Sternbilder), auf der Erde (Flüsse, Berge, Bäume, Tiere) und selbst im Menschen, alles ist hierarchisch aufgebaut.

Und nun, da man ja sehr gut weiß, dass man um einige Stufen aufsteigen muss, wenn man Chef werden und sich bei den anderen durchsetzen will, warum sollte man da nicht verstehen, dass man auch im spirituellen Bereich auf eine höhere Stufe steigen muss, damit unsere inneren Bewohner uns auch gehorchen? Hier gilt das gleiche Prinzip, die gleiche Regel. Und die Eingeweihten streben eben genau danach, dass in ihrem Innern ihnen alles gehorcht. Sie wollen nicht über die Berge, die Sterne, die Tiere oder die Menschen herrschen, sondern über sich selbst, sie wollen Herr über ihren Körper, ihre Gedanken und Gefühle sein, und sie arbeiten dafür, um das zu erreichen.

All diese spirituellen Übungen wie Meditation, Konzentration, Gebet ermöglichen es, sich mehr und mehr der Fesseln, der Gefangenschaft, der Ketten zu entledigen, die uns in völlige Abhängigkeit der unterirdischen Welt gebracht haben. Wie viele Menschen wurden doch schon so gebunden, und wie fest! Ihnen war nicht klar, wohin der Weg führte, und so ließen sie sich gleichsam hinunterpurzeln bis in diese schreckliche Welt, in der sie nun leiden, ohne ihr entrinnen zu können. Man nennt diesen Ort die Hölle, den Teufel. Nennt ihn, wie ihr wollt, aber wisst, dass es eine reale Welt ist, und viele rennen dorthin in ihr Verderben, nur weil sie sich der Hilfsmittel, die ihnen die Einweihungswissenschaft aufzeigt, nicht bedienen wollen. Sie halten sich für sehr intelligent, in Wirklichkeit aber sind sie hochmütig und starrköpfig, und nun seht nur, wie tief sie gefallen sind!

Schaut, liebe Brüder und Schwestern, das einzige Mittel, um den inneren Qualen und Ängsten zu entkommen, ist die Meditation. Nur, wie ich euch schon gesagt habe, um meditieren zu können, muss man zuerst eine ganze Reihe von Dingen regeln. Wenn eine Mutter zum Beispiel einen Kuchen backen will, und ihre Kinder dabei ständig nach ihr rufen und an ihrem Rockzipfel hängen, kommt sie natürlich zu nichts. Um in Ruhe arbeiten zu können, muss sie diese zum Schlafen ins Bett stecken. Das Gleiche gilt für uns. In unserem Innern haben wir eine Kinderschar, aber was für eine Rackerbande, das ist einfach toll! Also müssen wir diese übermütige Kinderschar schlafen legen, damit wir unsere Arbeit erledigen können. Und nach getaner Arbeit können wir dann hergehen und ihnen den Kuchen austeilen.

Wenn ihr erfassen könnt, dass ihr in der Meditation euer Heil findet, dass dies das beste Hilfsmittel für eine große innere Umwandlungsarbeit ist, dann werdet ihr auch Ergebnisse erzielen. Nur verliert darüber nicht alles andere um euch herum aus den Augen, sonst wird es immer irgendwo hapern, irgendwas wird nicht geregelt sein und gerade während der Meditation auftauchen und euch stören. Das wollte Jesus sagen, als er dazu riet, man solle sich nicht um morgen sorgen. Ja, denn wenn ihr heute euer Leben in Ordnung bringt, wird der folgende Tag euch frei vorfinden, und ihr könnt dann über euch nach Belieben verfügen und euer Denken auf das gewählte Thema konzentrieren, weil ihr alles andere vorher geregelt habt. Habt ihr hingegen nichts geregelt, behindert euch das, ihr müsst hierhin und dorthin laufen, um alle Dummheiten der Vergangenheit wieder auszubügeln, und ihr seid weder frei für die Gegenwart zu arbeiten noch für die Zukunft schöpferisch zu wirken.

Manch einer mag nun sagen: »Aber ich weiß gar nicht, was Meditation ist und will es auch gar nicht wissen. Ich werde Opfer bringen, barmherzig sein, den anderen Gutes tun, und das genügt...« Nein, das genügt nicht, denn bei seinen Handlungen kann man Gesetze übertreten, alles durcheinanderbringen und kaputt machen, wenn man nicht mit der Meditation beginnt. Und warum? Weil ihr nur durch die Meditation eine klare Vorstellung der Dinge erlangt.

Man kann über die verschiedensten Dinge meditieren, über Gesundheit, Schönheit, Reichtum, Intelligenz, über die Kraft und die Herrlichkeit... über die Engel, die Erzengel und die ganze himmlische Hierarchie. Alle Meditationsgegenstände sind gut, aber am besten ist es, über Gott selbst zu meditieren, um sich mit Seiner Liebe, Seinem Licht, Seiner Kraft zu durchdringen, um einen Moment Seiner Ewigkeit zu erleben...[4] und mit dem Ziel zu meditieren, Ihm zu dienen, sich Ihm unterzuordnen, mit Ihm eins zu werden. Es gibt keine wirkungsvollere und keine segensreichere Meditation. Alle anderen haben als Beweggrund den Eigennutz, das Profitdenken und den Willen, sich okkulter Kräfte zu bedienen, um sich zu bereichern oder um sich andere untertan zu machen. Die Eingeweihten haben begriffen, dass es gerade am vorteilhaftesten ist, nicht danach zu streben, was für einen selbst vorteilhaft ist, sondern nur danach, ein Diener Gottes zu werden. Alles andere ist mehr oder weniger schwarze Magie oder Hexerei. Ja, ohne sich darüber im Klaren zu sein, tappen die meisten Okkultisten im Bereich der Hexerei herum. Denn sie benutzen die unsichtbaren Kräfte, um ihre Habe zu vermehren, um zu herrschen, um sich die Frauen gefügig zu machen, aber nicht, um Gott zu dienen. Ihr seht, auch die Meditation ist eine Leiter mit vielen Stufen.

Selbstverständlich muss man trotzdem damit beginnen, über Dinge zu meditieren, die einem zugänglich sind. Der Mensch ist so beschaffen, dass er nicht ohne Weiteres in einer abstrakten Welt leben kann. Daher muss er sich zuerst einmal an das halten, was sichtbar, greifbar, ihm nahe ist, und was er gern hat. Ihr wisst ja, es ist sehr einfach, sich auf etwas Essbares zu konzentrieren, wenn man lange nichts gegessen hat. Ohne es zu wollen, gleicht man schon der Katze, die sich auf die Maus konzentriert; da braucht man sich gar nicht anzustrengen, das geht von allein. Und schaut nur, wie der junge Bursche sich auf das Mädchen konzentriert, das er gern hat. Ja, stunden- und tagelang. Denn er hat sie ja gern, und auch da bedarf es keiner Anstrengung. Welch tiefe Meditation, er kann sich gar nicht mehr davon losreißen!

Beginnt also damit, über das zu meditieren, was ihr gern habt; später wird dies für euch zweitrangig sein, zuerst einmal fangt aber mit dem an, was euch gefällt, was euch anzieht – natürlich innerhalb der spirituellen Themen. Wenn ihr mit Meditationsgegenständen beginnt, die euch ansprechen, entwickelt ihr schon in euch selbst die für diese Arbeit nötigen Mittel und Methoden; später könnt ihr dann diese Themen aufgeben und euch abstraktere Bereiche vornehmen, die für euch weiter weg sind. Wenn ihr euch natürlich gleich zu Anfang auf Raum, Zeit und Ewigkeit konzentriert... werdet ihr nicht unbedingt weit kommen. Später könnt ihr euch auf die Leere, das Unergründliche, das Nichts konzentrieren, beginnt aber mit Dingen, die euch zugänglicher sind, und wendet euch dann schrittweise abstrakteren Themen zu.

Ich weise allerdings nochmals darauf hin, dass die höchste Meditation darin besteht, das Einssein mit dem Herrn zu erreichen, sich Ihm unterzuordnen, Ihm dienen zu wollen, um schließlich nichts anderes zu sein, als ein Instrument in seinen Händen. In dieser Verschmelzung mit dem Herrn strömen alle seine Eigenschaften, seine Kraft, Liebe, Weisheit und Unermesslichkeit in euch ein, und eines Tages werdet ihr selbst göttlich. Manch cincr wird nun sagen: »Was für eine Anmaßung, göttlich werden zu wollen!« Dann soll er nur in den Evangelien nachlesen! Hat Jesus nicht gesagt: »Seid vollkommen, wie euer Vater im Himmel vollkommen ist« (Mt 5, 48). Ein höheres Ideal gibt es nicht; und Jesus hat es uns gegeben, nur haben die Christen es vergessen. Viele meinen, es genüge, ab und zu in die Kirche zu gehen und eine Kerze anzuzünden, um dann wieder heimzugehen und sich dort um seinen kleinen Hühnerhof zu kümmern, damit sei's getan und man wäre ein guter Christ! Was für ein großartiges Ideal! So kommt das Reich Gottes gewiss schon bald!

Oh, arme Christenheit! Da wird pflichteifrig die sehr vernünftige Regel befolgt, nur ja nicht zu viel von den Menschen zu verlangen, denn sonst könnte das zur Anmaßung führen, versteht ihr? Nun gut, aber ich sage das Gegenteil, man muss das höchste Ideal im Herzen, in der Seele und im Geist haben und die Unwissenden reden lassen, was sie wollen.

Man muss die Menschen unterrichten, ihnen die wahren Methoden geben, und eine dieser Methoden ist eben die Meditation. Was kann man nun mit der Meditation machen? Alles. Ist euer Denken erst einmal frei geworden, könnt ihr alle Regionen erforschen und der ganzen Schöpfung begegnen. Ihr denkt zum Beispiel ans Licht, und schon taucht ihr hinein, schwimmt in den Farben und verschmelzt mit ihnen... Ihr wollt euch mit den Düften oder mit der Musik verbinden, und sogleich atmet ihr Düfte ein oder hört Symphonien... Ihr wollt wissen, wie das Leben oben im Himmel ist? Also konzentriert ihr euch darauf, ihr bittet darum, verbindet euch mit den Geschöpfen des Himmels, und sie zeigen es euch.

Durch die Meditation betritt man eine Welt, die realer ist als die Realität. Wenn man allerdings völlig von seinen Sorgen und Geschäften in Anspruch genommen ist, bleibt einem natürlich nicht viel Zeit, um diese Welt zu erforschen. Und darum schenken die Menschen im Westen der Meditation wenig Beachtung. Sie sagen: »Das ist Zeitverschwendung.« Ja, selbstverständlich, wenn man die Vorbedingungen nicht einhält, wenn man sich nicht schon beizeiten darauf vorbereitet, sodass die Meditation auch Ergebnisse bringt, dann ist es gewiss richtig, wenn man sagt, dass einem das Meditieren absolut nichts bringt, daran besteht kein Zweifel. Nur liegt das eben daran, dass sie nicht unter den geeigneten Voraussetzungen ausgeführt wurde; und so zieht man dann falsche Schlüsse. Aber alle Eingeweihten und Mystiker, die die nötigen Bedingungen erfüllten, hatten solche Offenbarungen und erlebten derart erhebende Momente, dass für sie vor diesen Momenten der Ekstase, vor diesen Erfahrungen der Fülle und Unermesslichkeit aller Reichtum und Glanz der Erde verblasst, und so verlangen sie nur nach diesem Licht. Ja, meine lieben Brüder und Schwestern, das ist so schön, so wunderbar, wenn man diese Bewusstseinszustände einmal kennengelernt hat, lässt man allmählich die irdischen Dinge mehr und mehr beiseite. Selbstverständlich braucht es auch dabei Maß und Ziel. Ich will nicht sagen, man sollte alles aufgeben, um zu meditieren. Das wäre übertrieben, und dafür bin ich nicht. Ich sage nur, man sollte dem spirituellen Leben den Vorrang geben, dort den Schwerpunkt setzen. Ist das klar so weit?

Jetzt möchte ich noch einmal über die beiden besten Meditationsgegenstände sprechen. Der erste, darüber habe ich schon einige Worte gesagt, besteht darin, völlig ein Instrument in den Händen Gottes zu werden, damit Er durch uns denkt, fühlt und handelt. Ihr gebt euch dem Willen der Weisheit und des Lichtes hin, ihr steht im Dienst des Lichtes, und das Licht, das alles weiß, wird euch führen.

Aber der Mensch lebt auch auf der Erde, und was soll er nun auf dieser Erde tun? Im »Vaterunser« sagte Jesus... Ihr seht, ich beziehe mich immer auf die Worte Jesu. Er hat alles Nötige gesagt, warum sollte ich nun nach ihm etwas Neues aufbringen? Also, er hat gesagt: »Dein Wille geschehe, wie im Himmel, so auf Erden.« »Auf der Erde so wie im Himmel« bedeutet, dass die Erde den Himmel widerspiegeln soll. Und was ist nun diese Erde? Das ist unsere eigene Erde, unser physischer Körper. Nachdem also die Arbeit getan ist, den Zenit, den Geist zu erreichen, muss man wieder hinabsteigen und im physischen Körper alles ordnen. Die Unsterblichkeit, das Licht, die Harmonie, der Frieden, die Schönheit, alles, was feinstofflich ist, befindet sich oben; und alles, was sich dort oben befindet, soll sich hier unten in der physischen Ebene manifestieren.

Bittet darum, Diener Gottes zu werden, und arbeitet gleichzeitig daran, in euch diesen zweiten Körper aufzubauen, den man Lichtkörper, Strahlenkörper, Körper der Unsterblichkeit oder auch Christuskörper nennt. Auch in den Evangelien wird er erwähnt, nur

haben die Christen sich nicht weiter damit befasst, da sie sich nicht
um ein tiefes Verständnis der Evangelien bemühen; das interessiert
sie nicht, und so sind sie eigentlich alles andere, nur keine Christen.
Nun mögt ihr sagen, dass es kein so besonderes Ideal darstellt, sich
mit der Erde zu beschäftigen; die Hindus hingegen... ja, die Hindus,
die Buddhisten wollen nichts lieber als diese Erde verlassen, wo
Leid, Krieg und Elend vorherrschen, um ins Nirwana einzugehen.
Ich weiß, das ist ihre Philosophie, aber es ist nicht die Philosophie
Christi. Seine Lehre besteht darin, den Himmel auf die Erde her-
abzubringen, das heißt, hier das Reich Gottes und Seine Gerechtigkeit zu errichten. Jesus hat für dieses Reich gearbeitet und von
seinen Jüngern verlangt, auch dafür zu arbeiten. Genau hier sollen
wir arbeiten und dabei mit unserem physischen Körper beginnen.
Das ist die wahre Lehre. Wie die anderen das verstanden haben,
interessiert mich nicht. Jahre habe ich darauf verwandt, das Denken
Christi kennenzulernen und jetzt kenne ich es.

»Dein Wille geschehe, wie im Himmel so auf Erden...«[5] Aber
wo sind die Arbeiter? Die Menschen haben eine andere Lebens-
auffassung in ihrem Kopf. Darum werden sie immer wieder auf
diese Erde zurückkehren, bis es ihnen gelingt, einen paradiesischen
Garten daraus zu machen. Dann erst werden sie sie verlassen, um
auf andere Planeten zu gehen, und die Erde werden sie den Tieren
überlassen, die ja auch auf dem Weg der Evolution sind. Ihr seid
erstaunt, nicht wahr? Das ist wohl nicht das, was die Pfarrer euch
gepredigt haben? Ja, die Menschen sind auf die Erde geschickt worden wie Arbeiter auf eine Baustelle, aber das kümmert sie nicht
weiter, und anstatt zu arbeiten, amüsieren sie sich. So pflichtverges-
sen sollte man aber nicht sein; jeden Tag muss man daran denken,
die Erde in ein Paradies zu verwandeln. Danach wird sich dann der
Herr dazu äußern. Und Er wird sagen: »Ihr wart gute Arbeiter in
meinen Feldern. Also kommt, tretet ein in das Reich meiner Freude
und Herrlichkeit.« In den Evangelien spricht Jesus von Arbeitern,
die man auf ein Feld geschickt hatte.[6] Nun ja, wir sind eben diese
Arbeiter. Und was haben wir gepflanzt? Wo haben wir gearbeitet?

Ihr kennt auch das Gleichnis von den Dienern und den Talenten. Darin geht es um dasselbe Thema. Ein Diener wurde bestraft, weil er seine Talente vergraben hatte. Dieser schlechte Diener steht für jene, die nie die geforderte Arbeit gemacht haben, die sich amüsieren, die nur daran denken, sich zu bereichern, um sich ein feines Leben auf der Erde zu machen. Das hat nichts zu tun mit der Lehre Christi. Wir wurden zum Arbeiten auf die Erde geschickt, und danach wird der Herr uns alles geben, das ganze Universum wird uns gehören. Und darum werde ich traurig, wenn ich sehe, welche Auffassung viele Leute, die sich Spiritualisten, Okkultisten und Mystiker nennen, von ihrem Leben auf der Erde haben. Sie heiraten, haben Kinder, geben Empfänge, essen und trinken ganz genauso wie die allergewöhnlichsten Menschen. Und was machen sie mit der Arbeit, für die sie auf die Erde geschickt worden sind? Nichts. Und auch ihr, geht einmal in euch und ihr werdet sehen, dass das, was ihr tut, in keinem Bezug zur Lehre Christi steht.

Also, heute habe ich euch die zwei besten Meditationsthemen gegeben: Was muss ich tun, um mich völlig in den Dienst Gottes zu stellen, und was ist zu tun, damit der ganze Himmel aus der Höhe herabkommt auf die Erde, um hier Wirklichkeit zu werden und konkrete Form anzunehmen? In diesen beiden Aufgaben ist der Sinn des Lebens enthalten. Und alles, was nicht im Rahmen dieser beiden Aufgaben getan wird, hat wohl eine Bedeutung, aber keine göttliche. Gott hat den Menschen nach seinem Ebenbild geschaffen und Er hat ihn dazu geschaffen, dass dieser werde wie Er selbst. Falls ihr mir nicht glaubt, fragt Ihn doch selbst!

Mein ganzes Leben lang habe ich danach gesucht, was wohl das Beste sei, was es gibt; und ich habe es gefunden. Aber gefunden haben bedeutet nicht, dass man nachher untätig dasitzen darf. Ganz im Gegenteil, gerade dann muss man sich an die Arbeit machen, denn das, was man gefunden hat, soll man nun hier auf der Erde verwirklichen, so wie es in der Höhe schon Wirklichkeit ist. Dass viele Dinge schon gedanklich verwirklicht sind, das genügt nicht. Man muss sie auch auf der physischen Ebene wahr werden lassen, und das ist eine langwierige und schwierige Angelegenheit.

Gewiss gäbe es dazu noch vieles hinzuzufügen, aber für heute soll es genug sein. Man muss begreifen, wie wichtig die Meditation ist und vor allem, dass wir, um konkrete Ergebnisse zu erzielen, auf unsere Gedanken, Gefühle und Handlungen Acht geben müssen, das heißt auf unsere ganze Lebensführung.[7] Beginnt also damit, über einfache, euch zugängliche Themen zu meditieren, um nach und nach bis zu den höchsten Dingen zu kommen, und eines Tages werdet ihr nur noch dafür arbeiten, ein Werkzeug in den Händen Gottes zu sein und den Himmel auf die Erde zu bringen. Es gibt nichts, was größer und göttlicher wäre. Darin liegt die Erfüllung aller göttlichen Gesetze und der ganzen Weisheit.

Lausanne, den 23. Mai 1963

Anmerkungen
1. Siehe Band 229 der Reihe Izvor »Der Weg der Stille«, Kapitel 1: »Lärm und Stille«, Kapitel 2: »Die Verwirklichung der inneren Stille« und Kapitel 3: »Lasst eure Sorgen vor der Tür«.
2. Siehe Band 240 der Reihe Izvor »Söhne und Töchter Gottes«, Kapitel 1: »Ich bin gekommen, damit sie das Leben haben«.
3. Siehe Band 211 der Reihe Izvor »Die Freiheit, Sieg des Geistes«, Kapitel 9: »Über den Begriff der Hierarchie«.
4. Siehe Band 236 der Reihe Izvor »Weisheit aus der Kabbala«, Kapitel 2: »Darstellung des Lebensbaumes« und Kapitel 4: »Die Namen Gottes«.
5. Siehe Band 215 der Reihe Izvor »Weisheit aus der Kabbala«, Kapitel 5: »Wie im Himmel, so auf Erden«.
6. Siehe Band 9 der Reihe Gesamtwerke »Im Anfang war das Wort – Kommentare zu den Evangelien«, Kapitel 5: »Die Ersten werden die Letzten sein«.
7. Siehe Band 18 der Reihe Gesamtwerke »Erkenne Dich selbst – Jnani-Yoga«, Kapitel 6: »Konzentration – Meditation – Kontemplation – Identifikation«.

VIII

MENSCHLICHER INTELLEKT UND KOSMISCHE INTELLIGENZ

Freier Vortrag

Lesung des Tagesgedankens:

»Es ist nicht nötig, die Stille zu verstehen, man muss sie spüren; denn über das Gespür kommt man zum wahren Verständnis. Eine Zeit wird kommen, in der wir nur noch in der Stille miteinander sprechen und uns verstehen werden.«

Dieser Gedanke, meine lieben Brüder und Schwestern, ist sehr sinnreich und tiefgründig. Schon mehrfach habe ich zu euch über das Herz und den Intellekt gesprochen und euch erklärt, dass das Herz, das heißt die Fähigkeit des Gefühls, sehr viel älter ist als der Intellekt, da es sich sehr viel früher entwickelt hat als die intellektuellen Fähigkeiten. Daher sprechen die Eingeweihten auch oft von der Intelligenz des Herzens. Mit dem Herzen verstehen, das ist fühlen, das ist erleben. Die Menschen haben allerdings diese Form des Verstehens mehr und mehr vernachlässigt und sich dem intellektuellen Verständnis zugewandt, und so lesen sie und studieren. Gewiss stehen einem mit dem Intellekt viele Möglichkeiten offen, zu forschen und zu verstehen, aber das beschränkt sich auf die objektive, materielle Seite der Dinge, und daher kann man sagen, dass das wahre Verständnis nicht Sache des Intellekts ist.

Schon mehrfach habe ich die Frage der zwei Welten, der objektiven und der subjektiven Welt, behandelt und euch anhand vieler Argumente und Beispiele gezeigt, dass aus dem Intellekt die Wissenschaft und die Philosophie hervorgehen, während Religion und Moral ihren Ursprung im Herzen haben. Um euch eine klare Vorstellung dieser zwei Bereiche zu vermitteln, nehme ich ein sehr einfaches Bild, nämlich das einer Kugel mit zwei Männchen. Das eine befindet sich außerhalb, das andere innerhalb der Kugel, und beide geben ihr Urteil darüber ab. Natürlich behauptet nun derjenige, der von draußen schaut, die Kugel sei konvex, und der im Innern sagt, sie sei konkav. Und da jeder auf seiner Meinung beharrt, nimmt die Auseinandersetzung darüber kein Ende. Folglich hat sich auch die Wissenschaft, die ständig die äußere, objektive Welt erforscht, eine bestimmte Ansicht über das Universum gebildet (die Kugel stellt das Universum dar!). Und nun schreiben die Wissenschaftler darüber, erklären alles und geben uns Auskünfte. Und was sie sagen stimmt, aber nur für die eine, die äußere, objektive Seite. Diejenigen hingegen, die sich im Innern befinden, wo Herz, Seele und Geist sind, haben andere Begriffe und andere Vorstellungen von der Welt, vom Leben und von allen Dingen... Wer hat nun recht? Beide, jeder zur Hälfte; daher braucht es einen Dritten, der die beiden Seiten verbindet und die Synthese herstellt. Dieser wird nun zu dem einen sagen: »Du siehst die Sache von außen und hast zu fünfzig Prozent recht«, und zum anderen: »Du schaust von innen und hast auch zu fünfzig Prozent recht, die Wahrheit aber besteht aus hundert Prozent, und die habe ich, denn ich habe die Möglichkeit, von innen wie von außen zu schauen. Mit Seele und Herz bin ich im Innern und mit dem Intellekt schaue ich von außen. Und so kenne ich die Wirklichkeit, die zwei Seiten hat, zwei entgegengesetzte, aber sich ergänzende Erscheinungsformen.«

Die Religion ist Sache des Inneren, gehört also dem Bereich des Herzens, der Seele und des mystischen Empfindens an. Man spürt und erlebt etwas, obwohl nichts Sichtbares, Greifbares da ist so wie im objektiven Bereich, den die Wissenschaft erforscht, wo man wiegen, messen und konkrete Ergebnisse vorweisen kann. Und doch ist die subjektive Welt von größerer Bedeutung, denn das, was letztendlich zählt, ist das, was ihr lebt und erlebt, und nicht das, was außerhalb von euch ist. Realität ist, was ihr spürt. Wenn ihr euch verfolgt fühlt, von Übeltätern oder Monstern bedrängt, und selbst wenn diese objektiv von außen betrachtet gar nicht existieren, so seid ihr doch verwirrt und verängstigt, da es für euch eine Realität ist. Oder nehmen wir an, ihr besäßt irgendwelche Schätze. Wenn ihr im Innern nichts davon spürt, euch nicht darüber freut, sie nicht zu eurem Nutzen verwendet, so ist es, als hättet ihr sie gar nicht. Also muss man letzten Endes doch zugeben, dass die innere, subjektive Welt an erster Stelle steht, ja, nämlich das, was ihr erlebt und spürt... Und erst danach kommt das, was man die objektive Realität nennt. Aber tatsächlich ist die objektive Welt noch nicht die wahre Realität, diese besteht in dem, was ihr spürt. Wenn ihr den Himmel in euch spürt und Freude, strahlendes Licht, Frieden, Fülle, Freiheit, Kraft, Intelligenz, ist es dann so wichtig, dass dies auch außerhalb von euch existiert? Ihr fühlt euch freudig und erfüllt, und wenn im Äußeren auch Not und Armut herrschen, was kann euch das ausmachen, da ihr ja nicht das Äußere erlebt, sondern eure eigenen Empfindungen?!

An erster Stelle steht also das Innere. Das ist einfach und klar, nur haben viele das noch nicht erkannt und wollen ständig für das Äußere leben. Das rein Äußere darf man aber nicht mit dem wirklichen Leben verwechseln! Man kann es sehen, beobachten, messen, zeichnen usw. Um es zu erleben, muss schon im Innern etwas da sein. Wenn ihr kein Gefühl für Schönheit habt, bleibt ihr selbst gegenüber den herrlichsten Dingen in der Natur gleichgültig und kalt, kein Gefühl regt sich, da euer Sinn für Ästhetik nicht entwickelt ist. Ihr seht also, selbst die äußere Welt kann noch nicht auf uns wirken, solange wir in unserem Innern dafür noch nicht wach geworden sind.[1] Es gibt Leute, die vor einem Sonnenaufgang, vor Seen und Bergen völlig unberührt bleiben; sie schauen sich das an, ohne etwas zu fühlen, denn ihre Empfindsamkeit dafür ist noch gänzlich unentwickelt. Hingegen brauchen beispielsweise die Künstler nur etwas zu sehen, und schon gerät etwas in ihnen in Schwingung, sie fangen an zu zeichnen, zu schreiben, zu komponieren, da eine ganze Welt der Fülle und Poesie schon in ihnen lebendig ist.

Und jetzt muss man hergehen und die Menschen von derart simplen und klaren Dingen überzeugen! Aber für viele von ihnen existiert das innere Leben nicht. Man will sich bereichern, Besitz anhäufen, seine Geschäfte ausdehnen, ja, die ganze Welt vereinnahmen, und darüber lässt man im Innern alle Fähigkeiten abstumpfen, die einem die Freude zu kosten gäben! Aber man hat dies, man besitzt das, nur freuen kann man sich nicht mehr. Wie ein Mann, der mit allen Frauen schläft und ständig auf der Suche nach einer neuen ist, da er sich immer noch unbefriedigt fühlt. Innerlich hat er keinerlei Sensibilität entwickelt, denkt aber, wenn er nur lange genug sucht, dass er vielleicht im Äußeren die Liebe findet. Aber da findet er sie nicht. Wie viele Männer und Frauen habe ich getroffen, die verbissen der Liebe im Äußeren nachrannten, weil sie innerlich unfähig waren, was auch immer zu fühlen! Ja, sie waren regelrecht gefühlsgelähmt!

Von nun an heißt es aber, sich nicht mehr so sehr auf das Äußere zu verlassen, sondern die geringsten Dinge zu schätzen, um darin den ganzen Himmel zu kosten. Sucht man nur im Äußeren, stumpft innerlich so manches ab, das ist unvermeidlich. Wenn ihr jeden Tag und mehrmals täglich üppige Mahlzeiten einnehmt, geht euer Geschmacksempfinden zurück. Und eben das haben die meisten Leute noch nicht begriffen. Gönnt man sich zum Beispiel die Liebe in homöopathischer Dosierung, das ist fantastisch! Werden die Dosierungen allerdings allopathisch, ist das Empfinden weniger intensiv. Zum Beweis Folgendes: Ein junger Bursche und ein Mädchen fangen an, sich zu lieben, ihre Liebe ist noch so voller Romantik, dass für den jungen Mann das Blütenblatt einer Rose, das ihm das Mädchen geschenkt hat, ein wahrer Talisman wird; stundenlang kann er es bewundern. Aber was hat dieses Blütenblatt denn Besonderes an sich? Nichts vielleicht. Er aber spürt darin das Fluidum des Mädchens, er fühlt ihre Seele, ihre Gedanken, und schon sieht er sich für sie zum Dichter, Ritter und Eroberer werden. Sie umarmen und küssen sich nicht einmal, aber schon eine Kleinigkeit genügt, nur ein Blick, ein Händedruck, um sie tagelang in der Erinnerung dieses Augenblicks leben zu lassen, so als besäßen sie in ihrer Seele das gesamte Universum. Wenn sie aber dann zu höheren Dosierungen übergehen, erleben sie nicht mehr so sehr diese feinen Empfindungen, denn damit stumpft im Innern etwas ab oder wird schwächer. Um dann noch einige Empfindungen zu haben, müssen sie die Dosis weiter erhöhen. Das ist genau wie bei denen, die Drogen nehmen; eine winzige Dosis hat anfangs eine Riesenwirkung, aber nachher reicht das nicht mehr, jedes Mal muss man mehr nehmen und am Schluss macht man sich damit kaputt.

Das sind Gesetze, die die Menschen nicht kennen, und so tun sie sich viel Leid an. In ihrer Liebe sollten sie zu homöopathischen Dosierungen zurückkommen; damit erreichen sie die größte Wirkung, da diese von den feinstofflichen Körpern wahrgenommen werden. Dort ist der Zwischenraum der Partikel größer, die dadurch besser in Schwingung geraten, sich ausdehnen und sich freuen können; und ihre Freude überträgt sich auf den ganzen Menschen. Die hohen Dosierungen der Schulmedizin aber, die wirken auf den physischen Körper, denn damit dieser etwas verspürt und reagiert, braucht es schon stärkere Dosen; damit nimmt die Schwingungsintensität des Geistes allerdings ab.

Es gibt also Gesetze. Die homöopathischen Dosierungen wirken nicht so sehr auf den physischen Körper, da dessen Partikelstruktur kompakter ist. Um die dicht aneinandergedrängten Partikel aufzurütteln, muss man zu hohen Dosierungen greifen. Die Äther-, Astral- und Mentalkörper hingegen sind so fein und subtil, dass eine homöopathische Dosis genügt, um sie zu erreichen. Ihr werdet euch fragen: »Ja, aber können sie denn nachher den physischen Körper erreichen?« Gewiss, und zwar vermittels der feinstofflichen Körper. Eine homöopathische Dosis zum Beispiel, das heißt, ein Blick, ein Wort oder nur ein Gedanke können den Astral- und den Mentalkörper erreichen, und die Reaktionen, die sie dadurch auslösen, berühren wiederum den physischen Körper und rufen dort wohltuende oder schädliche Wirkungen hervor. Ihr habt zum Beispiel jemandem einen hasserfüllten Blick zugeworfen oder ihm böse Worte gesagt, und nun muss er das Bett hüten. Ihr habt ihn weder geschlagen noch verwundet. Wie kann es angehen, dass der physische Körper krank geworden und fast am Boden zerstört ist? Das ging über den Astral- und den Mentalkörper. Durch euren Blick oder eure Worte habt ihr ein so starkes Gefühl der Betrübnis oder des Schreckens hervorgerufen, dass dies sich auf den physischen Körper niedergeschlagen hat. Oder im Gegenteil, jemand ist krank, und ihr sagt ihm nur ein paar aufmunternde Worte, legt ihm die Hand auf, und schon bald steht er wieder auf. Wie ist das möglich? Ihr habt ihm eine homöopathische Dosis gegeben. Und wer hat die letztendlich bekommen? Seine höheren Körper, und über diese hat sich das, was er verspürt hat, auf den physischen Körper ausgewirkt. In diesem Moment werden in ihm Energieströme und Verbindungen wiederhergestellt, und hopp, schon ist er auf den Beinen.

Eines Tages wird die Schulmedizin vielleicht all diese Dinge entdecken. Und weshalb hat sie all dies noch nicht erkannt? Weil es zu offensichtlich ist, und was offensichtlich ist, übersieht man meist. Immer sucht man das, was weiter weg ist, was aber ganz naheliegt, das sieht man nie. Zum Beweis: Seit dreißig Jahren spreche ich fortwährend über Dinge zu euch, die vor euch sind, die einem direkt ins Auge springen, die euch aber nicht aufgefallen sind. Nun ja, das ist eben meine Kunst, euch ständig Dinge zu zeigen, die ihr doch Tag und Nacht vor Augen habt.

Der Intellekt, der ständig nach außen gerichtet ist, der studiert, beobachtet, forscht und kombiniert, erkennt damit fünfzig Prozent der Wahrheit. Wenn ich allerdings die Bedeutung des Herzens im Vergleich zum Intellekt genauer betrachte, dann möchte ich dem

Herzen, das heißt dem Gefühlsbereich, dem was man erlebt, mehr als fünfzig Prozent zusprechen, denn leben und erleben ist weitaus wichtiger, als sich Kenntnisse anzueignen, auswendig zu lernen oder zu lesen... Bei einem solchen Lernen und Lesen sammelt ihr wohl viel Wissen an, aber dies bleibt oberflächliche Theorie, es berührt euch nicht in der Tiefe eures Wesens. Was ihr lest, wird zwar irgendwo gespeichert, prägt sich in bestimmten Schichten eures Bewusstseins ein, aber diese Schichten befinden sich an der Oberfläche, sehr bald verblasst eure Erinnerung daran, und ihr vergesst es. Schaut doch nur, was ihr alles vergessen habt von den Büchern, die ihr gelesen habt! Und doch hattet ihr alles registriert... Ja, aber an der Oberfläche, und was sich dort befindet, wird leicht wieder gelöscht. Nehmt aber nun etwas Erlebtes, was ihr gespürt, mit euren Empfindungen wahrgenommen habt; was auch kommen mag, euer Leben lang werdet ihr es nicht mehr vergessen, das wäre unmöglich. Und warum? Weil sich dies in den tiefsten Schichten, im Herzen eures Seins eingeprägt hat. Auch das sind subtile Dinge, die man wissen muss, sonst treibt man sein ganzes Leben lang an der Oberfläche dahin und vergeudet nur seine Zeit.

Neun Zehntel der Menschheit treiben so an der Oberfläche des Daseins dahin, da sie dieses nicht mit ihrem Gefühl erleben. Wenn ich sage, dass sie nichts wirklich leben noch erleben, müsst ihr mich recht verstehen; ich meine damit, dass sie nicht das leben, was wesentlich, erhebend, ja göttlich ist. Man muss die Dinge leben. Dann erst bleiben sie euch für die Ewigkeit. Ja, das Einzige, was nicht gelöscht wird, und was ihr sogar mit hinübernehmen könnt, ist das, was ihr selbst gelebt, durch euer eigenes Erleben und mit Herz und Seele geprüft habt. Alles andere, was ihr in den Universitäten und aus Büchern gelernt habt, das lasst ihr zurück, wenn ihr hinübergeht. Dieses Wissen könnt ihr nicht mitnehmen, denn es ist nicht euer Eigentum, da es euch nicht in Fleisch und Blut übergegangen ist. Es ist das Wissen anderer, ihr habt es euch genommen, ausgeliehen, und so bleibt es euch nicht, ihr könnt es nicht mitnehmen.

Auch wenn ihr dann wieder auf die Erde zurückkehrt, könnt ihr es nicht einfach so wieder an euch nehmen; ihr müsst wieder von vorn beginnen, Schulen besuchen, Bücher lesen, lernen... was für ein Zeit- und Energieverlust!

So sind die Menschen ständig gezwungen, immer wieder dieselben Dinge zu studieren. Sie erinnern sich nicht mehr an das, was sie in früheren Inkarnationen schon gelernt hatten, da sie es nur intellektuell, oberflächlich, rein äußerlich und objektiv gemacht hatten. Die Eingeweihten hingegen bemühen sich darum, das Wesentliche auszuwählen und es auch zu leben. Alles andere lehnen sie ab, da sie wissen, selbst wenn sie jetzt nicht bewusst und freiwillig darauf verzichten, müssen sie es doch eines Tages beim Verlassen der Erde zurücklassen. Also auch ihr müsst begreifen, wenn ihr euer Wissen lebt, wenn ihr es ausprobiert, in der Praxis überprüft, bis ihr spürt, dass es in euren Adern fließt und Bestandteil eures Wesens geworden ist, dann ist dieses Wissen wirklich euer Eigentum, nichts und niemand kann es euch dann mehr nehmen. Und selbst bei einer erneuten Rückkehr auf die Erde bringt ihr es wieder mit; ihr fangt nicht wieder ganz von vorne an, sondern fügt diesem weiteres wahres Wissen hinzu. So und nicht anders verhält es sich mit diesen Dingen, liebe Brüder und Schwestern.

Schaut doch nur, in welch tiefer Unwissenheit die ganze Welt steckt! Sogar die Gelehrten, die Philosophen und die Kirchenleute sind weit davon entfernt zu wissen, wie die Wirklichkeit aussieht; alle sind unheimlich stolz darauf, sich Wissen anzueignen und es anzuhäufen. Aber nach einigen Jahren müssen auch sie erkennen, dass ihnen nicht viel davon geblieben ist und dass sie nur das haben behalten können, was sie selbst überprüft, ausprobiert, erfahren, gefühlt, erlebt haben. Das ist die reine Wahrheit.

Nun will ich damit nicht sagen, dass man weder lesen noch studieren soll. Nein, das ist sogar notwendig. Denn schaut doch nur, was geschieht, wenn ihr zu unserer Lehre stoßt. Zuerst einmal lernt ihr die Theorie; da ihr die Wahrheiten, die ich euch zeige, noch nicht spüren, ausprobieren und leben könnt, müsst ihr zu Beginn die Theorie erlernen. Der Unterschied besteht allerdings darin, dass ihr hier dazu angehalten werdet, das Schwergewicht auf das Leben zu legen. Und das ändert alles. Niemand verlangt von euch, mengenweise die verschiedenartigsten Kenntnisse anzuhäufen, die nur ein wandelndes Auskunftsbüro aus euch machen würden. Gewiss erhaltet ihr das nötige Rüstzeug, das heißt, ihr werdet unterrichtet; dann liegt es aber bei euch, auszuwählen, was euch am meisten zusagt, was eurer Veranlagung, eurem Wesen am besten entspricht. Das Übrige könnt ihr beiseite lassen oder an andere weitergeben. Wesentlich ist, dass ihr mit dem, was ihr angenommen habt, etwas aufbaut. Im Allgemeinen machen die Leute mit ihrem Wissen nichts Konstruktives, und das ist auch ein Fehler, eine Unterlassungssünde, die ich bei allen belesenen Leuten feststelle. Sie sind Journalisten, Schriftsteller, Lehrer, und natürlich machen sie irgendwas mit ihrem Wissen, sie schreiben Artikel oder Romane, sie unterrichten Schüler, nur bauen sie nicht ihr eigenes Gebäude, ihren eigenen Tempel, das heißt ihre eigene Zukunft auf.

Es liegt bei euch, aus all dem Wissen, was ich euch gebe, euer Material auszuwählen, also bestimmte Methoden, denn manche davon sind gut für bestimmte Gemütsarten und weniger gut für andere. Darum habe ich euch schon oft gesagt: »Ich gebe euch verschiedene Methoden, zeige euch die Dinge unter verschiedenen Gesichtspunkten, in unterschiedlichen Darstellungen, damit ihr auswählen könnt.[2] Ich muss sozusagen die verschiedensten Obst- und Gemüsearten auf dem Tisch ausbreiten, und es ist eure Sache, das zu nehmen, was euch gefällt, euch zusagt und was ihr gerne mögt.« Dass ich euch eine Fülle von Nahrungsmitteln anbiete, will aber nicht heißen, dass ihr alles aufessen und euch damit krank machen sollt! In der Vergangenheit gab es einige unter den Geschwistern, die meinten, alles, was ich sagte, müsse man auch praktizieren. Nein, nur das nicht, damit würde man sich umbringen! Aus psychologischen und pädagogischen Erwägungen heraus bin ich genötigt, euch jeden Tag etwas Neues zu bringen, damit jeder das für ihn Passende darin finden kann. Nehmt nur drei oder vier Übungen oder Methoden, praktiziert diese euer Leben lang, und das wird bei weitem fantastischere Erfolge bringen, als würdet ihr euch Tausende davon vornehmen. Genau so habe auch ich es gemacht; mit einigen Wahrheiten habe ich mich eingehender befasst, allerdings habe ich die herausgesucht, die alle anderen beinhalten, die den Kern der Dinge treffen, und wenn ich mich darin übe, verbinde ich mich mit dem ganzen Universum. Ich verzettele mich nicht, denn ich weiß, damit erreicht man gar nichts.

Jetzt versteht ihr wohl, warum ich so großen Wert darauf lege, dass ihr lernt, die Dinge selbst zu spüren, sie auszuprobieren, und nicht nur das, sondern auch sie zu praktizieren und zu realisieren. Man darf nicht immer nur an der Oberfläche, im objektiven Bereich bleiben. Und ich habe große Lust, euch zu diesem Thema noch einige Worte zu sagen.

Warum ist die heutige Wissenschaft so weit von der Wahrheit entfernt? Weil sie sich nur mit der objektiven Wahrheit befasst. Im subjektiven Bereich gibt es jedoch auch große Wahrheiten; da diese aber nicht sichtbar, nicht greifbar, sondern feinstofflicher Natur sind, übergeht man sie, obwohl sie eigentlich wichtiger sind als die des objektiven Bereiches. Euer Leben – ihr könnt es weder sehen noch berühren, warum schätzt ihr es dann so sehr? Und auch euer Gewissen seht und berührt ihr nicht, und doch heißt es bei einer Zeugenaussage vor Gericht: »Nach bestem Wissen und Gewissen...« Und eure Gedanken... – ebenso wie die Gefühle! Ja, warum legt ihr so viel Wert auf eure Gefühle, dass ihr sogar bei offensichtlich anders liegenden Tatsachen euch weiterhin daran festklammert? Denkt zum Beispiel an ein junges Mädchen, ihr erklärt ihr auf jede nur erdenkliche Weise, dass der Junge, den sie liebt, ein Lump, ein Gauner ist, ihr bringt Argumente und Beweise... Nichts zu machen, sie sagt nur: »Aber ich liebe ihn doch!« Und damit fertig, das ist genug. Ihr habt objektive Dinge, Argumente und Beweise vorgebracht, aber für sie zählen die Gefühle, das heißt, ihre subjektive Welt. Und doch wird dasselbe junge Mädchen, wenn sie sich später zu anderen Dingen äußern soll, den Wert der subjektiven Seite nicht unbedingt gelten lassen. Und von den Wissenschaftlern ganz zu schweigen, sie missachten diese. Außer es stürzt sich jemand auf so einen Gelehrten und packt ihn an der Gurgel, dann schreit der natürlich los: »Da, nehmt all mein Geld, aber lasst mir das Leben!« Nun ja, sein Leben, ist das etwa sichtbar? So ist das eben, Gefühle, Gedanken, Leben, das ist unsichtbar, und doch geben die Leute unbewusst zu, dass dies an erster Stelle steht.[3]

Ja, instinktiv, unbewusst und blindlings räumen alle der subjektiven Seite eine Vorrangstellung ein, aber intellektuell leugnen sie dies und wollen es nicht gelten lassen. In dieser Haltung zeigt sich ein solcher Widerspruch, eine solche Inkonsequenz, das ist einfach nicht fassbar! Ohne es zu wollen, geben alle zu, dass die subjektive Welt an erster Stelle steht, wozu wäre die objektive Welt denn sonst auch gut. Was würde es einem Menschen nützen, alle Schätze der Erde zu besitzen, wenn er sich nicht darüber freuen könnte? Also, was jeder Sache ihren Wert gibt, ist doch die subjektive Seite.

Lasst mich euch noch ein weiteres Beispiel geben. Ihr seid voll andächtiger Bewunderung für Erfindungen wie dem Mikroskop und Teleskop; aber habt ihr schon einmal daran gedacht, die Erfindung, die die Natur gemacht hat, nämlich eure eigenen Augen, in so hohen Tönen zu lobpreisen? Würdet ihr denn ohne eure Augen irgendetwas durch ein Instrument sehen können? Nun schaut ihr mich erstaunt an. Habt ihr denn die Dinge noch nie von dieser Seite betrachtet? Ich hingegen, als »verbildeter« Mensch, betrachte die Dinge immer von dieser Seite und sage: »Hätte man die Augen nicht, was nützten dann die Mikroskope und Teleskope?« Aber ich gehe noch weiter mit meinen Behauptungen; die Augen, ebenso wie alle Instrumente, Lupen, Brillen, Ferngläser usw., sind auch nur Überträger, denn sie gehören noch der äußeren, sichtbaren, objektiven Welt an. Hinter den äußeren Augen gibt es aber noch weitere Augen im Gehirn, und hinter diesen gibt es dann noch den Geist. Würde der Geist fehlen, nützte die beste Funktion von Gehirn und Augen nichts, das Sehen wäre nicht möglich. Selbst die Augen, die doch zu den objektiven Instrumenten gehören, würden nichts sehen, wäre da nicht der Geist, der durch sie hindurchschaut. Also ist das Wichtigste doch der Geist. Denn er sieht ja vermittels der Augen, und danach erst kommen Brillen, Mikroskope, Teleskope usw.

Damit haben wir einen weiteren Beweis, dass die unsichtbare, subjektive Welt, der Geist, an erster Stelle steht. Und genauso verhält es sich auch bei allen Maschinen und Apparaten, bei Flugzeugen, Raketen und Satelliten. Immer ist es der Geist, der dies zuerst erdacht, berechnet und sich vorgestellt hat... Also ist es doch etwas, das innerlich, im unsichtbaren, subjektiven Bereich gearbeitet und dort etwas gefunden hat. Ihr seht, immer ist es der Geist, der an erster Stelle steht, denn ohne ihn hättet ihr weder Satelliten, Raketen, noch sonst etwas!

Und nun noch ein weiteres Argument. Wenn ein Verbrechen begangen wurde, sind bald Polizisten, Anwälte, Richter und ein Haufen anderer Leute damit beschäftigt, und manchmal kommt auch ein Hund hinzu. Und was macht der nun? Nichts weiter als einen Geruch wahrnehmen, sozusagen etwas Immaterielles (obwohl ein Geruch in Wirklichkeit aus feinsten Materiepartikeln besteht), dann folgt er einer Spur, und einige Kilometer weiter spürt er den Täter auf, der seinerseits absolut materiell und sichtbar ist. Ausgehend also von etwas Unsichtbarem, Unwägbarem hat der Hund den Schuldigen gefunden. Da seht ihr nun, wie der Hund, ganz gewiss durch tief greifend philosophische Erwägungen... – er ist ja gewiss ein Philosoph, dieser Hund – also mit Hilfe von Spekulationen, Schlussfolgerungen und einer ganzen Reihe logischer Argumente wie: Unter Berücksichtigung der Tatsache... da nun feststeht... folglich... und also... – auf einmal den Richtigen herausfindet. Ihr lacht, aber wie machen es denn die Richter, Anwälte und Polizisten? Sie ziehen Schlüsse und sagen: »Da das Opfer sich zu jener Zeit an diesem Ort befand, und jene weitere Person zu gleicher Uhrzeit usw.«. Eins ergibt dann das andere, und nach allerlei Überlegungen finden sie schließlich die Wahrheit heraus und verurteilen den Verdächtigen oder sprechen ihn frei.

Alle gehen auf diese Art und Weise vor, wobei sie sich ihrer intellektuellen Fähigkeiten bedienen. Und diese Fähigkeiten sind unbestreitbar, liefert der Mensch mit seinen Entdeckungen doch laufend den Beweis, dass er richtig liegt. Nur wo hat er sie her, diese intellektuellen Fähigkeiten? Wer hat sie ihm gegeben? Und da müssen die Materialisten kapitulieren; sie bilden sich ein, niemand außer ihnen im ganzen Universum hätte diese Fähigkeiten, alles sei absurd, ohne eigentlichen Sinn, nicht auf einer Intelligenz beruhend, und die Welt sei ein Zufallsprodukt. Der Mensch hat gewiss intellektuelle Fähigkeiten, er hält sich auch für sehr intelligent, bestreitet aber die Existenz einer höheren Intelligenz, die alles geschaffen hat... Ja, hat er denn selber seine Ohren konstruiert mit deren hervorragendem Aufbau in allen Teilen, mit den Gehörknöchelchen, dem Trommelfell usw.? Hat er etwa seine Augen konstruiert, seinen Mund, seine Nase, seine Geschlechtsorgane...? Und der Schwangerschaftsprozess?... Wollte man nun das Vorhandensein dieser Intelligenz abstreiten, die doch überall, selbst in den geringsten Dingen, gegenwärtig ist, in der Vegetation, in den Kristallen, in der Bewegung der Sterne, so würde man doch die Absurdität zur Grundlage des Lebens machen. Dass die Menschen bei all ihren intellektuellen Begabungen an die Absurdität glauben können, das ist einfach unbegreiflich. Ja, denn die Intelligenz müsste die Intelligenz erkennen und nicht beim Absurden, Sinnlosen und beim Nichts anlangen.

Alle Intellektuellen, die eine materialistische Weltanschauung vertreten, steuern auf Abgründe zu. Und wehe denen, die ihnen nachfolgen! Denn wenn man so weit kommt zu glauben, alles sei ein Werk des Zufalls, stellt man ja die kosmische Intelligenz in Abrede, und in dem Moment, wo keine Intelligenz mehr als Basis und Grundlage da ist, verliert alles seinen Daseinsgrund, und somit wird jegliche Moral, jegliches Endziel zerstört. Vom pädagogischen Standpunkt aus betrachtet ist diese Weltanschauung unbedingt abzulehnen, denn um die Menschen zu erziehen, um sie moralisch und geistig zu erheben, um sie im sozialen und

gemeinschaftlichen Leben zu etwas Großem hinzuführen, muss
man ihnen doch im Gegenteil eine Intelligenz aufzeigen, eine
Vernunft, einen Sinn in allem, und das wird eben »der Herr«
genannt. Wäre es nicht so, müsste man es ja direkt erfinden, um
dem menschlichen Dasein ein Ziel, eine Bestimmung zu geben!
Andernfalls wäre es doch eine Katastrophe. Und alle Lehren der
Wissenschaftler, die glauben, der Ursprung des Lebens beruhe
nur auf Zufälligkeiten, werden eines Tages gänzlich verworfen,
ja in den Papierkorb geworfen! Denn eine Zeit wird kommen, in
der die ganze Menschheit die Abartigkeit dieser Weltanschauung
einsehen wird. Die materialistischen Philosophen und Gelehrten
treiben die ganze Gesellschaft ins Unglück, und wenn die anderen
es auch nicht zu sagen wagen, ich sage es doch: »Diese Leute lösen
Kräfte des Nichts aus, sie öffnen den Abgrund. Seht euch vor!«
Und zu den Eltern sage ich auch noch: »Wenn die Wissenschaft
die Menschen dazu bringen soll, solche Schlüsse zu ziehen, dann
lohnt es sich nicht einmal, die Kinder in die Schule zu schicken.«
Ja, ich fühle mich verpflichtet, die Wahrheit zu sagen, denn auf
solche Weise gräbt sich die Menschheit ihr eigenes Grab! Gewiss
sind nicht alle Gelehrten so, zum Glück gibt es manche, die sich
diesen aberwitzigen Theorien entgegenstellen.

Wollt ihr einen weiteren Beweis, dass die Intelligenz überall
gegenwärtig ist? Nun, der liegt darin, dass wir sie besitzen! Wir
hätten keinerlei Intelligenz, wenn sie nicht anderweitig schon
bestände. Wir können unsere Intelligenz ja nicht selber fabrizie-
ren, sie wurde uns gegeben... Und von wem? Aber das ist doch
ganz einfach! Durch logische Überlegungen, mithilfe des gesun-
den Menschenverstandes findet man das heraus. Schaut doch nur!
Die Urteilskraft, die wir mitbekommen haben, die setzen wir ein;
mehr oder weniger gut, mehr oder weniger den Anforderungen
genügend benutzen wir sie in unserem Leben, um unsere Ansichten zu äußern. Und wie kommt es nun, dass im Allgemeinen alle
einer Meinung sind, wenn sie sagen, dass dieser Mensch intelligent und jener dumm ist? Weil man sein Urteil darauf stützt, was

er macht, was er erreicht und aufbaut. Hat er greifbare Erfolge, rufen alle aus: »Wie intelligent er ist! Was für ein Genie!« Und den anderen findet man dumm, weil er alles verpfuscht, kaputt gemacht und verdorben hat.

So beurteilen also alle Leute anhand des Sichtbaren und Greifbaren das Nichtsichtbare, das heißt die Intelligenz und die intellektuellen Fähigkeiten. Um sich zu den Dingen zu äußern, die man nicht sieht, stützt man sich auf das, was man sieht. Eure Werke sieht man, und dementsprechend werdet ihr beurteilt. Da man nun im Leben auf diese Weise sein Urteil fällt, da man doch die Leute entsprechend ihrer Erfolge zu den Intelligenten oder zu den Dummen zählt, warum urteilt man denn nicht in der gleichen Weise über all das, was in der Natur geschaffen ist? Wenn man Sterne, Kristalle, Pflanzen, Berge, Meere und auch den Körper mit all seinen Organen betrachtet, warum sollte man da nicht in gleicher Weise auf das Vorhandensein einer unsichtbaren Intelligenz schließen?

Also, liebe Brüder und Schwestern, habt ihr noch niemals so gedacht? Und es gelingt euch noch nicht einmal, mich wirklich zu verstehen. Zwar hört ihr mir zu, aber ihr begreift noch nicht den eigentlichen Wert des Gesagten... Und so wiederhole ich. Da man doch in der ganzen Welt die Fähigkeiten eines Menschen nach seinen Taten und Werken beurteilt, warum sollte man nicht in gleicher Weise der Natur gegenüber verfahren? Ja, angesichts der Leistungen der Astronomen, Mathematiker, Physiker und Chemiker gerät man in Bewunderung für den Menschen und seine Intelligenz, und angesichts des Kosmos und des ganzen Universums gerät man nicht in Erstaunen über die Intelligenz dessen, der diese unsagbar großen, erhabenen Werke vollbracht hat!

Ihr erinnert euch doch gewiss an die Worte des Psalmisten: »Die Himmel erzählen von der Herrlichkeit Gottes, das Firmament kündet von dem Werk Seiner Hände...«[4] (Psalm 19, 2).

Dieses Argument gebe ich all denen, die nachdenken wollen, denen, die wirklich ehrlich und aufrichtig sind. Schaut doch einmal, während langer Zeit wurde behauptet, es gäbe kein Leben auf den anderen Planeten und Sternen, sondern nur auf der Erde, während es doch so leicht gewesen wäre, wie folgt zu argumentieren: Die Erde ist so klein, so winzig, würde man sie von den Sternbildern des Herkules oder der Kassiopeia aus suchen, würde man sie nicht einmal erkennen. Wie ist es bei dieser Fülle an Planeten und Konstellationen denkbar, das Leben sei nur auf diesem Staubkorn entstanden, das sich in der Weite des Raumes völlig verliert, und nirgendwo sonst? Das ist doch unwahrscheinlich! Der Verstand, und sei er noch so schwach, kann so etwas gar nicht akzeptieren. Dafür muss man kein Gelehrter und auch kein Eingeweihter sein, einfaches logisches Nachdenken genügt, um sich darüber klar zu werden, dass es auch auf anderen Planeten Leben geben muss, wenn natürlich auch unter anderen Bedingungen. Allein die Tatsache, dass mehr oder weniger Stickstoff, Kohlenstoff, Sauerstoff oder andere Gase vorhanden sind, ist ja kein Grund dafür, dass es kein Leben geben könne.

Wie können wir nun zu dem Verständnis gelangen, dass die kosmische Intelligenz in der Lage ist, Leben unter uns unbekannten Bedingungen zu schaffen? Dafür brauchen wir nur einen Baum anzuschauen. Er hat weder Lungen, Eingeweide noch Gehirn, und wie macht er es nun, um in manchen Fällen einige Tausend Jahre alt zu werden? Damit seht ihr, dass das Leben sehr wohl erscheinen und fortbestehen kann, auch wenn die Bedingungen dafür nicht genau den unseren entsprechen. Zum Beispiel hat man bei der Untersuchung der Zusammensetzung bestimmter Meteorsteine in winzigsten Mengen Kohlenstoff und verschiedene Mikroorganismen gefunden, ein Zeichen für das Vorhandensein von Leben im Weltraum. Und auf der Erde besteht es, weil es hierhergebracht wurde; es ist nicht von allein, einfach so aus sich heraus entstanden, sondern wurde von anderswo hergebracht. Das wird man alles eines Tages entdecken.

Also, wie ihr seht, mit unserem Intellekt, mit dem kleinen
Verstand, den wir besitzen, mit diesem Licht, das vielleicht nicht
mehr ist als die kleine Flamme einer Kerze, kann man doch vieles
entdecken. Das sieht man ja an all den Entdeckungen, die die Menschen schon gemacht haben. Und wüsste man nur, die Dinge recht
zu beurteilen, würde man auch die Existenz der kosmischen Intelligenz erkennen. »Aber sie ist doch nirgendwo zu sehen!«, sagen
die Unwissenden. Das spricht ja nicht gegen sie. Den menschlichen Intellekt kann man auch nicht sehen und akzeptiert ihn doch.
Ebenso kann man die kosmische Intelligenz nicht sehen, muss sie
aber akzeptieren, da es großartige Werke gibt, die von ihr zeugen.
Was ich euch heute sage, kann allen Wahrheitssuchenden auf Erden
zur Aufklärung dienen. Sie werden begreifen, dass sie bisher von
Unwissenden in die Irre geführt worden sind. Wenn ein Biologe
angesichts der Großartigkeit des menschlichen Körpers zu der
Behauptung kommt, alles in der Natur sei ein Werk des Zufalls,
dann muss er schon blind und völlig unkundig sein. Und solche
Leute erhalten dann den Nobelpreis! Es sind eher für die Menschheit gefährliche Individuen, und ich rate niemandem, ihnen zu folgen. In Wirklichkeit zeugt doch alles von der göttlichen Intelligenz.
Schaut nur weiter die Verblendung der materialistischen Philosophen und Gelehrten an! Sie sagen: »Die Seele? Die hat noch keiner gefunden! Man hat den Menschen schon mit allen erdenklichen
Apparaten untersucht, aber eine Seele wurde dabei nicht gefunden.
Also gibt es sie auch nicht.« Das ist aber keine kluge Schluss-
folgerung. Hat man denn das Leben schon unter der Lupe oder
dem Mikroskop gesehen? Nein. Und die Intelligenz? Die Gedanken? Das Bewusstsein? Und doch wird deren Existenz als sicher
angenommen! Aber die Existenz der Seele wird nicht als Realität
angenommen, da es noch nicht gelungen ist, diese wissenschaftlich
nachzuweisen. Nun gut, wenn man dazu nicht fähig ist, so ist aber
nicht die Seele daran schuld. Jetzt soll man also die Seele einfach so
verschwinden lassen, nur weil sie mit Apparaten nicht nachweisbar
ist! Das ist doch eine recht begrenzte Beweisführung! Ich möchte

die Wissenschaftler warnen; eines Tages werden die Menschen sich
von ihnen abwenden, um sich mit einer neuen, dieses Mal lebendigen, lichtvollen, lehrreichen Wissenschaft zu befassen... Sie werden
dann sagen: »Da ist ja endlich die Wahrheit, die wir suchen! Wir
wurden in die Irre geführt, ausgeplündert, man hat uns die Flügel
beschnitten, und jetzt haben wir allen Glauben verloren und steuern
auf einen Abgrund zu.« Ja, die materialistische, objektive Wissenschaft wird durch eine andere ersetzt werden, die beide Bereiche,
den objektiven wie den subjektiven, umfassen wird.[5] Andere
Gelehrte werden mit einer ganzheitlichen Wissenschaft kommen,
und dann wird der Mensch sich von seinen Schwächen frei machen
und zu einem Ausdruck des Göttlichen werden. Zurzeit hingegen
hat er eher etwas Struppiges, Unfertiges, Gnomenhaftes an sich.

Später werden die Menschen sich nicht mehr nur mit dem
Äußeren begnügen. Sie werden in der Welt des Inneren leben und
arbeiten und sogar in der Lage sein, dies aus sich heraus in die
äußere Welt zu projizieren. Es wird ihnen gelingen, die schönsten
Dinge, die sich in der Seele befinden, zu verdichten und in der
Materie zu konkretisieren. Dann bedürfen sie nicht einmal mehr
von außen herangetragener Gegenstände, sondern schaffen diese
selber. Ja, eines Tages wird der Mensch zu einem wahren Schöpfer. So wie Gott die Welt erschaffen hat, wird auch der Mensch
sich seine äußere Welt schaffen. Zurzeit muss der Ärmste allerdings die äußere Welt erdulden, wie sie ist. Er hat nicht mehr die
innere Kraft hier Abhilfe zu schaffen, sich dem entgegenzustellen,
sondern er erliegt den äußeren Umständen. Er ist es, der von der
äußeren Welt geformt wird. Erhält er von außen ein bisschen Gutes,
so ist er zufrieden. Erhält er nichts, stirbt er. Das ist gerade keine
berückende Situation! In der Zukunft hingegen wird der Mensch
so stark, so voller Kraft und so sehr Herr über alles sein, dass die
äußere Welt das Spiegelbild seiner inneren Welt sein wird, in der
er lebt. Das wird eine Herrlichkeit sein, unermessliche Fülle, alles
bewirkende Kraft und Reichtum. Aber zurzeit ist der Mensch fast
ein Nichts, er kapituliert, gibt auf, ist der äußeren Welt ausgeliefert

und kann sich ihr nicht entgegenstellen. Schaut zum Beweis die reichen Leute an; haben sie ihren Reichtum verloren, dann ist es aus mit ihnen, sie sind am Boden, ja bringen sich sogar um. Wer hingegen ein Leben voll innerer Kraft besitzt, der sagt: »Geld oder kein Geld, ich bin immer noch da; ich habe Fähigkeiten und Möglichkeiten und kann von Neuem welches verdienen.« Genauso gelingt es einem Menschen, der mit seiner inneren Welt zu arbeiten versteht, allen Schwierigkeiten Abhilfe zu verschaffen!

Also, das waren nun einige Worte zum heutigen Tagesgedanken, der sehr tiefgründig ist. Im Übrigen kann ich euch auch schon voraussagen, dass der Mensch eines Tages gar nicht mehr wird sprechen müssen, denn die innere Stille, also sein Innenleben, sein Denken wird dann so intensiv sein, dass es sich in Gestalt von Farben, Projektionen und Düften äußern wird. Die Ausdruckskraft seines Innenlebens wird ihm als Sprache dienen.[6] Gegenwärtig muss er wohl noch sprechen, da sein Innenleben noch nicht genug Ausdruckskraft erlangt hat, um sich verständlich zu machen; und die anderen würden ihn ja auch gar nicht verstehen, weil es ihnen an innerem Leben fehlt, weil sie weder die Antennen, die nötige Intuition, noch das, was es sonst dafür braucht, besitzen.

Und nun solltet ihr euch dazu entschließen, die großen Wahrheiten, die ihr hier bekommt, auch zu leben, denn wenn ihr sie nicht lebt, werdet ihr sie einst nicht mitnehmen können; und wenn ihr dann wiederkommt, werdet ihr von vorn anfangen müssen. Manche Virtuosen spielen ihre Musik, ohne sie in der Tiefe, im Innern zu erleben. Und wenn sie später einmal auf die Erde zurückkehren sollten, müssen sie alles von Neuem erlernen, obwohl sie doch in der Vergangenheit große Musiker waren. Während die Musiker, die ihre Musik wirklich gelebt haben, ihr Talent mitnehmen, und wenn sie dann auf die Erde zurückkehren, komponieren sie wie Mozart schon Meisterwerke mit fünf oder sechs Jahren. Andere sind schon von klein auf Mathematiker, da sie sich nicht damit begnügt hatten, die Mathematik lediglich intellektuell zu studieren, sondern weil sie diese auch gelebt hatten. Nun werdet ihr sagen: »Ja, wie kann man denn die Mathematik leben?« Es wäre zu langwierig, euch das zu erklären. Aber selbst das Abstrakteste, was uns am weitesten entfernt ist, können wir leben und erleben, es berühren, über die Empfindung wahrnehmen und realisieren. Aber die Leute leben und erleben nichts. Sie kratzen nur an der Oberfläche der Dinge, studieren ein wenig, aber sie leben die Dinge nicht und damit kennen sie diese auch nicht. Das ist so wie jemand, der von der Liebe spricht, Bücher darüber schreibt, ohne jemals verliebt gewesen zu sein. Im Grunde weiß er doch nichts darüber. Verliebt sich aber jemand, kann er vielleicht keine Bücher darüber schreiben, aber er weiß doch, was es bedeutet zu lieben.

Nun, meine lieben Brüder und Schwestern, das Wesentliche dieses Vortrags liegt in folgendem Argument, das ich vorhin schon angeführt habe: Da man die Intelligenz eines Menschen nach seinen Werken beurteilen kann, ist man angesichts der Großartigkeit der Schöpfung auch zu dem Schluss genötigt, dass es eine Intelligenz gibt, die der ganzen Schöpfung vorsteht. In der Antike musste jeder, der die Einweihung empfangen wollte, zuerst auf folgende Frage antworten: »Glaubst du an die Existenz einer zentralen Intelligenz im Universum?« Und demjenigen, der in der Tiefe seines Wesens an diese Intelligenz glaubte, wurde das Tor zum Tempel geöffnet.[7]
Dazu möchte ich euch noch etwas erklären. Warum gibt es Menschen, deren Scharfblick und geistige Klarheit ständig zunehmen, während sie bei anderen hingegen abnehmen? Das liegt daran, dass Erstere im unendlichen Meer der universellen Intelligenz schöpfen; so sind sie mit dieser Intelligenz verbunden, glauben daran, lieben sie, und diese, durch die Liebe angezogen, offenbart sich ihnen mehr und mehr. Die anderen jedoch, die ihr Vorhandensein nicht anerkennen, begrenzen sich damit, da sie nur um ihre eigene Intelligenz kreisen, der ihre volle Bewunderung gilt! Da ihre Intelligenz aber Grenzen hat, verzehrt sie ihre eigenen Reserven, und

nach einiger Zeit bleibt nicht mehr viel davon übrig. Das ist die ganze Erklärung. Alle, die die Existenz dieser Intelligenz ablehnen und bestreiten, verlieren früher oder später ihr geistiges Licht; ihr Gedächtnis, ihre Scharfsinnigkeit, ihr gesunder Menschenverstand lässt sie im Stich, und obwohl sie ganze Bibliotheken durchgelesen haben, sind sie dem geistigen Verfall ausgeliefert. Die Ersteren jedoch stehen in ständiger Verbindung mit der kosmischen Intelligenz, die ihnen sogar näherkommt und sich ihnen offenbart. Ja, die kosmische Intelligenz bemüht sich darum, dem Menschen, der sie liebt, alles, was sie besitzt, zu offenbaren. Das ist alles, was ich dazu zu sagen habe, nun kann jeder wählen, entweder er entscheidet sich für den Weg der materialistischen Gelehrten und Philosophen oder aber für den Weg der Eingeweihten, der großen Meister, all derer, die wirklich begriffen haben.

Das Geheimnis der wahren Intelligenz liegt darin, zu verstehen, zu spüren und dann entsprechend diesem weiten, tiefen Verständnis und diesem untrüglichen Gespür zu handeln. Ich habe euch schon einmal gesagt, dass die wahre Intelligenz Intuition ist, denn diese muss keine Forschungen betreiben und Berechnungen anstellen, die Intuition ist Sache eines Augenblicks, sie sieht und erkennt unmittelbar und gibt euch ihre Erkenntnisse weiter. Ich weiß nicht, wie Intuition in den Wörterbüchern definiert wird, aber ich definiere sie als gleichzeitiges Empfinden und Verstehen. Man spürt und versteht die Dinge im selben Augenblick. Es ist also eine höhere Intelligenz, die das höchste und unverzichtbare Element besitzt, nämlich das Leben. Besitzt man diese Intelligenz, liebt man sie, glaubt man an sie, bewundert man sie, dann begreift man unmittelbar das, was allen anderen Kopfzerbrechen bereitet. Ja, sobald man beginnt, die Realität zu erkennen, so wie sie ist, mit ihren zwei Gesichtern, mit der objektiven und der subjektiven Seite, ist man erstaunt darüber, dass die anderen nichts sehen, und dabei ist es doch so einfach! An euch liegt es nun, diese Intelligenz, die sich überall im Universum zeigt und die in allem wirkt, zu akzeptieren, zu suchen und zu lieben. Dann werdet ihr sehen, welche Wandlungen sie in euch zu bewirken vermag, und zwar nicht nur in eurem Gehirn, sondern in eurem gesamten Sein. Sucht die kosmische Intelligenz, liebt sie, ruft sie, denn sie allein ermöglicht es euch, die Realität zu erkennen. Und glaubt mir, liebe Brüder und Schwestern, der wahre Reichtum besteht darin, die Realität der Dinge zu erkennen.

Bonfin, den 12. September 1971

Anmerkungen
1. Siehe Band 234 der Reihe Izvor »Die Wahrheit, Frucht der Weisheit und der Liebe«, Kapitel 11: »Objektive und subjektive Welt« und Kapitel 12: »Die Vorrangstellung der subjektiven Welt«.
2. Siehe Band 13 der Reihe Gesamtwerke »Die neue Erde«.
3. Siehe Band 228 der Reihe Izvor »Einblick in die unsichtbare Welt«, Kapitel 1: »Das Sichtbare und das Unsichtbare«.
4. Siehe Band 238 der Reihe Izvor »Der Glaube versetzt Berge«, Kapitel 12: »Gott in der Schöpfung«.
5. Siehe Band 238 der Reihe Izvor »Der Glaube versetzt Berge«, Kapitel 4: »Wissenschaft und Religion«.
6. Siehe Band 229 der Reihe Izvor »Der Weg der Stille«, Kapitel 10: »Menschliches und Göttliches Wort«.
7. Siehe Band 238 der Reihe Izvor »Der Glaube versetzt Berge«, Kapitel 5: »Der Glaube geht immer dem Wissen voran«.

IX

SONNENGEFLECHT UND GEHIRN

I

Freier Vortrag

Es mag einige von euch verwundern, dass ich manchmal sage, Gott sei uns unendlich fern und uns nicht zugänglich, es sei unmöglich, sich mit Ihm eins zu fühlen, und andere Male hingegen, Er sei uns so nahe, dass man Ihn fast anfassen kann. Wo liegt nun die Wahrheit? Widerspreche ich mir etwa? Nein, in Wirklichkeit liegt darin kein Widerspruch.

Einerseits stimmt es, dass von Gott eine solche Kraft ausgeht, dass jeder, der sich Ihm direkt nähern würde, ohne die Reinheit eines Cherub oder eines Seraph zu besitzen, wie vom Blitz erschlagen wäre und sich auflösen würde. Ihr könnt eine kleine Vorstellung davon bekommen, wenn ihr an Elektrizität denkt. Berührt ihr eine Hochspannungsleitung, sterbt ihr durch den Stromschlag. Und was ist schon elektrischer Strom gegenüber Gott? Ihr seht, über Elektrizität zu sprechen, kann uns zum Nachdenken bringen... Nun ja, aber selbst wenn Gott uns nicht direkt zugänglich ist, wenn wir zu schwach und unvollkommen sind, um seine Gegenwart zu ertragen, können wir doch mit Jhm kommunizieren.[1] Eine ganze Engelshierarchie sorgt für die Verbindung zwischen Himmel und Erde, und nichts kann das von Gott ausgehende Leben daran hindern, bis zu uns zu gelangen oder sogar die Tiefe des Ozeans und das Zentrum der Erde zu erreichen. Aber das geschieht durch Übermittler, sozusagen durch die Boten Gottes, und in dem Maße, in dem das Leben sich von der Quelle entfernt, verdichtet es sich und nimmt immer konkretere Formen an, bis man es fast berühren kann.

Licht, Leben und Wärme, wie wir sie kennen, sind also nur eine Ausdrucksform auf niederer Stufe des wahren Lichtes, der wahren Wärme und des wahren Lebens. Hinter dem Licht der Sonne befindet sich das Licht Gottes, und wir können darüber keine direkte Erkenntnis haben, ebenso wenig wie über seine Wärme, seine Liebe oder sein Leben, das heißt über das Leben auf seiner intensivsten Stufe. Es besteht also keinerlei Widerspruch. Gott ist für unsere Erkenntnis unzugänglich und unfassbar, und gleichzeitig kann man sagen, er berührt uns, aber wie von Weitem, ganz leicht. Man darf nicht meinen, das Sonnenlicht sei das wahre Licht Gottes.[2] Es ist nur ein Widerschein, nur ein schwacher Abglanz des wahren Lichtes. Dieses andere Licht können wir weder erkennen noch begreifen; es ist derart feinstofflich und dabei so intensiv, dass es uns und sogar noch vielen Geistwesen, die weiter entwickelt sind als wir, wie undurchdringliche Dunkelheit erscheint.

In der Einweihungswissenschaft heißt es, dass aus der Finsternis das Licht hervorging. Am Anfang war das Urchaos, die unorganisierte Materie, »Hyle« genannt bei den alten Griechen. Dieses Urchaos wird durch einen Kreis, die Null dargestellt. Symbolisch gesehen ist der Kreis auch das Unendliche, die unbelebte Materie.[3] Aber solche Begriffe sind schwer fassbar; mit dem Intellekt ist es fast unmöglich. Darum gelingt es den Philosophen und Gelehrten, die alles intellektuell verstehen wollen, auch nicht. Für die theoretische Seite, ja, da klappt es, dazu ist das Gehirn befähigt. Die Dinge aber wirklich zu begreifen, sie zu spüren, zu erfahren und zu erleben, das ist nicht Sache des Gehirns.

Übrigens wird oft gesagt, es ist das Herz, das versteht, und auch wird vom Herzdenken gesprochen... Selbst in den Evangelien finden sich Andeutungen auf das Herz als Organ des Verstehens. Aber um welches Herz handelt es sich da? Man glaubt, es sei das physische Herz, das Organ, welches das Blut befördert. Nein, das wahre Herz, entsprechend der Einweihungslehre, ist das Sonnengeflecht; dies ist das Herz, das fühlt, begreift und die großen kosmischen Wahrheiten erfasst. Das Gehirn versteht es nur, ein wenig zu diskutieren, zu schreiben und sich wichtig zu machen, ohne von den Dingen überhaupt eine klare Vorstellung zu haben. Schaut doch nur, wie das in der fünften Rasse vor sich geht: Da wird erklärt, geredet und geschrieben, aber in Wirklichkeit hat man nichts begriffen, weil es unmöglich ist, mit dem Gehirn die Dinge recht zu begreifen. Um zu begreifen, muss man die Dinge leben und erleben und zwar mit seinem ganzen Sein.

Das Sonnengeflecht steuert alle Abläufe im physischen Körper; von ihm hängt alles ab, Atmung, Ausscheidung, Ernährung, Wachstum, Kreislauf...[4] Und auch das Gehirn wurde über den Solarplexus erschaffen und wird nun über diesen ernährt. Ja, das Gehirn ist ein Produkt des Sonnengeflechts, sozusagen sein Kind, und erhält daher von dort Nahrung und Unterstützung; und wenn von dort nichts mehr kommt, dann ist der Mensch müde, schläfrig oder hat Kopfschmerzen und kann nicht mehr richtig nachdenken.

Das Gehirn ist vom Solarplexus nicht getrennt, wenn es aber von dort doch nicht immer die nötige Stütze erhält, so deshalb, weil es noch nicht versteht, mit diesem Verbindung aufzunehmen. Ich habe euch schon erklärt, dass das Sonnengeflecht in gewissem Sinne ein umgestülptes Gehirn ist, denn in diesem befinden sich die grauen Zellen außen und die weißen sind innen, während es beim Sonnengeflecht umgekehrt ist. Weiter habe ich euch gesagt, dass man mit den grauen Zellen denkt, mit den weißen aber fühlt. Dadurch nimmt der Solarplexus mit den außenliegenden weißen Zellen alles wahr, was sich im Menschen und in all seinen Zellen abspielt; und so ist er ständig damit beschäftigt, das Gleichgewicht wiederherzustellen. Das Gehirn hingegen fühlt nichts, es sei denn, nichts funktioniert mehr, und alles ist blockiert. Aber es weiß dann doch keine Abhilfe zu schaffen. Wenn euer Herz zum Beispiel zu schnell oder zu langsam schlägt oder wenn ihr Magenschmerzen habt, ist das Gehirn nicht in der Lage, irgendetwas dagegen zu tun. Das ist ja auch nicht seine Zuständigkeit. Das Sonnengeflecht aber, wenn ihr ihm nur die richtigen Bedingungen schafft, bringt alles ins rechte Lot. Es besitzt eine riesige »Apotheke«, wie ihr es euch nicht einmal vorstellen könnt. Und da es mit allen Organen verbunden ist, weiß es, was dort los ist, und kann eingreifen. Es ist also wesentlich besser ausgerüstet als das Gehirn. Aber für all das hat man heute noch keine Erklärungen, auch nicht seitens der Schulmedizin.

Über das Sonnengeflecht kann der Mensch auch eine echte Kommunikation mit dem Universum aufnehmen, denn es ist mit dem ganzen Kosmos verbunden, was für das Gehirn nicht der Fall ist. Tatsächlich könnte auch mit diesem eine solche Verbindung hergestellt werden, aber dafür ist es noch nicht genügend entwickelt, denn im Verlauf der Menschheitsentwicklung hat es sich erst in jüngerer Zeit gebildet; das Sonnengeflecht ist wesentlich früher entstanden. Das Gehirn hat sich bei Mensch und Tier erst spät entwickelt, und bei den Ameisen zum Beispiel ist es deutlich besser aufgebaut als beim Menschen, da diese wesentlich älter sind. Vergleicht man deren Gehirn mit dem des Menschen, ist man erstaunt zu sehen, wie es diesen gelungen ist, ihr so winziges Gehirn einzurichten... Das menschliche Gehirn ist noch nicht sehr günstig aufgebaut, wird es aber später einmal sein, denn seine Aufgabe besteht darin, die Gesamtheit allen Wissens zu registrieren und fantastische Projekte zu konzipieren. Aber ich wiederhole noch einmal, es ist das Sonnengeflecht, das zusammen mit dem etwas darunter liegenden Harazentrum, mit dem es verbunden ist, alles leitet und steuert und von dem alles abhängt. Allerdings haben nur die Weisen aus dem Osten eine gute Kenntnis dieses Harazentrums, das sich genau vier Zentimeter unterhalb des Nabels befindet.

Im Westen sind die Menschen auf dem besten Wege, sich selbst zu zerstören, da ihre Hauptaktivitäten im Bereich des Gehirns liegen; sie studieren, berechnen, machen sich Sorgen usw. Da das Gehirn nicht dafür geschaffen ist, großen Spannungen standzuhalten, entstehen heutzutage viele nervenbedingte Krankheiten auf Grund der Überbelastung. Wenn die Leute es verständen, die Arbeit zwischen Sonnengeflecht und Gehirn richtig aufzuteilen, würden sie nie ermüden. Und warum nicht? Weil das Sonnengeflecht niemals müde wird, es ist ein fast unerschöpflicher Energiespeicher.

Der Mensch aber mit seiner stupiden Lebensweise behindert den Solarplexus in seinen Funktionen und fühlt sich dann gehemmt, bedrückt und wird nervenkrank. Wie viele beklagen sich bei mir: »Meister, ich spüre hier eine Beklemmung.« Natürlich ist das ihr Sonnengeflecht, das völlig verspannt ist. Ihre Lebensführung ist nicht in Ordnung, und sie sind auf dem besten Wege, den Teil kaputt zu machen, von dem der ganze restliche Organismus abhängt.

Es gibt Methoden, wie man mit dem Sonnengeflecht in Verbindung treten und diesem befehlen oder besser es bitten kann, bestimmte Mängel zu beheben. Aber das ist eine Wissenschaft für sich, mit der man sich in der Zukunft befassen wird. Zurzeit hat man noch nicht viele Möglichkeiten, eine bewusste Kommunikation mit dem Solarplexus herzustellen; dieser lebt ein eigenständiges Leben, und der Mensch hat fast keinen Einfluss darauf, es sei denn, er wirkt indirekt auf diesen ein, bis dann später einmal ein direktes Einwirken möglich ist. Und wie kann er dies nun indirekt machen? Indem er sich bemüht, ein lauteres, sinnvolles und lichthaftes Leben zu leben, in Harmonie mit dem ganzen Universum. Ein solches Leben wirkt auf das Sonnengeflecht ein, löst es und befreit es von manchen Hemmnissen; wenn es ganz frei geworden ist, bringt es bald alles in Ordnung, denn es ist unglaublich stark. Es ist sogar in der Lage, die Körpergestalt zu verändern.

Wie oft habe ich euch doch schon in meinen Vorträgen gesagt, ihr solltet auf nichts so sehr bauen wie auf eure Lebensführung! Ja, denn es gibt nichts, was dies übertrifft; die Lebensführung wird in alle Ewigkeit der Schlüssel zu allem sein. Aber oft wird die Lebensführung abgetan als etwas Nutzloses, während dem, was man isst und trinkt und allem Äußeren wie Kleidung, Wohnung, Apparate, eine enorme Bedeutung beigemessen wird. Natürlich, Kaffee, Wein, Anregungs- oder Beruhigungsmittel, ein hübsches Mädchen zur Gesellschaft, Reisen usw., das ist großartig, das ist stark, daran besteht kein Zweifel. Aber Leben, sein Leben ändern... mein Gott, wie langweilig, was für ein Frust! Das bringt doch nichts, davon sieht man doch nichts... Nun, das sind wohl Schlussfolgerungen von

Leuten, die noch nicht lang genug gelebt haben, um diese Gesetze prüfen zu können. In der Vergangenheit gab es aber Menschen, die sind alt genug geworden, um ausreichend Gelegenheit zu finden, die Menschen und Ereignisse zu beobachten und zu dem Schluss zu kommen, dass die Lebensführung bei Weitem das Wichtigste und Wirksamste ist. Die äußeren Mittel führen nur dem Anschein nach schnell zu Ergebnissen; erst nachher sieht man die Schäden und die Schulden, die zu begleichen sind... Da gibt es dann kein Entrinnen!

Wo findet sich schon jemand, der von der Lebensführung spricht? Auf jeden Fall tut das weder der Arzt noch der Apotheker. Die raten euch: »Nehmen Sie dies... schlucken Sie das... und dann wird's Ihnen schon wieder besser gehen!« Wo wird schon von der Lebensführung gesprochen, außer bei den großen Eingeweihten, denn sie haben aus dem Leid gelernt. Nur wer hört auf sie? Man lässt sich von seinem momentanen Gefühl leiten, ohne an die Folgen zu denken. Aber ich bleibe dabei, selbst wenn ihr mir nicht glaubt, sage ich euch weiterhin, liebe Brüder und Schwestern, das Wesentliche ist die Lebensführung! Für mich ist das eine absolute Wahrheit. Und auch angenommen, mir stößt etwas Unangenehmes zu, dann sage ich mir: »Das liegt daran, dass ich es noch nicht schaffe, ein göttliches Leben zu führen, und darum ergeht es mir jetzt so.« Niemals gebe ich anderen oder den Umständen die Schuld. Während die Menschen immer die Schuld woanders suchen, bei ihrer Frau, den Kindern, bei den Nachbarn, den Umständen oder beim Staat... und vor allem beim lieben Gott! Niemals kommt ihnen der Gedanke, die unzulängliche Art und Weise, wie sie gelebt haben, könnte der Hauptgrund für ihre Schwierigkeiten und Nöte sein.

Ich weiß wohl, was ich euch da erzähle, wird schwerlich akzeptiert. Das ist zu weit hergeholt! Das entspricht nicht dem gewohnten Denkschema! Ich sehe mich aber veranlasst, euch das so zu sagen. Ob es mir nun gefällt oder nicht, ich sehe mich dazu genötigt. Jedes Mal, wenn euch etwas Unangenehmes widerfährt, werdet ihr erkennen, falls ihr ehrlich nach einer Erklärung sucht, dass die eigentliche

Ursache in eurer unzulänglichen Lebensführung zu suchen ist, das heißt, ihr denkt, empfindet und verhaltet euch nicht richtig. Sonst dürftet ihr nämlich all die Schwierigkeiten und die jämmerlichen Bewusstseinszustände nicht haben. Denn sich einzubilden, man sei schon vollkommen, während doch alles im Leben schiefläuft, heißt schlicht und einfach, eine mangelnde Urteilsfähigkeit zu besitzen. Entschließt euch dazu, von heute ab die Lebensführung als Maßstab zu nehmen, und ihr werdet sehen, wie klar euch dann alles sein wird.

Wenn ihr mich nun fragt: »Und Sie, leben Sie so, wie es sein sollte?«, dann sage ich ganz offen: »Wenn ich mich mit vielen anderen vergleiche, die ich so beobachtet habe, ist meine Lebensführung natürlich großartig; vergleiche ich mich aber mit göttlichen Wesen, dann, denke ich, habe ich noch viel Arbeit vor mir.« Denn im Leben gibt es viele Abstufungen. Nehmen wir einmal an, euer Denken sei einwandfrei, lichtvoll, ihr liebt die ganze Welt, arbeitet für das Gute... und eines schönen Tages geht ihr ein paar Schritte weiter, und neue Tätigkeiten von ungeahnter Größe und Herrlichkeit tun sich vor euch auf. Was ihr vorher tatet war gut; im Vergleich zu dem, was man so in der Welt tut, war es gut, aber eines Tages werdet ihr entdecken, dass es Betätigungen gibt, die in ihrer Art und Weise weitaus vollkommener sind.

Das ist die Wahrheit, und euch die zu sagen, bedeutet keine Herabwürdigung für mich. Wenn ich mich mit Ameisen vergleiche, bin ich natürlich ein Elefant; aber im Vergleich zu den Cherubim und den Seraphim bin ich nur eine Ameise oder vielleicht sogar nur ein Floh... Und wenn dieser Floh euch beißt, müsst ihr deswegen nicht gleich die Bettdecke verbrennen!

Bonfin, den 9. August 1970

Anmerkungen
1. Siehe Band 236 der Reihe Izvor »Weisheit aus der Kabbala«, Kapitel 1: »Vom Menschen zu Gott: Der Hierarchiebegriff«.
2. Siehe Band 228 der Reihe Izvor »Einblick in die unsichtbare Welt«, Kapitel 8: »Sichtbares und unsichtbares Licht: Svetlina und Videlina«.
3. Siehe Band 237 der Reihe Izvor »Das kosmische Gleichgewicht - Die Zahl 2«, Kapitel 3: »Die 1 und die 0«.
4. Siehe Band 2 der Reihe Gesamtwerke »Die spirituelle Alchimie«, Kapitel 6: »Das Wunder von den zwei Fischen und den fünf Broten« und Kapitel 7: »Die Füße und der Solarplexus«.

II

Freier Vortrag

Heute möchte ich noch einmal über die Beziehung sprechen, die zwischen dem Sonnengeflecht und dem Gehirn besteht, um euch zu zeigen, wie weitreichend diese Frage ist, welch große Bedeutung sie hat und welche Fülle sie birgt.

In welcher Beziehung stehen nun Solarplexus und Gehirn zueinander? Sie stellen zwei Pole dar: der eine ist männlich, gebend, der andere weiblich, empfangend. Diese Polarität findet man überall in der Natur wieder. Und schaut nur, wie das auch in manchen Ehen abläuft: Der Mann verbringt sein Leben damit, Geld zu verdienen, um seiner Frau die Mittel zu verschaffen, sich einzukleiden; und so ist sie nun elegant, prachtvoll anzuschauen, attraktiv, während ihr armer Ehemann sich in verschlissenen Kleidern abrackert, um ihr dies zu ermöglichen.

Ihr kennt sicher auch das Experiment mit der Crookes'schen Röhre. Wenn der Strom in der Röhre fließt, entsteht ein Elektronenfluss von der Kathode, die dabei dunkel bleibt, zur Anode, in deren Umgebung ein Leuchten sichtbar wird.

Röhre

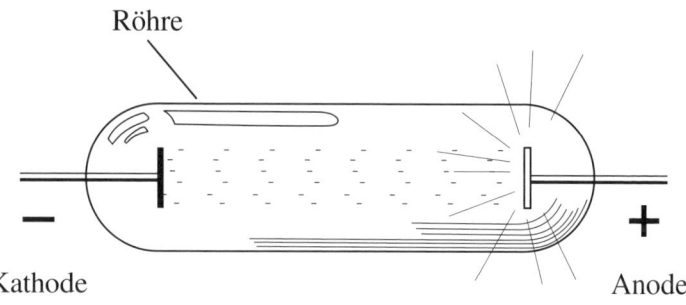

Kathode   Anode

Experiment von Crookes

Dieses Experiment ist nichts anderes als ein Beispiel für die Beziehungen, die zwischen dem männlichen und dem weiblichen Prinzip bestehen. In der gesamten Natur sind es nur diese beiden Prinzipien, die ihr überall wirken seht. Wie ich euch schon gesagt habe, ist es dieses esoterische Wissen über die beiden Prinzipien, das Melchisedek Abraham geoffenbart hat, nämlich wo und wie sich das männliche und das weibliche Prinzip, in unterschiedlicher Gestalt, im ganzen Kosmos wiederfinden und wie sie zusammenwirken.[1]

Das Gehirn will sich zeigen, befehlen und unter lautstarkem Gestikulieren alles ummodeln. Aber wer steckt dahinter? Das Sonnengeflecht. Denn von dort kommen die Energien. Allerdings zeigt dieses sich nicht; es bleibt still im Hintergrund und tritt nicht in Erscheinung, niemand ahnt im Geringsten etwas von seiner Existenz. Es ist wie der bescheidene Ehemann aus unserem Beispiel, obwohl seine Rolle eigentlich weiblichen Charakters ist, denn seine Aufgabe ist die der Nährmutter, es birgt in sich eine unendliche Fülle, es ist der unerschöpfliche Kraftspeicher der Natur. Das Gehirn nun, da es über den Solarplexus gebildet wurde, ist gleichsam sein Kind oder in einem anderen Bild der Ehemann, der redet, diskutiert und wettert.

Diese Polaritätswechsel muss man recht verstehen. Übrigens hat bei den Hindus der Gott Shiva (das dynamische, zerstörende Prinzip) seinen Platz im Gehirn, und bei ihnen heißt es, das Gehirn, der Mentalbereich, sei der Zerstörer der Realität.

Das Gehirn ist aktiv und dynamisch, ermüdet aber schnell, wenn es vom Sonnengeflecht keine Unterstützung erhält. Darum muss der Schüler, bevor er sein Gehirn tätig werden lässt, bevor er sich konzentriert und meditiert, mit dem Sonnengeflecht arbeiten. Denn das Gehirn ist zu vielerlei Dingen fähig, vorausgesetzt aber, es erhält vom Solarplexus die nötigen Energien. Es gibt Tage, an denen das Gehirn trotz eurer Bemühungen schläfrig bleibt; also ist ein Hemmnis aufgetreten, das Sonnengeflecht konnte ihm nicht die benötigten Elemente zukommen lassen. An anderen Tagen wiederum spürt ihr, wie leicht euch die intellektuelle Arbeit fällt; das Sonnengeflecht hat alle Elemente geliefert, die das Gehirn braucht. Der Ursprung also, die Quelle, ist das Sonnengeflecht; das Gehirn ist wie ein Bildschirm, auf dem die Dinge in Erscheinung treten, sich ausdrücken und darstellen und zwar in dem Maße, wie der Solarplexus dies ermöglicht. Es ist das gleiche Prinzip wie im Kino, nur ist dort das männliche Prinzip der Vorführer oder der Projektor, der die Bilder auf die Leinwand projiziert; und die Leinwand entspricht hier dem weiblichen Prinzip, auf das der Geist seine Kräfte und Energien projiziert. Auch hier haben wir eine Umkehr der Polaritäten.

Wenn ihr einen Gegenstand anschaut, steht das sich im Auge formende Bild auf dem Kopf; wenn es dann zum Gehirn weitergeleitet wird, findet ein zweiter Umkehrprozess statt, und ihr nehmt den Gegenstand wahr, wie er tatsächlich ist. Betrachtet ihr euch in einem Spiegel, entspricht die linke Bildhälfte der rechten Seite eures Körpers, während die rechte Hälfte bei euch die linke ist. Schaut ihr in einen See, stehen im Spiegelbild Häuser und Bäume auf dem Kopf; was sich tatsächlich oben befindet, ist im Bild unten und umgekehrt. Diese Seitenwechsel und Umkehrungen gehören zu den größten Mysterien der Schöpfung.

Studiert man an Mann und Frau das Wirken der beiden Prinzipien, stellt man fest, dass auf der physischen Ebene der Mann aktiv und gebend ist und die Frau empfangend. In der Astralebene aber ist es umgekehrt, der Mann wird empfangendes Prinzip und die Frau gebendes. Eine Stufe höher, in der Mentalebene, wird der Mann wieder gebend und die Frau empfangend, und immer so weiter... von einer Ebene zur anderen findet jedes Mal eine Umkehrung, ein Seitenwechsel statt. In der Weltanschauung der Hindus stellt die Kundalinikraft, die doch weiblich ist, ein aktives Prinzip dar; denn sie muss ja aufsteigen, um zum männlichen Prinzip, Shiva, zu gelangen, der an seinem Platze im Gehirn bleibt, um sich mit diesem zu vereinigen.[2] In der christlichen Religion wird diese Umkehrung der Vorgänge und der Aktivität in der Natur durch das Symbol des Kreuzes ausgedrückt. Allerdings haben die Christen von der Tiefgründigkeit dieses Symbols nicht viel begriffen. Und schon seit einigen Jahrtausenden kennt man das Kreuz und arbeitet damit. Es wurde uns also nicht durch das Christentum gebracht. In den Religionen der ganzen Welt findet man das Kreuz in unterschiedlichen Formen, denn ein immenses Wissen ist in diesem Phänomen der sich kreuzenden Wege, also des Wechsels, enthalten.

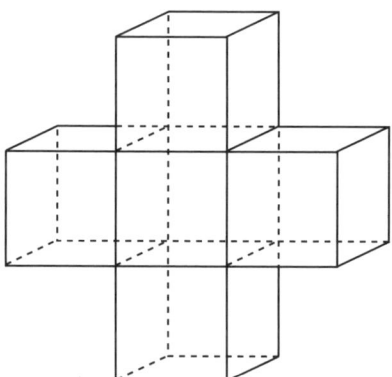

Für mich ist die bedeutsamste Form das dreidimensionale Kreuz, das aus zweiundzwanzig Flächen zusammengesetzt ist, die den zweiundzwanzig Buchstaben des hebräischen Alphabets entsprechen. Ja, aus zweiundzwanzig Flächen, denn es besteht aus fünf Würfeln, die man nur entsprechend zusammenstellen muss, nämlich einen in der Mitte, und dann je unten, oben, rechts und links einen, und so erhält man zweiundzwanzig Flächen. Diese fünf Würfel entsprechen wiederum den fünf Elementen, nur spricht man niemals vom fünften Element. Aber was bedeutet denn Quintessenz? Nun eben quinta essentia, die fünfte Essenz. Die Quintessenz einer Sache ist seine fünfte Essenz, also das fünfte Element, das innerhalb der vier anderen lebt und sie durchdringt. Und die vier anderen, das sind Erde, Wasser, Luft und Feuer.

Doch kommen wir nun wieder zum eigentlichen Thema zurück. Der Schüler, der sich in der Meditation übt, muss wissen, dass das Gehirn nicht allein die ganze Arbeit auf sich nehmen kann, es würde sich dabei erschöpfen, und dies hätte Spannungen oder sogar nervliche Unausgeglichenheit zur Folge. Man muss daher den Solarplexus mit einbeziehen. Und darum rate ich euch, sobald ihr das Gefühl habt, dass euer Gehirn anfängt, sich zu sperren, massiert euer Sonnengeflecht entgegen dem Uhrzeigersinn... Nach einigen Minuten werdet ihr spüren, dass euer Denken wieder frei geworden ist und ihr eure Arbeit wieder aufnehmen könnt. Man muss lernen, diese Tätigkeit auf Gehirn und Sonnengeflecht aufzuteilen, so wie in der rechten Ehe, wo Mann und Frau in Harmonie leben und sich die Arbeit teilen; auf diese Weise kann das Gehirn die im Sonnengeflecht gespeicherten Kräfte zu Tage fördern. Im Solarplexus ist alles Wissen selbst der weit zurückliegenden Vergangenheit gespeichert, und es ist die Aufgabe des Gehirns, dieses hervorzuholen und in Worte zu kleiden. Das Gehirn ist nichts weiter als ein Instrument, das uns hilft, die in der Tiefe unseres Seins verborgenen Schätze ans Licht zu bringen; darum hat übrigens das Sonnengeflecht auch seinen Platz ein gutes Stück unterhalb des Gehirns.

Für die Eingeweihten Indiens, die Rischis, die um diese Dinge wussten, wohnt der Schöpfergott Brahma in den Eingeweiden des Menschen, im Solarplexus. Dem Anschein nach und für unsere Mentalität ist das nicht gerade sehr respektvoll. Da der Schöpfer doch mächtiger und glorreicher ist als alle anderen Gottheiten, die ja auf ihn angewiesen sind, warum sollte man ihm da einen solch niederen Platz zuweisen, wenn es nicht Gründe gäbe, die sich unserer Erkenntnis entziehen? Und warum hat Vishnu seinen Platz in der Lunge und im Herzen?... und Shiva im Gehirn? Als ob es Shiva wäre, der die Intelligenz und Weisheit verkörpern würde! Darin liegt ein großes Geheimnis, eine tiefe Weisheit, wovon die alten Hindus Kenntnis hatten. Gewiss entspricht Brahma nicht gerade dem weiblichen Prinzip, aber hier repräsentiert er gleichzeitig Geist und Materie, Gott Vater und die Göttliche Mutter, das Ursein, aus dem alles hervorgegangen ist.

Heute wollte ich euch nur einmal einige Dinge zum Gehirn und zum Sonnengeflecht sagen, um ein weiteres Beispiel für das Wirken der beiden Prinzipien, des männlichen und des weiblichen, zu geben. Das Wirken dieser beiden Prinzipien trifft man überall an, sogar im Weizen und in der Weintraube, und auch im Gesicht. In der Hindureligion werden sie durch das Lingam ⚊ dargestellt, gezeichnet wie eine Barke mit ihrem Mast oder wie ein Vogel nur mit Rumpf und Flügeln,[3] und im hebräischen Alphabet durch den Buchstaben Shin ש. Und wenn ein Mensch mit zum Himmel erhobenen Armen betet, kann man auch darin das Bild des Shin oder des Lingam, also des männlichen und weiblichen Prinzips erblicken.

Im vorhergehenden Vortrag habe ich euch schon gesagt, dass der Solarplexus in gewisser Weise ein umgestülptes Gehirn ist. Die (außenliegenden) weißen Zellen des Sonnengeflechts stehen in Verbindung mit den weißen Zellen (im Innern) des Gehirns, und die grauen Zellen (im Innern) des Sonnengeflechts sind verbunden mit den grauen Zellen (außen) des Gehirns. Auch hier haben wir wieder eine Umkehrung, ein Sichkreuzen, das seinen Weg durch den Hals nimmt. Daher ist es gut, falls die

Verbindung zwischen den beiden nicht recht funktioniert, den Hals im Bereich der Halswirbel zu massieren, um so den Energiefluss vom Sonnengeflecht zum Gehirn wiederherzustellen. Und wenn man jemandem zu fest den Hals einschnürt, stirbt er, da dann die Lebensenergien nicht mehr vom Sonnengeflecht ins Gehirn gelangen. Da seht ihr, wie wichtig diese Nervenzentren sind. In der Medizinwissenschaft hat man sich allerdings noch nicht näher mit diesen sich kreuzenden Bahnen in der Halsregion befasst (die rechte Gehirnhälfte steuert die linke Körperseite und umgekehrt), um diese hinsichtlich kosmischer Entsprechungen zu untersuchen.

Während der Meditation sollte sich der Schüler bemühen, sich mit dem Sonnengeflecht zu verbinden, damit die Tätigkeit harmonisch zwischen diesem Zentrum und dem Gehirn aufgeteilt wird. Wenn er lernt, sich mit viel Liebe auf das Sonnengeflecht zu konzentrieren, wird es ihm gelingen, zu dessen Energien Zugang zu haben und diese zum Gehirn zu leiten.

Ich habe euch vielleicht schon erzählt, wie ich einmal einem bekannten Schriftsteller den Kopf gewaschen habe, weil er in einem seiner Bücher eine esoterische Lehre lächerlich gemacht hatte, die die Konzentration auf den Bauchnabel empfahl. Dem habe ich eine Lehre erteilt! Ich habe ihm gesagt: »Haben Sie sich mit der Sache denn schon eingehender befasst? Nein? Dann sind Sie einfach ein großer Ignorant. Sie machen sich über Leute lustig, die sich auf den Bauchnabel konzentrieren, nur weil Sie nicht wissen, welch lebenswichtige Dinge sich in diesem Bereich befinden und woher diese altüberlieferte Praktik kommt.« Ich habe ihm gezeigt, dass er keine Ahnung hatte und dass er besser daran täte, sich mit diesen Dingen nicht mehr zu befassen, sonst könnte es ihm passieren, dass hellere Köpfe als er ihn eines Tages selber mit Dreck bekleckerten und ihm den Platz zuwiesen, der ihm gebührte. Warum müssen die Leute nur immer ihren Senf dazugeben, wenn sie doch von den Dingen keine Ahnung haben?

Diese Praktiken, sich auf die Nabelregion zu konzentrieren, wo sich so wichtige Zentren wie das Sonnengeflecht und das Harazentrum befinden, lassen sich bis in uralte Zeiten zurückverfolgen, wo sie von Eingeweihten entwickelt wurden, die den Aufbau des Menschen kannten und wussten, wie Gott diesen in Seinen Werkstätten geschaffen hat. Ich kann euch sogar höchst achtbare christliche Autoren nennen, die in ihren Werken auf die Praktik hinweisen, sich auf das Harazentrum zu konzentrieren, und auch darauf, welche Wahrnehmungen und Offenbarungen sich daraus für sie ergaben. Also waren diese Praktiken schon vor einigen Jahrhunderten manchen Christen bekannt. Natürlich weiß ich auch, dass jetzt von Unwissenden oder sogar Kranken allerlei Hokuspokus hinzugedichtet worden ist, aber das ist kein Grund, alles so leichthin abzutun. In dieser Praktik, sich auf das Harazentrum zu konzentrieren, liegt ein sehr tiefer Sinn.

Damit die Fülle, die der Mensch in sich birgt, zum Tragen kommen kann, ist es nötig, dass der Austausch zwischen Gehirn und Solarplexus richtig funktioniert. Das Gehirn ist nichts weiter als eine Art Bildschirm, auf den vielerlei Dinge projiziert werden. Somit kann der Mensch aktiv werden, in dem Maße wie »das Gehirn des Bauches«, wenn ich mal so sagen darf, die Bilder in der rechten Weise auf den Bildschirm des eigentlichen Gehirns projiziert. Und damit haben wir wiederum eine Erscheinung, die man in allen Bereichen des Lebens antreffen kann. Schaut dazu folgendes Beispiel an: Ein reicher alter Mann hat einen jungen Burschen unter seine Fittiche genommen. Er gibt ihm das nötige Geld, kümmert sich um seine Ausbildung, und nachdem der junge Mann dann sein Studium abgeschlossen hat, wird er ein großer Gelehrter oder ein großer Künstler. Hätte er niemanden gehabt, der sich um ihn kümmert, wäre er ein armer Schlucker geblieben, weil er weder Geld, noch was sonst nötig war, besaß. So ist es nämlich vielen begabten Leuten ergangen, die niemanden hatten, der sie unterstützte.

Betrachtet man das Leben der großen Eroberer oder Erfinder etwas genauer, stellt man oft fest, dass es irgendwo im Hintergrund eine Frau gab, eine sehr nette Frau, die die Stütze für den Erfolg war, denn immer war sie es, die Mut machte, Trost spendete oder inspirierte; wenn diese Männer also Großes geleistet haben, so dank dieses unscheinbaren Kraftzentrums im Hintergrund. Ebenso ist es in der Politik, zwar weiß man nicht immer, wer alles hinter einem Minister oder einem Staatschef steht, nur, gäbe es niemanden im Hintergrund, der ihn stützen würde, wäre er bald von der Bildfläche verschwunden. Immer gibt es jemanden, der die Fäden in der Hand hat, nur weiß man nicht wer, das bleibt geheim. Ist ein Minister heute sehr einflussreich, so deshalb, weil andere im Hintergrund ihn durch Presse und Propaganda hochgebracht haben... Und wenn sie ihn dann einmal absägen wollen, dann ist es innerhalb vierundzwanzig Stunden vorbei mit ihm! Es verhält sich also immer gleich, ein Zentrum hält sich im Hintergrund, und ein anderes steht im Rampenlicht, und zwar gestützt von dem im Hintergrund.

Vor längerer Zeit habe ich schon einmal über die schwarze Sonne gesprochen, von der unsere Sonne ihre Energie bekommt.[4] Die schwarze Sonne gibt unablässig und stellt somit das männliche Prinzip dar; unsere Sonne, die diese Energien erhält und für uns scheint, ist das weibliche Prinzip. Und sie scheint nicht nur, sondern sie lacht auch immerzu. Schaut nur, wie die Kinder sie zeichnen, mit einem Mund, der übers ganze Gesicht lacht! Die Sonne ist immer strahlend... Ich will nicht sagen, dass ich die schwarze Sonne real gesehen habe, aber innerlich habe ich sie gesehen; sie ist da, sie ist vorhanden, und ohne sie gäbe es die leuchtende Sonne nicht. Auch da haben wir wieder Kathode und Anode, die Crookes'sche Röhre übertragen auf die Dimensionen des Universums.

Das ist doch so einfach und klar! Überall begegnet man den beiden Prinzipien. Soll ich euch noch ein weiteres Beispiel anführen? Nehmen wir einen Baum, er hat Wurzeln, Stamm und Äste. Die Wurzeln fördern die Energien und dadurch kommen Blätter, Blüten und Früchte zum Vorschein. Zwar sieht man die Wurzeln nicht, aber trennt sie einmal ab, und schon ist es vorbei mit dem, was man sieht! Das Sichtbare ist immer eine Folge von etwas Unsichtbarem, das im Verborgenen wirkt. In uns entspricht das Sonnengeflecht den Wurzeln und der Körperrumpf mit den Gliedern dem Stamm mit Ästen und Zweigen.[5] Der Mensch ist also einem Baum vergleichbar, er hat Wurzeln, einen Stamm und Äste und im Gehirn Blüten und Früchte. Das Sonnengeflecht ist also das Wurzelwerk des Gehirns und ist somit wichtiger als dieses; das Wichtigste sind immer die Wurzeln, denn wenn dort etwas nicht stimmt, leidet der ganze Baum darunter. Ihr seht, das ist noch ein Argument, das niemand zurückweisen kann: Wenn man einem Baum die Wurzeln kappt, ist es vorbei mit ihm.

Vom Sonnengeflecht kommen also die Bilder, die nach oben auf den Bildschirm des Gehirns projiziert werden. Sei es nun mehr oder weniger gut, aber sie werden dorthin projiziert. Und wenn ihr wollt, gebe ich euch noch ein beweiskräftiges Argument. Welche Rolle hat der Mann? Er projiziert die Bilder oder den Film. Und die Frau? Sie ist der Bildschirm. Und das Kind? Das ist der Film, die Bilder. Allerdings ist die Frau schon ein besonderer Bildschirm; sie gibt die Bilder so gut wieder, dass diese konkrete Formen annehmen und ein selbständiges Leben erhalten. Aber zu diesem Thema braucht es weitere Erklärungen, und das ist für ein anderes Mal. Auf jeden Fall seht ihr jetzt, dass es immer das gleiche Gesetz ist, sei es nun Sonnengeflecht und Gehirn, Mann und Frau usw. Und das Kind, das sind die projizierten Bilder. Allerdings muss die Frau diesen Bildern konkrete Formen geben, denn anfangs sind diese nur eine Art Quintessenz, die sie dann materialisiert und greifbar werden lässt.

Vorhin habe ich schon davon gesprochen, dass das Bild, das sich auf der Netzhaut abbildet, auf dem Kopf steht. Warum ist das so? Nachher steht es ja wieder richtig herum. Es ist der gleiche Vorgang, der sich auch bei Mann und Frau abspielt. Auf der physischen Ebene ist die Frau unten und der Mann oben. Auf der Astralebene ist es umgekehrt, die Frau ist oben und der Mann unten. Auf der Mentalebene ist es wieder die gleiche Position wie auf der physischen Ebene, und so geht es weiter... Warum hat die Natur das so eingerichtet?

Was ihr euch heute vor allem merken solltet, ist Folgendes: Arbeitet ihr ausschließlich mit dem Gehirn, seid ihr bald erschöpft. Also müsst ihr lernen, die Arbeit auf diese beiden Zentren aufzuteilen, auf das unten im Bauchraum und auf das oben im Kopf. Nur so erlangt ihr die Ausgeglichenheit. Das ist wie bei einem physikalischen Gesetz: Um ein Kräftegleichgewicht zu erhalten, darf man nicht nur eine Waagschale, sondern muss beide Waagschalen belasten.

Bonfin, den 19. September 1970

Anmerkungen

1. Siehe Band 230 der Reihe Izvor »Die Himmlische Stadt«, Kapitel 3: »Melchisedek und die Lehre von den beiden Prinzipien« und Band 240 der Reihe Izvor »Söhne und Töchter Gottes«, Kapitel 6: »Jesus, Hohepriester nach der Ordnung Melchisedeks«.
2. Siehe Band 219 der Reihe Izvor »Geheimnis Mensch«, Kapitel 5: »Die Kundalinikraft«.
3. Siehe Band 8 der Reihe Gesamtwerke »Sprache der Symbole, Sprache der Natur«, Kapitel 8: »Die wahre Ehe«.
4. Siehe Band 9 der Reihe Gesamtwerke »Im Anfang war das Wort – Kommentare zu den Evangelien«, Kapitel 1: »Im Anfang war das Wort«.
5. Siehe Band 221 der Reihe Izvor »Alchimistische Arbeit und Vollkommenheit«, Kapitel 2: »Der menschliche Baum«.

X

DAS HARAZENTRUM

I

Freier Vortrag

Ihr befindet euch hier in einer Einweihungsschule, in der
ihr lernt, in der rechten Weise zu sehen, zu fühlen, zu begreifen
und euch für die Dinge zu interessieren, was bedeutet, den Sinn
des Lebens zu finden, und das ist letztendlich wichtiger als alles
andere. Bemüht euch darum, von nun an noch aufmerksamer zu
sein, um mir bei der Arbeit, die ich ja für euch mache, behilflich
zu sein. Wenn ihr begreift, was ich euch sage, und die dargelegten
Standpunkte akzeptieren könnt, erhebt ihr euch sehr viel schneller
bis auf einen Gipfel, von dem aus ihr die Welt als Einheit erkennt.
Und eben diese Einheit gibt den Dingen ihren Sinn.

Im Augenblick sind die Dinge für euch noch wie verstreut her-
umliegende Einzelteile. Es ist, als würdet ihr Bretter, Nägel, Ziegel-
steine, Zement und Glas sehen, nur stellt all dieses Material noch
nichts Ganzes dar, das Gebäude steht noch nicht, und ihr müsst erst
lernen, jedes Ding an seinen Platz zu bringen, um so einen Palast
zu errichten... oder auch einen Tempel. In der Welt begnügt man
sich damit, euch Material mitzugeben, und dann müsst ihr sehen,
wie ihr zurechtkommt. Und ihr häuft Kenntnisse über Kenntnisse
an und seid doch unzufrieden, weil man euch nicht beigebracht
hat, was ihr mit diesen Einzelteilen anfangen könnt. Es sind lauter
unzusammenhängende Dinge für euch. Und das nennt sich dann

Bildung und Kultur! Natürlich kann man mit all dem angesammelten Wissen etwas anfangen, nur erklärt euch keiner was und wie. In einer Einweihungsschule hingegen zählt vor allem die praktische Arbeit. Voraussetzung ist natürlich, erst einmal das Material zu haben, die Hauptsache ist aber, zu wissen, wie und nach welchem Modell es zusammengebaut wird.

Ihr könnt mir nun bei meiner Arbeit helfen, indem ihr begreift, was wir hier machen... Und hört nur auf, mich mit den wissenschaftlichen Größen, den Gelehrten und großen Persönlichkeiten zu vergleichen! Diese geben euch selbstverständlich Material in rauen Mengen, aber unter der Last brecht ihr dann nur zusammen und werdet erdrückt. Hier hingegen bekommt ihr fast nichts, aber man lehrt euch zu leben, und das ist weitaus besser. Ja, hier gibt man euch Leben, und ich sehe schon, ihr werdet immer ausdrucksvoller, aktiver, dynamischer, bewusster, entschlussfreudiger, klarer ausgerichtet... Es mag sein, dass einige etwas an Gewicht verlieren, das Leben aber, der Geist, nimmt zu! Wenn man an Materie zunimmt, ist das nicht unbedingt großartig. Manchmal allerdings, wenn man an Materie und Geist zunimmt, dann ist es gut. Denn wenn einer schwächlich, kümmerlich und dürr wie eine Bohnenstange ist, das ist ja auch nicht gerade sehr berühmt. Dann heißt es nur: »Der da? Pfft! Ein Windstoß, und er fliegt davon!«

Als ich in Indien war, habe ich mit Erstaunen gesehen, dass manche Sadhus und Yogis einen sehr dicken Bauch hatten. Und ich sagte mir: »Aber sie essen doch kaum etwas!...« Und warum werden auch Buddha und andere Weise mit einem mächtigen Bauch dargestellt? Tatsächlich sind manche Bäuche ein Hinweis auf Materialismus, Leben im Grobstofflichen und Sinnlichkeit. Bei den Eingeweihten ist der Bauch allerdings ein Zeichen der Kraft und der Stärke sowie der geistigen Reserven, die sie durch Atemübungen angesammelt haben. Denn über lange Zeit durchgeführte Atemübungen fördern die Entwicklung des Bauches, wo dann Kräfte gespeichert werden, die heilend wirken und auflösend auf alles Schädliche. Der Bauch kann beim Menschen also eine Folge des Materialismus ebenso wie der Spiritualität sein. Zeigt sein Gesicht, dass er nur an essen, trinken und schlafen denkt, spricht der dicke Bauch natürlich nicht für ihn! Hat er aber Eigenschaften, die von Reinheit, Hellsichtigkeit und Intelligenz zeugen, zeigt der Bauch Kraftreserven an, die für vielerlei Dinge eingesetzt werden können, was dem hageren, dünnen Menschen nicht möglich ist, da der Ärmste nicht über diese Mittel verfügt.

Schaut euch die Japaner an. Manche haben einen enormen Bauch und dabei doch eine große Behändigkeit, Kraft und Intelligenz. Das kommt daher, weil sie daran arbeiten, ein Zentrum zu entwickeln, das sie Harazentrum nennen und das sich vier Zentimeter unterhalb des Bauchnabels befindet. »Hara« bedeutet Bauch, und daher kommt auch der Ausdruck »Harakiri machen«, das heißt Selbstmord zu begehen, indem man sich den Bauch aufschlitzt. Für die weisen Japaner ist das Harazentrum der Mittelpunkt des Lebens, der Ausgeglichenheit, ja, einfach der universelle Mittelpunkt. Und wenn es einem Menschen durch die Konzentration darauf gelingt, dieses Zentrum zu entwickeln, wird er unermüdlich und unbesiegbar.

Was die Menschen ermüden lässt, ist die übertriebene und unausgeglichene Betriebsamkeit des Gehirns. Eine große Zahl von Störungen, die sich heutzutage bei den Menschen im Westen bemerkbar machen, kommt daher, dass diese das innere Gleichgewicht verloren haben, da sie den Schwerpunkt, das heißt den Lebensmittelpunkt, anstatt ins Harazentrum ins Gehirn gelegt haben, obwohl dieses doch die Peripherie des Menschen bildet. Das bedeutet zu viel Grübeln, zu viele Sorgen, zu viel Kopfarbeit, und so kommt der Mensch aus dem Gleichgewicht. Wenn er dann im Leben Hiebe und Stöße abbekommt, kann er sich nicht mehr richtig davon erholen, da eben gerade dieses Zentrum, das alles wiederherstellen könnte, nicht funktioniert. Verstände man es nur, sich richtig auf das Harazentrum zu konzentrieren, könnte man intellektuelle Anstrengungen auf sich nehmen, ohne sich je müde zu fühlen. Alle, die an der Entwicklung ihres Harazentrums gearbeitet haben, zeichnen sich im Leben durch überragende Ausgeglichenheit aus. Später einmal wird eine ganze Wissenschaft darüber entstehen, wie man gleichzeitig mit dem Gehirn und dem Harazentrum arbeiten kann.

Jetzt taucht natürlich ein Problem auf, denn im Westen wird ja alles, was sich in der unteren Körperhälfte befindet, also der Bauch und die Geschlechtsorgane, für eine spirituelle Beschäftigung als unwürdig angesehen. Während man alles, was sich weiter oben befindet, ausgesprochen edel und vornehm findet! Die Menschen im Westen messen darum auch dem Gehirn eine so große Bedeutung bei. Alle wollen nur mit dem Gehirn arbeiten, und niemand kümmert sich darum, dieses weiter unten befindliche Zentrum zu entwickeln, das doch eine so wesentliche Rolle im physischen sowie im spirituellen Leben spielen kann. Ich will damit nicht sagen, dass man das Gehirn vernachlässigen sollte; nein, um ausgeglichen zu sein, muss man beide entwickeln, denn wenn der Mittelpunkt auch sehr wichtig ist, so ist es die Peripherie doch auch. Ein Mittelpunkt zum Beispiel ist die Sonne, und die Peripherie, das sind die Planeten; da sich auf den Planeten schließlich auch lebende Geschöpfe befinden, ist diese Peripherie also von Bedeutung, und man darf sie nicht abwerten oder übergehen.

In meinen Vorträgen habe ich die Wichtigkeit des Mittelpunktes, des Zentrums, immer hervorgehoben, aber damit meinte ich fast immer Gott selbst, den Urgrund des Seins, die Quelle. Bisher habe ich noch nicht davon gesprochen, dass der Mittelpunkt des physischen Körpers sich dort unterhalb des Bauchnabels befindet. In vielen okkulten Büchern wird das erwähnt, allerdings auf die unterschiedlichste Art und Weise. Der Alchimist Basilius Valentin zum Beispiel schreibt in seinem Buch »Les douze clés« (Die zwölf Schlüssel), man müsse ins Zentrum der Erde hinabsteigen, um den Stein der Weisen zu finden. Er sagt: »Visita Interiora Terrae, Rectificando Invenies Occultum Lapidem, Veram Medicinam«, und das heißt wörtlich: »Suche das Innere der Erde auf. Bringe die Dinge in die rechte Ordnung, und du findest den Stein der Weisen, das wahre

Heilmittel.« Nimmt man die ersten Buchstaben der lateinischen Wörter, so ergeben diese das Wort: VITRIOLUM. »Visita Interiora Terrae«, bedeutet in Wirklichkeit nicht, dass man ins Erdinnere hinabsteigen soll, sondern in diese Erde hier, in unseren physischen Körper, soll man vordringen, denn dort gibt es vielfältiges Material, Reichtümer und Schätze zu finden.

Ich habe übrigens das Pantheon der Hindus mit all seinen Gottheiten ein wenig studiert, aber es ist gar nicht notwendig, sich mit allen eingehender zu befassen, dafür sind sie auch viel zu zahlreich, es ist einfach unüberschaubar. Von all diesen Gottheiten sind die drei wichtigsten Brahma, Vishnu und Shiva, und in den heiligen Büchern heißt es, Brahma habe seinen Platz im Bauch, Vishnu in der Gegend des Herzens und der Lunge und Shiva im Gehirn. Warum befindet sich denn nun Brahma, der Schöpfer, ausgerechnet im Bauch? Wenn der Bauch doch einen so unwürdigen Bereich darstellt und das Gehirn hingegen einen derart edlen, müsste man Brahma doch einen Platz im Gehirn zuweisen. Aber nein, dort hat Shiva seinen Platz, obwohl er der zerstörenden Kraft zugeordnet wird... Ja, Brahma ist der Schöpfer, Vishnu der Heilende, Bewahrende, er unterstützt, erhält und ernährt, und Shiva ist der Zerstörer. Warum entspricht nun Shiva, das zerstörende Element, dem Gehirn? Eben weil es das Gehirn ist, das heißt der niedere Mentalbereich, das trennt, zerlegt und zersetzt; es ist der Zerstörer der Realität. Denn es gibt den Menschen von der Realität eine irrige Ansicht. Und wie machen es denn nun die Eingeweihten, um sich Kenntnisse anzueignen? Nicht nur über das Gehirn, wie man es hier im Westen macht, sondern mit Hilfe anderer Fähigkeiten, die Gott im Menschen angelegt hat.

Als ich noch recht jung war, sagte der Meister Peter Deunov eines Tages zu mir, bei der spirituellen Arbeit muss der Schüler bis in seine Eingeweide hinabsteigen, denn dort hat Gott seine Wohnung. Das hat mich neugierig gemacht und lange beschäftigt, denn als der Meister mir dies sagte, hat er natürlich keinerlei Erklärung dazu gegeben. Er ließ uns allein die harten Nüsse knacken! Er war

nicht so wie ich, der Meister. Ich nehme ein Löffelchen und sage:
»Nun macht schön den Mund auf!« Aber das fiel ihm gar nicht
ein, er ließ einen suchen, nachgrübeln, und ich finde das eigentlich
sehr vernünftig. Er redete nicht stundenlang so wie ich. Er hielt es
für besser, dass die Brüder und Schwestern sich selber abmühten,
denn das macht stark. Ich dagegen neige eher dazu, euch schwach
und kümmerlich werden zu lassen, weil ich euch alles so einfach
geben möchte. Dabei weiß ich doch, dass es Jahre, ja sogar Jahrhunderte braucht, um diese Wahrheiten zu finden, und ich will es
euch ersparen, so lange auf der Stelle zu treten, ohne etwas zu finden. Allerdings muss ich zugeben, dass dies pädagogisch nicht sehr
klug ist, denn was einem leicht zufällt, achtet man nicht sehr. Das
ist wohl der Grund, warum all das, was ich euch enthülle, so wenig
Wirkung bei euch zeigt. Nun, letztendlich macht das aber nichts,
und ich habe es mir ja selbst zuzuschreiben!

Wenn man den Menschen eingehender betrachtet, stellt man
fest, dass gerade der Bauch der Bereich ist, in dem neues Leben
entsteht. Ja, die Quelle des Lebens befindet sich im Bauch. Sogar
in den Evangelien steht geschrieben: »Wer an mich glaubt, wie
die Schrift sagt, von dessen Leibe werden Ströme lebendigen
Wassers fließen« (Jh 7,38)[1]. Warum »von dessen Leibe«? Warum
nicht aus dem Gehirn oder aus den Lungen? Was gibt es in den
Eingeweiden Besonderes, das lebendiges Wasser hervorbringt?
Nun, es ist eben so, dass Brahma, der Schöpfer dort seine Wohnung hat. Um ihn aber zu spüren, sich mit ihm eins zu fühlen,
sind viele Jahre der Arbeit nötig. Er ist wohl da, aber man spürt
ihn nicht und hat auch keinen Nutzen davon, da man immer nur
mit Shiva, mit dem Gehirn arbeitet. Als ich in Indien war, fiel
mir auf, (im Übrigen ist das allgemein bekannt), dass Brahma nur
sehr wenige Tempel geweiht sind; für Vishnu gibt es schon einige
mehr, und für Shiva wimmelt es nur so von Tempeln. Warum ist
das wohl so? Shiva ist der Zerstörer; ist es also aus Furcht und
um ihn zu besänftigen, dass die Menschen sich so viel mit ihm

abgeben? Von Brahma, dem Schöpfer, hingegen steht nicht zu befürchten, dass er etwas Schlimmes anrichtet, und vielleicht ist das der Grund, warum man ihn vernachlässigt.

Die Menschen im Westen wissen kaum um die Existenz des Harazentrums. Das hätten sie doch wenigstens von den Japanern lernen können. Aber sei es nun von den Japanern, den Tibetern, den Hindus oder den Ägyptern, diese großen Wahrheiten werden von Generation zu Generation und von einem Volk zum anderen weitergegeben. Und so war auch bei den Urchristen etliches von diesem Wissen bekannt, und man entwickelte daraus Meditationstechniken. Auch heutzutage gibt es manche Okkultisten, die lehren, wie man sich auf den Nabel konzentriert. Aber oft wissen sie nicht, dass sich das wichtigere Zentrum ein wenig tiefer befindet, wobei natürlich auch noch das Sonnengeflecht und das Geschlechtszentrum zu nennen sind. Freilich spielt auch der Bauchnabel eine große Rolle. Und diesbezüglich erinnere ich mich, dass ich in meiner Jugendzeit gesehen habe, wie meine Mutter viele Leute behandelte, indem sie nur auf den Nabel einwirkte. Heute noch, in ihrem Alter, behandelt sie viele Leute. Sie lässt diese sich hinlegen und den Nabel frei machen, wickelt ein Taschentuch um ihren Finger, den sie darauf in etwas Asche taucht und dann auf dem Nabel kreisen lässt. Sie sagt, dass sich im Bauchnabel ein wichtiger Knotenpunkt befindet, und wenn dieser verschoben ist, gerät der ganze Organismus aus dem Gleichgewicht. Also muss dieser Knotenpunkt wieder an seinen Platz gebracht werden, und eben das macht sie. Als ich klein war, hat sie auch mich auf diese Art gesund gemacht. Wenn ihr das nun den Ärzten erzählt, werden sie selbstverständlich sagen, das sei eine altertümliche und barbarische Methode, und euch auslachen. Nun gut, sollen sie nur lachen! Aber erzielen sie denn mit ihren »modernen« Methoden immer Heilerfolge?

Wenn ich mich heute dazu entschlossen habe, zu euch über diese verschiedenen Zentren zu sprechen, so in der Hoffnung, dass ich euch begreiflich machen kann, wie geheiligt diese Dinge sind. Dass der Bauch oftmals karikaturhaft dargestellt wird, ist kein Grund, nicht ernst zu nehmen, was ich sage. Es gehört übrigens zu meinem Programm, eines Tages über die Erfahrungen und Übungen zu sprechen, die man mit dem Harazentrum machen kann, um sich zu läutern und eine vollkommene Ausgeglichenheit zu erlangen. Denn so wird man wirklich unermüdlich, stark und tatkräftig. Manche Spiritualisten legen ihre Hände beim Meditieren gelegentlich auf den Bauch; sie tun dies, weil sie sich auf die Hararegion konzentrieren, damit die Energien dort besser fließen, die schließlich den ganzen Organismus versorgen sollen. Auch ihr könnt das so machen. Wenn ihr zum Beispiel spürt, dass euer Gehirn überbeansprucht ist und schon anfängt, sich zu sperren, dann lasst eure intellektuelle Arbeit einen Moment liegen und kümmert euch um dieses Zentrum... Einige Minuten darauf wird euer Gehirn wieder frisch sein, und ihr könnt dann mit eurer Arbeit weitermachen.

Allerdings bringt das auch Gefahren mit sich. Denn versteht man es nicht, mit dem Harazentrum in einem Geist der Lauterkeit, Opferbereitschaft und Selbstlosigkeit zu arbeiten, macht man dies nicht, um zum Wohle der Menschheit beizutragen, sondern nur wegen persönlicher Interessen, um Macht und Ansehen zu erlangen, dann sind es andere Zentren, die geweckt werden. Und das ist eine üble Geschichte. Wenn der Schüler nicht wachsam ist, so ist es nicht mehr das Harazentrum, das in ihm erwacht, sondern das sind dann höllische Zentren, und er wird von niederen Kräften erfasst, die er nicht mehr loswird. Wenn ich bisher das Thema Harazentrum noch nicht angeschnitten habe, so deshalb, weil es einer Vorbereitung bedarf, bevor ihr euch an solche Erfahrungen heranwagen könnt. Wenn ihr bereit dazu seid und es für euch keine Gefahr mehr bedeutet, könnt ihr in diese Tiefen hinabtauchen, denn dort befinden sich die wahren, unermesslichen Tiefen des menschlichen Seins.

Die Psychoanalytiker haben wohl einen Teil des Unterbewusstseins erforscht, aber sie sind noch weit davon entfernt, alle Geheimnisse der menschlichen Natur zu kennen; und auch wissen sie nicht, dass eben das Harazentrum, das in den tiefen Schichten des Unterbewusstseins vergraben liegt, in Verbindung steht

mit dem höheren Bewusstsein. Und wenn die Eingeweihten davon
sprechen, man müsse die beiden Enden verbinden, das heißt Kopf
und Schwanz der Schlange, so wollen sie damit eben gerade sagen,
dass man das unten liegende Zentrum mit dem anderen, oben, am
Scheitelpunkt des Kopfes befindliche, verbinden muss.[2] Wenn ihr
euch aber vorher mit all den Methoden, die ich euch angegeben
habe, nicht darauf vorbereitet habt, wie werdet ihr euch dann in
diesen so schwer zugänglichen Regionen zurechtfinden? Ihr werdet
erfolglos von dort zurückkehren... oder aber mit etlichen Verren-
kungen. Versteht mich recht, auch im spirituellen Leben gibt es ein
Programm einzuhalten. Zuerst einmal müsst ihr euch läutern und
kräftigen, und wenn das zu echten Ergebnissen geführt hat, könnt
ihr es euch erlauben, einen Abstecher in diese Tiefen zu unternehmen. Das sind Erfahrungen, die euch erwarten, nur dürft ihr euch
da nicht zu früh hineinstürzen.

Die Kinder werden im Bauch der Mutter herangebildet, und da
das Leben doch das Heiligste ist, was es gibt, wie sollte es angehen,
dass das Leben an Orten entsteht, deren man sich schämen muss?
Die Menschen haben nicht weiter nachgeforscht, was die kosmische
Intelligenz für Pläne hat, denn sonst hätten sie herausgefunden,
warum sie gerade diesen Ort ausgewählt hat. Erst einmal muss man
mit den alten Vorstellungen aufräumen und einsehen, dass diese
Körperregionen geheiligt sind. Ganz genauso wie die Geschlechtsorgane auch... Was wurde über die nicht schon alles gesagt! Wie
viele Witze wurden darüber schon erzählt! Und doch sind sie es, die
das neue Leben hervorbringen. Das macht weder der Mund, noch
die Nase und auch nicht die Ohren oder das Gehirn. Es sind die
Organe, die man »Schamteile« nennt, die die Aufgabe haben, für
den Fortbestand der Menschheit zu sorgen. Nun werdet ihr vielleicht
sagen: »Ah, das ist ja großartig! Sie verherrlichen diese Organe und
geben damit allen Wüstlingen recht und allen denen, die nur auf
sexuelle Vergnügungen aus sind!« Nein, ganz und gar nicht, ich zeige
euch nur die tiefgründige, heilige, magische Seite der Dinge, aber
deswegen halte ich euch noch lange nicht dazu an, Verrücktheiten

und Dummheiten zu begehen. Es soll niemand meinen, ich würde ihn dazu ermuntern, seine sinnlichen Gelüste zu befriedigen. Mich interessiert es herauszufinden, wie die Naturintelligenz arbeitet und warum sie die Dinge so und nicht anders geschaffen hat. Selbstverständlich weiß ich, was die Menschen dazu gebracht hat, diesen Bereich des Bauches oder des Geschlechts als etwas Niedriges, ja Abstoßendes zu betrachten. Aber wenn dies für eine gewisse Zeit auch aus gutem Grund geschah, so ist dem heute nicht mehr so. Die Zeit kommt, in der man all diese Vorstellungen erneuern muss.

Nun, das ist so weit alles zu diesem Thema, obwohl es sich dabei um eine unermessliche Welt handelt. Aber was ich euch eben gesagt habe, ist schon eine ganze Menge. Würde ich euch mehr darüber sagen, wüsstet ihr doch nichts damit anzufangen, das wäre nur Ballast. Man möchte wohl immer alles wissen... aus Neugier natürlich. Aber nicht in einer Einweihungsschule, dort heißt es, in die Praxis umsetzen und sich daran gewöhnen, die eigenen Kräfte und Fähigkeiten zu mobilisieren und eine echte Arbeit zu vollbringen. Ich weiß wohl, dass ich mit dieser Forderung keinen großen Anklang finden werde. Den Menschen wird gelehrt, alles im Äußeren zu suchen, und so funktionieren die inneren Zentren nicht mehr, die sind eingerostet, und die Energieströme fließen nicht mehr. Gewiss gibt es einige Mystiker, Philosophen und Spiritualisten, die diese Arbeit gewöhnt sind, aber die meisten Menschen sind erstarrt und haben weder die Kraft noch den Willen, an sich zu arbeiten. Damit erklärt sich auch, warum es so wenig echte Eingeweihte gibt. Selbst im Fernen Osten, wo Hunderttausende von Yogis, Sadhus und Mönchen sich in diesen Praktiken üben, kommen sehr wenige zu echten Ergebnissen, denn das ist nicht einfach, und auch da spielt die Frage der Reinkarnation eine Rolle. Wer gerade erst in diesem Leben mit der Arbeit beginnt, kann nicht so weit kommen, Zentren in Gang zu bringen, die jahrhundertelang untätig waren. Hat einer in den früheren Inkarnationen schon an sich gearbeitet und macht nun weiter, sieht es für ihn natürlich ganz anders aus, und er kommt viel leichter zu Ergebnissen.

Und nun, meine lieben Brüder und Schwestern, was bleibt euch jetzt zu tun? Beginnt mit der Arbeit in dieser Inkarnation, denn wenn ihr in dieser nicht damit anfangt, werdet ihr es in den folgenden wohl auch nicht tun. Vielleicht werdet ihr nicht gleich die Resultate sehen, das macht aber nichts, immerhin habt ihr schon mal begonnen. In der nächsten Inkarnation macht ihr dann weiter, und dann werden sich die Ergebnisse schon einstellen. Worauf es ankommt ist, dass man beginnt. Dass ihr noch nicht weit damit kommt, ist ohne Bedeutung. Hauptsache, ihr habt begonnen, gute Energien in Gang zu setzen.

Sèvres, den 12. Januar 1969

Anmerkungen
1. Siehe Band 240 der Reihe Izvor »Söhne und Töchter Gottes«, Kapitel 12: »Aus seinem Leib werden Ströme lebendigen Wassers fließen«.
2. Siehe Band 8 der Reihe Gesamtwerke »Sprache der Symbole, Sprache der Natur«, Kapitel 4: »Zeit und Ewigkeit«.

II

Freier Vortrag

Frage: »Meister, wir konnten während der Weihnachtszeit nicht in Sèvres sein und haben daher nicht gehört, was Sie über das Harazentrum gesagt haben. Möchten Sie uns darüber noch einige Worte sagen?«

Seit Jahren schon bestand meine Pädagogik darin, euch zuerst einmal die höhere Welt, die Welt des Lichtes, die göttliche Welt näherzubringen. Das war aber eine Vorbereitung, um nachher in die Tiefen des menschlichen Seins hinabsteigen zu können, denn um sich wirklich kennenzulernen, muss man beide Regionen kennen, die von oben und die von unten. In der oberen Region befindet sich nun das Gehirn, und in der unteren eben das Zentrum, das die Japaner Harazentrum nennen. Und was ordnen sie diesem Zentrum zu? Zuerst einmal das Gleichgewicht, aber auch Stärke, Gesundheit, Tatkraft, Frieden. Sie kennen Techniken, mit denen sie dieses Zentrum erwecken und entwickeln, um dann daraus Energien zu schöpfen, denn es enthält große Schätze und ist von Wesenheiten bewohnt.
Wenn das Gehirn also den Himmel repräsentiert, d. h. das Bewusstsein, dann stellt das andere Zentrum die unterirdische Welt dar, das Unterbewusstsein, die unerforschten Tiefen des menschlichen Seins. Aber natürlich sind diese Bereiche sehr gefährlich für

alle diejenigen, die nicht stark und gewappnet sind; darum ist es für den Schüler ratsamer, zuerst die höheren Regionen zu erforschen, und später, wenn er standfest und wehrhaft geworden ist, wenn er eine ganze Ausrüstung besitzt, kann er in diese unermessliche Tiefe hinabsteigen, um zu erkunden, was sie alles enthalten. In den unteren Regionen findet man den Ursprung, die Quelle des Lebens, aber auch die Hölle und monströse Gestalten. Ja, aller Reichtum und alle Schätze befinden sich dort, aber auch alle Gefahren. Will man eine Goldader entdecken, Edelsteine oder Erdöl finden, muss man im Erdinneren suchen, und solche Unternehmungen erfordern die größten Vorsichtsmaßnahmen. Ebenso muss der Mensch, der in sich selbst hinabsteigen will, um dort nach Gold, Edelsteinen und Erdöl zu suchen, eine ganze Reihe von Vorsichtsmaßnahmen treffen. Wenn er sich nicht zu schützen und mit Licht zu umgeben versteht, wird er nicht standhalten können, sondern den negativen Kräften erliegen. Und genau darum wird nach unserer Pädagogik zuerst mit der höheren Welt gearbeitet, damit man eines Tages dann auch mit der niederen Welt arbeiten kann.

Jahrhundertelang haben die Theologen die untere Hälfte des menschlichen Körpers mit Verachtung, ja mit Abscheu behandelt. Die Natur hat zu diesem Thema aber schon immer eine andere Meinung gehabt, und man muss sich nun eben nach der Natur richten und nicht nach der menschlichen Denkweise, die immer von Voreingenommenheit geprägt ist. Vom Standpunkt der Natur aus betrachtet, sieht die Sache ganz anders aus, da wird dem oberen Bereich sowie dem unteren Rechnung getragen, und dem Bauch mehr als allem anderen. Das sieht man schon daran, dass zuerst dieser Bereich versorgt wird, und der andere steht hinten an. Ob man nun intelligent oder dumm ist, das ist für die Natur einerlei. Das Einzige, worauf es ihr ankommt, ist, dass ein Geschöpf lebt, dass es essen, trinken, sich bewegen und sich fortpflanzen kann; selbst wenn es sich um eine ganz niedere Tiergattung handelt, das macht gar nichts, die Natur ist bemüht, es am Leben zu erhalten. Aus ihrer Sicht ist also der Bauch das Wichtigste. Im Übrigen gibt es nur wenige Menschen, für die das Gehirn an erster Stelle steht. Für die meisten ist es zweifellos der Bauch und das Geschlecht. Der Rest ist ihnen ziemlich einerlei, Hauptsache, sie können essen, trinken und ihren Vergnügungen nachgehen. Folglich stehen sie der Natur viel näher, denn diese kümmert sich nicht darum, die Menschen zu großen Philosophen, Propheten oder Eingeweihten zu machen; ihr Anliegen ist es nur, Tiere zu schaffen, die gehen, laufen, essen, trinken und sich untereinander bekämpfen.

Der Bauch ist die Körperregion, wo neues Leben entsteht und herangebildet wird, das zeugt für seine große Bedeutung. Wäre er so verachtenswert, warum sollte die Natur ihn zu dieser Aufgabe ausersehen haben? Gewiss ist er nicht besonders ästhetisch, zumindest, wenn man dies nach der Ästhetik der Menschen beurteilt – nur warum entsteht das neue Leben gerade dort? Die Mutter trägt das Kind nicht nur in ihrem Bauch, sondern dieses erhält von dort über die Nabelschnur auch Kraft und Nahrung. Bei den Russen heißt dieser ganze Bereich »jivot«, und auf Bulgarisch bedeutet das »Leben«. Ja, das Leben kommt von dort, breitet sich dann aus und verteilt sich auf die anderen Organe. Somit ist das Gehirn von diesem Zentrum abhängig, da es von dorther das Leben erhält. Es ist wie bei einem Baum; dessen wichtigster Teil sind die Wurzeln, die unsichtbar, verborgen in der dunklen Erde liegen, genau wie das Harazentrum, das unseren Wurzelbereich darstellt. Und wenn man zu den Wurzeln hinabsteigt, um zu erfahren, was die Natur dort alles angelegt hat, wird man eine Welt mit einer außerordentlichen Fülle an Materialien und Energien entdecken. Es ist die reinste Fundgrube, eine Quelle... Ich habe schon die Passage aus den Evangelien zitiert, wo Jesus sagt: »Aus seinen Lenden werden Ströme lebendigen Wassers fließen« (Jh 7,38)[1]. Daran sieht man, dass die Eingeweihten das Harazentrum schon seit langer Zeit kennen, aber sie sprechen sehr wenig darüber, da es zu gefährlich ist. Sie legen das Schwergewicht auf den Himmel, die Tugenden, die Reinheit und das Licht und übergehen stillschweigend dieses Zentrum, das die Finsternis repräsentiert. Die Alchimisten haben sich mit dieser

Frage befasst und sprechen zum Beispiel von dem Licht, das aus der Finsternis hervorgeht. Die Finsternis ist unendlich viel weiter als das Licht; sie umfasst, verschlingt und bedeckt alles. Das Licht ist wie ein von Finsternis umgebener Funke. Alles, was neu entsteht, geht somit aus der Finsternis hervor, das heißt aus der unsichtbaren Welt, denn diese ist das Wurzelwerk des Seins. Alle Dinge, die auf der Erde als Erscheinung, Daseinsform, konkretes Gebilde zu sehen sind, sind nichts anderes, als Energien und Elemente, die aus der Finsternis hervorgegangen sind; und wie die Kinder im Mutterleib sind diese Energien und Elemente über eine Art Nabelschnur mit der Natur verbunden und schöpfen so ihre Kräfte aus der Allseele.

Mit dem Harazentrum kann der Mensch genauso wenig in direkten Kontakt treten, wie mit dem Sonnengeflecht, denn es gibt keinen direkten Weg, über den man mit dem bewussten Denken das Unterbewusstsein erreichen könnte. So kann er es nur auf Umwegen erreichen, und zwar über seine Lebensführung. Wenn dieses Zentrum also mit dem Universum nicht in der rechten Harmonie ist, so liegt dies daran, dass der Mensch dessen korrekte Funktion durch sein ungeordnetes, chaotisches, unvernünftiges Leben behindert hat; und dann kann er die Energieströme der Allseele nicht mehr empfangen. Die Bedeutung dieses Zentrums ist unermesslich, größer sogar als die des Gehirns, denn das Gehirn kann ja weder Leben hervorbringen noch austeilen. Im Übrigen funktioniert oder streikt das Gehirn entsprechend der Energien, die es von diesem Zentrum erhält oder auch nicht erhält. Darum heißt es in manchen slawischen Sprachen auch »jivot«, das Leben. Bisher habe ich davon nicht gesprochen, weil viele Jahre nötig waren, euch darauf vorzubereiten, bis dorthin vorzudringen, es zu erforschen und zu entwickeln, um so den Ursprung unseres Seins kennenzulernen. Denn genau dort liegt der Ursprung. Und wenn ich immer wieder sagte: »Sucht nicht im Äußeren! Sucht nicht an der Oberfläche... sondern arbeitet euch immer tiefer vor, und dann werdet ihr Gold finden und Erdöl«, so war das symbolisch gemeint. Ich wollte damit eben sagen, dass man sich in diesen Bereich des Unterbewusstseins vorarbeiten muss.

Als ich vorhin sagte, die Natur kümmere sich nicht so sehr um die Entwicklung des menschlichen Gehirns, sondern mehr um den Bauch, stimmte das natürlich nur zum Teil. Ich meinte damit die rein instinktive, biologische Natur. Aber es gibt ja auch eine andere Natur, nämlich die göttliche, und deren Ziele unterscheiden sich von denen der ersteren. Hat die Natur einmal dafür gesorgt, dass der Mensch alles hat, was er benötigt, um sein Leben auf der biologischen Ebene zu entwickeln, fängt sie an, ihn einzuschränken, um ihn zum Überlegen, zu Weisheit, Opferbereitschaft und Hingabe hinzuführen. Schaut, wie sie es mit den Tieren macht, sie gibt ihnen alles, was zur Arterhaltung nötig ist, sogar die Grausamkeit. Die Menschen aber fängt sie an zu drangsalieren und einzuschränken, um sie so dazu zu bringen, intelligent, vernünftig und weise zu werden. Von den Tieren verlangt sie so etwas nicht, und doch ist es immer die Natur. Folglich gibt es zwei Naturen, eine niedere und eine höhere. Und vom spirituellen Schüler wird nun erwartet, dass er seine niedere Natur beherrscht und bemeistert, damit so seine göttliche Natur zum Vorschein kommt. Was ich euch vorhin sagte, ist also nur zum Teil wahr, denn man muss davon ausgehen, dass es zwei Naturen gibt, eine niedere, die den Menschen zum Essen, Trinken und zur Fortpflanzung antreibt, und eine höhere, die ihm abverlangt, dass er ein vollkommenes, ein göttliches Wesen wird. Um nun aber vollkommen zu werden, muss er anfangen, einige Dinge in sich einzuschränken und zu zügeln, um so anderes entwickeln zu können.

Kommen wir nun wieder zum Harazentrum zurück; ich habe auch erwähnt, dass in den heiligen Büchern Indiens geschrieben steht, Brahma habe seinen Sitz unten, in den Eingeweiden. Warum hat denn nun Gott, der Schöpfer, einen solchen Ort gewählt? Zitieren wir dazu Hermes Trismegistos: »Was unten ist, ist wie das, was oben ist, und was oben ist, ist wie das, was unten ist.« Das ist kein frei erfundener Vergleich, wie schon manche gemeint haben. Gewiss gleicht das, was unten ist, nicht dem, was oben ist oder nur sehr wenig. Was unten ist, ist wie das, was oben ist, allerdings nur unter dem Gesichtspunkt der Wichtigkeit der zu erfüllenden Aufgabe; das heißt, unten und oben sind die Gesetze, die Funktionen, die Vorgänge identisch. Es ist so wie, aber doch nicht dasselbe.

Wenn ein Haus sich im Wasser spiegelt, so ist das, was in der realen Welt oben ist, in der gespiegelten Welt unten, und umgekehrt. Aber »so wie« bedeutet ja nicht, »aus dem gleichen Stoff«. Es gibt also eine Welt der Spiegelungen, der Illusionen und eine Welt der Realitäten. Die Welt der Illusionen, die sich unten befindet, ist wie die Welt der Realitäten von oben. Aber da es nun in jeder dieser beiden Welten wiederum unten und oben gibt, so ist das, was in der Welt der Illusionen unten ist, wie das, was in der Welt der Realitäten oben liegt. Und da sich ja der Schöpfer in der kosmischen Realität oben befindet, befindet er sich in uns eben unten, da wir ja ein Spiegelbild darstellen.

Seit langem spreche ich schon von diesen Umkehrungen, und ich habe euch auch gesagt, dass Steine, Kristalle und Metalle, die sich ja unten befinden, die göttliche Welt von oben repräsentieren. Und beim Menschen entspricht der unten liegende Bauch dem, was im Göttlichen oben ist, denn im Hinblick auf den Makrokosmos steht der Mikrokosmos (also der Mensch) auf dem Kopf. Darum hat nun Brahma, der Schöpfer, seinen Sitz im Bauch.

Unten befindet sich also das Zentrum, das aufbaut, organisiert, nährt, läutert, stärkt und Erholung bringt. Jeden Morgen, wenn wir aufstehen, hat es schon eine enorme Arbeit geleistet, um im ganzen Organismus Ordnung zu schaffen. Während man mit dem Gehirn meistens nicht mehr fertig bringt, als sich Unannehmlichkeiten zu schaffen.

Mehrfach habe ich auch über den Unterschied zwischen Intellekt und Herz gesprochen und euch gesagt, dass das eigentliche Herz nicht diese Pumpe ist, die das Blut im Organismus fördert. Das wahre, das spirituelle Herz wird vom Harazentrum und vom Sonnengeflecht gebildet. Dort spürt man die Dinge im selben Augenblick, da man sie versteht. Ja, denn das Gespür ist eine Art Verständnis, allerdings anders beschaffen und hat nichts

Intellektuelles an sich. Solange ihr nur das intellektuelle Verständnis entwickelt, könnt ihr die Dinge nur von außen kennenlernen, nie werdet ihr so in die Tiefe vordringen und die Herrlichkeit des dort strömenden Lebens verspüren. Wenn ihr die in der Tiefe verborgene, unbekannte, geheimnisvolle Seite kennenlernen wollt, müsst ihr dieses Zentrum entwickeln, über das ihr dann in Einklang mit der Quelle des Lebens schwingen könnt, des Lebens, von dem das ganze Universum durchströmt ist.

Eines Tages werde ich euch mehr darüber sagen. Dies ist ein so tiefgründiges und geheiligtes Thema, dass die unsichtbare Welt es mir nicht gestattet, euch im Augenblick mehr davon zu enthüllen. Ich warte ab, bis ich ein Zeichen dafür bekomme. Zwar arbeite ich schon seit Jahren in diesem Bereich, aber ich spreche nicht darüber. Es gibt noch weitaus mehr Dinge, über die ich nicht sprechen darf, ohne sie zuerst selber hundertfach erfahren und ausprobiert zu haben.

Das waren also einige Worte zur Beantwortung eurer Frage. Es gibt eine Menge höchst interessanter Dinge zu erforschen und zu entdecken, nur habt ihr leider keine Zeit dafür übrig. Alles, was euch Leid einbringt und das Leben schwer macht, ja, dafür ist immer Zeit genug da, das allein zählt... Also, liebe Brüder und Schwestern, wann werdet ihr euch denn nun dazu entschließen, euch frei zu machen, um die Wunder der Schöpfung studieren zu können?

Videlinata (Schweiz), den 1. März 1969

Anmerkung

1. Siehe Band 240 der Reihe Izvor »Söhne und Töchter Gottes«, Kapitel 12: »Aus seinem Leib werden Ströme lebendigen Wassers fließen«.

III

Freier Vortrag

Frage: »Meister, würden Sie uns erklären, wodurch sich die »zweite Geburt«* anzeigt?«

Das ist ein sehr wichtiges Thema, das ich schon mehrfach behandelt habe, und zwar vor allem in der Weihnachtszeit, in der man ja nicht umhinkommt, sich mit der Geburt Jesu zu befassen. Ich habe euch gesagt, dass die Geburt Jesu symbolisch als Geburt des Christusgeistes in jeder Seele interpretiert werden muss.[1] Es genügt nicht, dass Jesus vor zweitausend Jahren auf die Welt gekommen ist. Die Christen sind stolz und glücklich über dieses freudige Ereignis, aber lassen es dabei bewenden. Es gibt nicht viele Leute, die auf den Gedanken kommen, zu lernen, zu arbeiten und sich anzustrengen, damit der Christusgeist im Innern, in jeder Seele und in jedem Geist, geboren werden kann. Wäre es schon genug damit, dass Jesus vor zweitausend Jahren auf die Welt gekommen ist, warum ist denn dann das Reich Gottes noch nicht da? Kriege, Not, Krankheiten, all das dürfte es nicht mehr geben!

Die Geburt Jesu war gewiss ein sehr bedeutendes Ereignis. Man kann es gar nicht in Worte fassen. Niemals habe ich durch meine Aussagen die historische Bedeutung der Geburt Jesu

---

* Gemeint ist die Geburt des Christusgeistes im Menschen. Siehe dazu Gal 4,19 in den Paulusbriefen im Neuen Testament.

schmälern wollen, aber ich bleibe bei meiner Behauptung, dass dies zu Konsequenzen führen muss. Der religiöse und mystische Aspekt der Geburt Jesu muss weitergeführt werden. Ein solches Ereignis darf niemals zeitlich begrenzt werden. Aber dieser Punkt ist für die Christen noch unklar; und doch wissen sie, dass in den Schriften des Heiligen Paulus steht: Wie viel Mühe habe ich mir gegeben, damit der Christusgeist in euch geboren werde! – Also wussten auch die Apostel schon, dass die Geburt Jesu sich in jeder Seele erneut vollziehen sollte. Und zwar in welcher Form? Das ist eine sehr weitreichende Frage. Dafür muss man verstehen, wie der Mensch in den Werkstätten des Herrn gestaltet wurde.

Den Menschen zu studieren besteht nicht darin, ihn zu wiegen, zu messen und auseinanderzuschneiden, um nachzusehen, wie er von innen ausschaut. Nein, auf diese Weise entdeckt man gar nichts oder bestenfalls einige Organe, Knochen, Nerven, Blutgefäße... Nur den Menschen selbst wird man so nicht entdecken, denn dort befindet er sich nicht. Das Wesentliche des Menschen besteht in dem, was unsichtbar, nicht greifbar, unwägbar, nämlich feinstofflich ist. Das ist ein sehr ergiebiges, weitreichendes Thema, ihr erinnert euch gewiss daran, dass ich euch in anderen Vorträgen schon erklärt habe, was der Äther-, Astral-, Mental-, Kausal-, Buddhi- und Atmankörper sind, aus was für einem Stoff sie bestehen, welche Aufgabe sie haben und wie sie funktionieren. Von all diesen Körpern ist in der offiziellen Wissenschaft rein gar nichts bekannt, darum steht sie auch noch vor vielen ungelösten Problemen in den verschiedensten Bereichen, wie Pädagogik, Psychologie, Medizin... Diese bleiben ungelöst, da ihre Lösung weder von äußeren Mitteln, noch von materiellen Bedingungen abhängen, sondern von der Kenntnis der feinstofflichen Körper. Darüber habe ich schon etliche Vorträge gehalten und kann jederzeit darauf zurückkommen.

Jetzt aber sollten wir uns noch mit dem Symbolgehalt der Krippe befassen. Ja, warum wurde Jesus in einer Krippe geboren, auf Stroh und zwischen Ochs' und Esel? Ihr werdet sofort begreifen, an welcher

Stelle des Körpers sich diese Krippe befindet, wenn ihr euch an die Stelle im Vortrag über das Harazentrum erinnert, wo ich folgende Passage aus dem Evangelium zitiert habe: »Aus seinen Lenden werden Ströme lebendigen Wassers fließen...« Warum musste Jesus in einer Krippe zur Welt kommen, anstatt in einem Palast, einem Tempel, einem großen prachtvollen Haus? Ihr seht, in den Evangelien hat alles symbolischen Charakter, aber im Laufe von zweitausend Jahren ist es den Christen nicht in den Sinn gekommen, hinter dieser Erzählung von der Geburt Jesu in einer Krippe könne sich etwas äußerst Tiefgründiges verbergen. Sie meinen auch, die Jünger seien ungebildete und unwissende Leute gewesen, die Jesus unter den Fischern ausgewählt habe. Ja, ja, so muss es wohl gewesen sein, Jesus war geistig blind und hat auf gut Glück irgendwen genommen! Man müsste eben wissen, wer die Jünger Jesu in den früheren Inkarnationen gewesen waren! Sie waren Propheten und Könige gewesen, und sogar Salomo befand sich unter ihnen. Ja, unter den zwölf Aposteln befand sich Salomo. Und wer von ihnen war es denn? Natürlich war er nicht mehr so wie in früheren Zeiten. Er hatte all seine Pracht und Herrlichkeit verloren, weil er zu sehr im Überfluss gelebt und sich mit den Frauen vergnügt hatte; da er aber große Qualitäten und ein tiefes Wissen besaß, erhielt er einen Platz im Kreise der Jünger um Jesu. Nur glauben die Christen nicht an die Reinkarnation und wollen nachher doch alles erklären; aber ohne die Reinkarnation wird es ihnen nicht gelingen, irgendetwas zu erklären.

Kommen wir nun auf eure Frage zur zweiten Geburt zurück; ihr kennt doch die Stelle in den Evangelien, wo Jesus zu Nikodemus sagt: »Es sei denn, dass jemand von Neuem geboren werde, so kann er das Reich Gottes nicht sehen. Und Nikodemus fragt erstaunt: »Wie kann ein Mensch geboren werden, wenn er alt ist? Kann er denn wieder in seiner Mutter Leib gehen und geboren werden?« Und Jesus antwortet: »Es sei denn, dass jemand geboren werde aus Wasser und Geist, so kann er nicht in das Reich Gottes kommen« (Jh 3, 3-5). Folglich ist die zweite Geburt ein Ergebnis des Wirkens von Wasser und Geist, das heißt von Wasser und Feuer. Es gibt vier Elemente: Erde, Wasser, Luft und Feuer. Erde, Wasser und Luft sind materielle Elemente, während man mit dem Feuer schon ins Ätherische hineinkommt. Das Feuer steht über diesen drei Zustandsformen der Materie. Zwar ist auch das Feuer, das Licht, ein materielles Element, es besteht aber aus einer den Menschen unbekannten Materie, da es ihnen noch nicht gelungen ist, diese in ihre Reagenzgläser zu füllen und zu analysieren, denn man kann sie nicht mit physikalischen Verfahren untersuchen.

Wasser und Feuer sind zwei Symbole. In der Symbolsprache stellt das Wasser die Urmaterie dar, die gestaltlose Materie, die bei den Griechen »Hyle« heißt; und das Feuer steht für den Geist.[2] Wenn Feuer und Wasser zusammenwirken, entsteht eine Kraft, die man nutzbar machen kann. Die Menschen haben mit der Dampfmaschine eine enorme, wesentliche Erfindung gemacht, doch haben sie das Wasser und das Feuer nur im physischen Bereich genutzt, um Apparate, Lokomotiven und Schiffe anzutreiben; das ist nicht gerade sehr viel. Wasser und Feuer sind die zwei Prinzipien, die zur Entstehung eines dritten Prinzips nötig sind, nämlich der Energie. Nun kann man diesen beiden Prinzipien selbstverständlich verschiedene Namen geben, wie Wasser und Feuer, Materie und Geist, Frau und Mann. Aber immer sind es die beiden Prinzipien, das männliche und das weibliche, die sich vereinen müssen, damit ein drittes Prinzip entsteht, das Kind. Nun gibt es da einige Dinge, die man wissen muss. Damit zum Beispiel Feuer und Wasser Energie erzeugen, muss man eine Trennwand zwischen den beiden ziehen und das Wasser beispielsweise in einen Topf geben. Denn gießt man das Wasser direkt auf das Feuer, löscht man dieses, und das Wasser verdampft. Übrigens passiert genau das in vielen Ehen und Partnerschaften, Mann und Frau haben es so schlecht verstanden, miteinander zu arbeiten, dass die Frau zu einem Luftikus, also flatterhaft und oberflächlich wird und das Feuer des Mannes erlischt!

Wie man mit Wasser und Feuer arbeitet, ist eben genau das, was man in einer Einweihungsschule lernt. Denn das Prinzip von Wasser und Feuer finden wir auch wieder in den Paaren Herz und Intellekt sowie Gefühle und Gedanken. Das Herz stellt das weibliche, der Intellekt das männliche Prinzip dar, und man muss schon wissen, wie man mit diesen beiden zu arbeiten hat, sonst lebt man wie im Zölibat und bleibt unproduktiv! Ja, in diesem Bereich lebt fast die ganze Menschheit im Zölibat. Die einen haben nur ihren Intellekt und vertrocknen regelrecht; die anderen sind so sehr vom Herzen bestimmt, dass sie aufgeschwemmt sind und in den Wolken oder im Nebel leben... ohne klare Sicht! In allen Bereichen kann man sehen, dass es den Menschen nicht gelungen ist, die beiden Prinzipien zu vereinen, das Feuer und das Wasser, das gebende und das empfangende Prinzip.

Sucht man nun nach deren Entsprechung in der göttlichen Welt, findet man für das Feuer die Weisheit und für das Wasser die Liebe. Liebe und Weisheit bringen die Wahrheit in die Welt.[3] Und diese Wahrheit, das ist der Christusgeist, der in uns geboren wird, also ein neues Bewusstsein, das in uns aufkommt. Die erste Geburt ist die des Kindes, das in unsere physische Welt hineingeboren wird; es hat Arme, Beine, eine Nase, einen Mund, Lungen usw., und allmählich entwickelt es sich, denn es atmet, es isst, fängt an zu sprechen... Auch die zweite Geburt ist das Ergebnis einer Zeugung, nur geschieht diese Zeugung in einer anderen Welt.[4] Der Geist vereinigt sich mit einer reinen Materie, um ein göttliches Kind zu zeugen. Wenn nun das Kind in die geistige Welt hineingeboren ist, dann kann es in dieser Welt sprechen, sich bewegen und arbeiten. Und darin besteht die zweite Geburt: zu dem Universum einer anderen Dimension Zutritt zu haben und darin leben zu können. Wenn Geist und Seele sich vereinen, bringen sie einen Keim zur Welt, der zu einem neuen Bewusstsein heranwächst. Alle Eingeweihten, die die zweite Geburt in sich vollzogen haben, sind so von allen Leidenschaften, Begierden und niederen Wünschen frei geworden, und ihr Geist erhebt sich in große Höhen. Allerdings könnt ihr das noch nicht begreifen; solange ihr die zweite Geburt noch nicht durchlebt habt, könnt ihr nicht erfassen, was das bedeutet. Das kann man nicht erklären, so wie man einem Blindgeborenen nicht das Sonnenlicht und einem Taubgeborenen nicht die Musik erklären kann.

Wenn ihr zum zweiten Mal geboren werdet, werdet ihr spüren, was das bedeutet, und es wird für euch ein auf ewig unvergessliches Ereignis sein. Diese zweite Geburt findet hier, genau im Bereich von Sonnengeflecht, Nabel und Harazentrum statt. Hier befindet sich die Krippe mit dem Esel und dem Ochsen, die nichts anderes sind als Leber und Milz. Und oben ist die Musik, dort sind die singenden Engel... Denn die zweite Geburt ist ein Ereignis, an dem der ganze Himmel teilnimmt. Das, was sich im Augenblick der Geburt Jesu ereignete, wiederholt sich jedes Mal, wenn ein Mensch zum zweiten Mal geboren wird. Der Esel ist da und der Ochse, die drei Könige und die Engel... Dieses Ereignis hat nicht nur vor zweitausend Jahren in Palästina stattgefunden, sondern es wiederholt sich bis in alle Ewigkeit. Um nun das Kind in sich heranzubilden, muss man viele Dinge wissen, zum Beispiel, wie man es austrägt, wie man es ernährt.

Die zweite Geburt zeigt sich also in Gestalt einer Bewusstseins-erweiterung, eines inneren Lichtes, das jegliche Finsternis vertreibt, in Form von derart intensiver Wärme und Licht, dass, selbst wenn die ganze Welt euch allein ließe, ihr euch dennoch nicht verlassen fühlen würdet, auch in Form einer Lebensfülle, die ihr überall dort hervorrufen werdet, wohin eure Füße euch auch tragen mögen... in Form von Energien, die ihr für die Errichtung und den Aufbau des Reiches Gottes einsetzen werdet, auch in Form von Freude, der unermesslichen Freude über das Gefühl, mit dem ganzen Univer-sum und allen höher entwickelten Seelen verbunden zu sein und dieser unermesslichen Weite anzugehören, und ihr werdet auch die Sicherheit besitzen, dass niemand euch diese Freude nehmen kann. In Indien nennt man diesen Zustand das Buddhabewusstsein, bei den Christen spricht man von der Geburt des Christusgeistes im Menschen.

Bisher hatte ich nicht gewagt, euch das Mysterium der Krippe zu enthüllen und wo die zweite Geburt stattfindet. Nun, es ist also in dieser Krippe, in den Eingeweiden, zwischen Ochse und Esel, das heißt zwischen Leber und Milz, wo Jesus geboren wurde. Somit beinhaltet die Geburt Jesu in einer Krippe einen esoterischen Aspekt von höchster Bedeutung. Hier also, im Harazentrum, muss der Schüler in sich selbst das neue Bewusstsein, das Christkind zur Welt bringen.

Als ich zu euch über den Hermesstab sprach, habe ich auch gesagt, dass die beiden Schlangen, die sich um den Stab winden, die beiden Energieströme symbolisieren, die vom Gehirn aus herabfließen. Sie gehen von der rechten und linken Gehirnhälfte aus, kreuzen sich auf der Höhe des Nackens, gehen durch den linken und rechten Lungenflügel, kreuzen sich erneut im Solarplexus, verlaufen durch Leber und Milz, kreuzen sich im Nabel, nehmen ihren Weg durch die linke und rechte Niere, kreuzen sich nun wieder im Harazentrum und durchströmen beim Mann die Geschlechtsdrüsen und bei der Frau die Eierstöcke. Wie ihr seht, liegen Milz und Leber auf dem Weg dieser beiden Ströme.

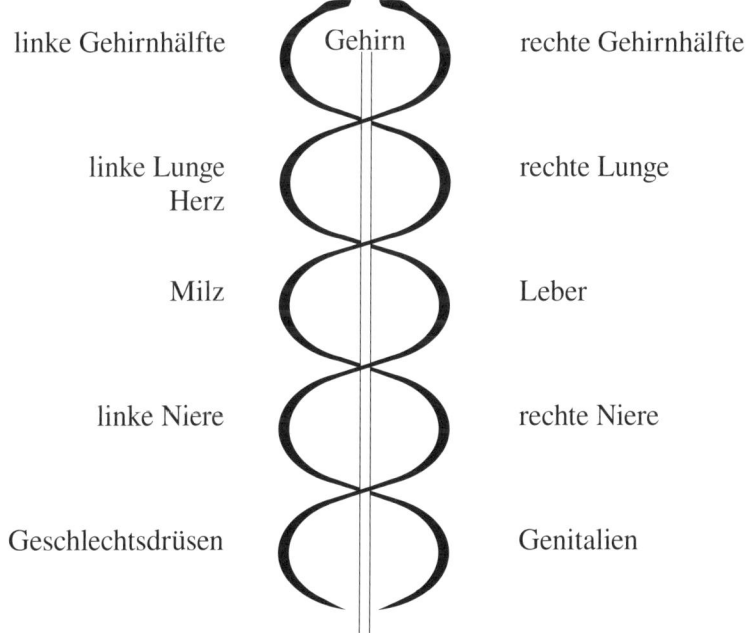

linke Gehirnhälfte — Gehirn — rechte Gehirnhälfte

linke Lunge / Herz — rechte Lunge

Milz — Leber

linke Niere — rechte Niere

Geschlechtsdrüsen — Genitalien

Geboren werden aus Wasser und Geist... Die Eingeweihten, denen die Symbolsprache bekannt ist, bleiben nicht nur bei den Wörtern »Wasser« und »Geist« stehen, sondern finden überall, in allen Bereichen, Entsprechungen und Beziehungen, die zwischen diesen beiden Realitäten bestehen. Denn in allen Regionen des Universums gelten dieselben Gesetze. Wenn in der physischen Welt Kinder geboren werden, bedeutet dies, dass dasselbe auch in den anderen Welten geschieht. Das ist der Grund, aus dem ich sagte, dass nicht nur die Frau, sondern auch der Mann Kinder zur Welt bringt. Er ist sich dessen nicht bewusst, aber seine Gedanken und Gefühle sind seine Kinder; und für die Frau gilt dasselbe. Man meint, Kinder kämen nur auf der physischen Ebene zur Welt; nein, die Geburt ist ein Phänomen, das sich in allen Regionen des Universums abspielt.

Gewiss ist das, was ich euch hier erzähle, für manche völlig unwahrscheinlich, ja höchst sonderlich! Ich sage es aber für diejenigen, die schon in diesem Sinne arbeiten, die schon auf dem Wege sind und nur noch einiger Hinweise bedürfen, um hinter das Geheimnis zu kommen. Die zweite Geburt... ihr habt davon viel mehr erahnt, als ich euch tatsächlich gesagt habe. Auch durch die vorhergehenden Vorträge ist es euch nun klar geworden, in welcher Körpergegend sie stattfindet. Ich sehe zwar, dass ihr völlig sprachlos seid... aber nein, der Christusgeist wird nicht im Kopf geboren. Habt ihr schon einmal gesehen, dass ein Kind über das Gehirn von jemandem zur Welt gekommen wäre? Wer hat schon darüber nachgedacht?! Der Bauch, die Eingeweide, für manche ist das abstoßend, aber der Herr hat nun einmal gerade diesen Ort dafür bestimmt, dass darüber für den Fortbestand der Menschheit gesorgt wird!

Bald wird ein großes Licht in euch aufgehen, und dann werdet ihr die Entsprechung begreifen, ja spüren, die zwischen den unteren Zentren (Sonnengeflecht, Nabel und Harazentrum) und den Chakras Sahasrara, Ajna und Visudha besteht, mit diesen Zentren, die mit Augen, Ohren und Mund, sowie mit Liebe, Weisheit und Wahrheit verbunden sind.[6] Wenn ihr dann den Wert und die Aufgabe dieser unteren Zentren begriffen habt, werdet ihr über die Gesetze der Wesensverwandtschaft und der Analogie erkennen, was sich auch oben tut. Und dann werden euch die größten Mysterien der Schöpfung und des spirituellen Lebens offenbar werden.

Videlinata (Schweiz), den 6. März 1969

Anmerkungen

1. Siehe Band 321 der Reihe Broschüren »Weihnachten und das Mysterium der Geburt Christi«.
2. Siehe Band 232 der Reihe Izvor »Feuer und Wasser, Wunderkräfte der Schöpfung«, Kapitel 1: »Wasser und Feuer, Grundprinzipien der Schöpfung«.
3. Siehe Band 234 der Reihe Izvor »Die Wahrheit, Frucht der Weisheit und der Liebe«, Kapitel 2: »Die Wahrheit, Kind der Weisheit und der Liebe«.
4. Siehe Band 209 der Reihe Izvor »Weihnachten und Ostern in der Einweihungslehre«, Kapitel 2: »Die zweite Geburt«.
5. Siehe Band 209 der Reihe Izvor »Weihnachten und Ostern in der Einweihungslehre«, Kapitel 3: »Die Geburt auf den verschiedenen Ebenen«.
6. Siehe Band 219 der Reihe Izvor »Geheimnis Mensch«, Kapitel 6: »Die Chakras«.

XI

DAS GEISTIGE HERZ

Freier Vortrag

»Wenn ihr es versteht, die in der Nahrung enthaltenen Energien[1] richtig zu nutzen, dann wandelt ihr einen Teil dieser Energie in so hochschwingende Lebenskraft um, dass ihr damit das Herz des Universums berühren könnt«.

Ich habe euch schon gesagt, liebe Brüder und Schwestern, dass die Eingeweihten sich gerne des Ausdrucks »die Intelligenz des Herzens« bedienen, während sie nicht von der Intelligenz des Gehirns sprechen. Sind sie so ungebildet, dass sie weder von Anatomie, Physiologie noch von Psychologie etwas verstehen, oder reichen ihre Kenntnisse im Gegenteil weiter als die der Biologen und Psychologen? Warum ist es nun ihrer Meinung nach das Herz, das die wahre Intelligenz besitzt, und was ist das für eine Intelligenz?

Das Herz, von dem die Eingeweihten sprechen, ist nicht die Pumpe, die das Blut im Organismus befördert, sondern sie meinen damit das Sonnengeflecht. In anderen Vorträgen habe ich euch schon gesagt, dass der Solarplexus eine Art umgestülptes Gehirn ist; ich habe euch dabei erklärt, dass er sich sehr viel früher gebildet hat als das Gehirn, welches über diesen gebildet wurde und von dort seine Energien bezieht. Das Sonnengeflecht ist ein unerschöpflicher Speicher von allerwertvollsten Dingen, von Energien und sogar von Wissen; ja, es enthält das eigentliche Wissen und Gedächtnis, sozusagen die Archive des Menschen.[2] Wenn man es in seiner Funktion nicht behindert, ist das Sonnengeflecht unermüdlich tätig und besitzt die Fähigkeit, Störungen im Organismus zu beseitigen, zu heilen, zu bewirken, dass Wunden sich schließen usw. Nun hat der Mensch aber so viel falsche Begriffe und Vorstellungen mitbekommen, dass er durch die Art seines bewussten Lebens den Ablauf des unbewussten behindert, und so kann der Solarplexus nicht mehr richtig arbeiten. Oft ist er blockiert und kann nicht einmal mehr dem Gehirn seine Unterstützung und seine Energien zukommen lassen; dadurch wird dieses schwach und stumpft ab.

Es liegt also an unserer Lebensführung, ob der Solarplexus die Möglichkeit bekommt oder nicht, seine Tätigkeit wiederaufzunehmen und alles in Ordnung zu bringen. Und wie ich euch schon oft gesagt habe, wenn in der heutigen Zeit so viele nervlich bedingte Krankheiten auftreten, so deshalb, weil zu viel mit dem Intellekt gearbeitet wird, obwohl das Gehirn noch nicht genügend entwickelt ist, um solche Bürden zu tragen, und es daher unter den Überlastungen zusammenbricht. Wenn der Mensch es eines Tages versteht, sein Sonnengeflecht zur Arbeit heranzuziehen, wird er unermüdlich sein. Das sind Dinge, die der offiziellen Wissenschaft noch nicht bekannt sind. So wird es einstweilen immer mehr nervlich bedingte Krankheiten geben, da man das Gehirn zu sehr beansprucht und weder vom Solarplexus etwas versteht, noch von den beiden darunter liegenden Zentren, von dem des Bauchnabels und dem anderen, das die Japaner Harazentrum nennen. Ja, diese drei Zentren haben enorme Aufgaben, die man noch gar nicht entdeckt hat.

Vieles gibt es zu lernen, liebe Brüder und Schwestern, nur um dies alles zu lernen, um zu wissen, wie man das dann nutzbringend anwendet, muss man erst einmal lernen, in der rechten Art und Weise zu leben. Ja, aber wen interessiert heutzutage schon die Lebensführung? Die Hauptbeschäftigungen sind Studium und Arbeit, weil man Geld verdienen will; und dabei lebt man sehr schlecht, nämlich in Disharmonie, in ständiger Unruhe und Aufregung, getrieben von sexueller Erregung, bis schließlich alles blockiert ist und der Mensch hinfällig wird. Und das Gehirn hilft einem dann auch nicht mehr weiter, denn es ist nur dazu da, die Energien zu lenken, ist aber nicht in der Lage, Schwächen im Organismus zu beheben. Das kann nur das Sonnengeflecht. Darum kümmern sich die Eingeweihten sehr viel mehr um ihren Solarplexus als um ihr Gehirn und haben damit großen Erfolg. Natürlich muss man sich auch darin üben, sich das erarbeiten.

Wenn ihr in euch irgendein Gefühl verspürt, wenn ihr Furcht und Angst oder Liebe und Freude verspürt, so habt ihr dieses Empfinden nicht im Gehirn, auch nicht im physischen Herzen, sondern im Sonnengeflecht, dem wahren Herzen. Die Eingeweihten, die das Sonnengeflecht als das eigentliche Herz ansehen, zeigen damit, dass sie die wahre Anatomie und die wahre Physiologie des Menschen besser kennen als die heutigen Biologen, die nur die körperliche und materielle Seite kennen. Diese haben die eigentliche Realität des menschlichen Seins wegfallen lassen. Die Eingeweihten jedoch interessieren sich in erster Linie für diese unsichtbare, feinstoffliche Seite. Sie besitzen ein immenses Wissen, behalten aber vieles für sich, da sie nicht darüber sprechen können; so sagen sie nur das eine oder das andere, und den ganzen Rest muss man selber herausfinden.

Man weiß noch gar nicht, was der Mensch eigentlich ist, meine lieben Brüder und Schwestern, und auch nicht, wie er aufgebaut ist. Die Biologen und Physiologen geben wohl ein paar nützliche, ja notwendige Hinweise, aber vom Wesentlichen sind sie weit weg, das bleibt unbekannt und im Dunkeln. Lasst euch meinetwegen von ihnen unterrichten, denn sie haben viele Beobachtungen gemacht, die wissenswert sind, aber das allein ist unzureichend. Und kümmert euch vor allem nicht um die Schlussfolgerungen, die sie daraus ziehen! Die müsst ihr euch in der Einweihungswissenschaft holen, denn nur dort hat man eine ganzheitliche Sichtweise.

Man muss verstehen, warum die Eingeweihten von der Intelligenz des Herzens sprechen. Spürt etwa unser Gehirn oder die Intelligenz unseres Gehirns, ob in unserem Organismus alles richtig funktioniert, wie die Ausscheidung verläuft, die Ernährung, der

Kreislauf, das Wachstum, die Atmung usw.? Kennt dieses all die chemischen, physiologischen, biologischen und magischen Prozesse? Nein, das sind unerhört wichtige und komplexe Abläufe, und das Gehirn weiß davon nichts. Nur das Sonnengeflecht kennt sich darin aus, denn von diesem geht alles aus und hängt alles ab; es besitzt eine sagenhafte, unermessliche Intelligenz, es kennt sämtliche Vorgänge im Universum, es befindet sich im Herzen des Universums. Die offizielle Wissenschaft ist weit davon entfernt, diese Wahrheiten zu ergründen, denn dazu fehlen ihr die Schlüssel; sie hat sich nur mit der physikalischen, chemischen, elektrischen, mechanischen, also materiellen, objektiven Seite der Dinge befasst. Nun, diese Seite stellt aber nur einen kleinen Teil der Wahrheit dar, das brauche ich hier nicht zu wiederholen, und früher oder später wird man das auch erkennen. Auch ich habe Labors und Apparate, auch ich arbeite seit Jahren mit Instrumenten, die allerdings noch gänzlich unbekannt sind und die mir bessere Auskünfte geben als jedes physikalische Instrument.

Es gibt Methoden, die es ermöglichen, mit dem Sonnengeflecht zu arbeiten.[3] Wenn ihr sie nicht kennt, können vielleicht Jahre vergehen, ohne dass es euch möglich ist, dieses Zentrum zu erwecken, um dadurch die Weite und Fülle zu spüren. Alles wird auf der Ebene des Gehirns ablaufen, und ihr werdet keine konkreten Ergebnisse erzielen, weder beim Betrachten der Sonne noch beim Meditieren und auch nicht bei den Übungen, und zwar so lange, wie der Solarplexus noch nicht anzeigt, dass euer Bewusstsein endlich bis in den Bauchbereich hinabgelangt ist. Ich kann euch erzählen, was für eine Empfindung das mit sich bringt, aber wozu wäre das nützlich? Ihr könntet euch doch keine Vorstellung davon machen, man muss es schon selbst erfahren haben. Über den Verstand kann man sich keinen Begriff davon machen. Es wäre, als wolltet ihr jemandem erklären, was Zahnschmerzen sind, der noch niemals welche gehabt hat oder als würdet ihr zu jemandem über Liebe sprechen, der noch nie verliebt gewesen ist. Es gibt Dinge, die kann man nicht begreifen, solange man sie

nicht selbst erlebt hat. Selbst wenn ich es euch erkläre, werdet ihr
es nicht begreifen. Man muss sich das erarbeiten, daran arbeiten,
sein Leben zu ändern, damit es ein harmonisches Leben wird.
Dann erst gelingt es, diese drei Zentren, von denen ich gesprochen habe, in Gang zu bringen, denn das Gesetz, nach denen sie
funktionieren, ist das Gesetz der Harmonie, da sie ja die Harmonie in unserem physischen Körper aufrechterhalten. Und darum
ist, wenn sie in ihrer Funktion behindert sind, allen Krankheiten
Tür und Tor geöffnet; dann können diese Zentren nicht mehr eingreifen, da wir sie durch unser dummes und ungeordnetes Leben
daran hindern.

Gott hat hier sozusagen eine Gewaltenteilung verfügt: Er
hat dem Gehirn seinen Zuständigkeitsbereich gegeben und dem
Solarplexus den seinen. Das Gehirn kann sich zu etwas Großartigem entwickeln, das ist sogar seine Bestimmung, allerdings
muss ihm das Sonnengeflecht dazu die Energien liefern und eine
große Widerstandsfähigkeit. Die beiden sind so eng miteinander verbunden, dass sie sich gegenseitig unterstützen, sich aber
auch sehr behindern können. Gott hat nicht nur einem von beiden
unumschränkte Gewalt gegeben, ebenso wie er dem Mann nicht
die alleinige Gewalt gegeben hat – der Frau natürlich auch nicht.
Er hat der Frau sowie dem Mann gewisse Vollmachten gegeben,
und die sind so unterschiedlicher Natur, dass sie nur dann völlig zum Ausdruck kommen können, wenn die beiden Prinzipien
geeint sind und harmonisch auf dasselbe Ziel hinarbeiten. Das,
was der Mann geben kann, kann die Frau nicht geben, und was
die Frau geben kann, kann der Mann nicht geben; wenn sie aber
ihre Fähigkeiten vereinen, erzielen sie fantastische Ergebnisse.
Und was nun diese beiden »Gehirne« betrifft, nämlich das Sonnengeflecht und das des Kopfes, so hat die Wissenschaft deren
maskuline und feminine Polarität noch nicht entdeckt und auch
nicht herausgefunden, wie sie aufeinander einwirken und welche
Einflussmöglichkeiten sie auf die Materie haben.

Bemüht ihr euch nun, liebe Brüder und Schwestern, all die
Wahrheiten, die ich euch diesen Sommer gegeben habe, in die Tat
umzusetzen, sonst wird die unsichtbare Welt mir einen Rüffel ver-
passen und mir sagen: »Dieses Jahr hast du zu viel Wertvolles, zu
viele Perlen an Leute ausgeteilt, die nichts daraus machen, du hast
ein paar Ohrfeigen verdient!« Ja, es ist möglich, dass die Prüfungen,
die ich gerade durchgemacht habe, eine Strafe des Himmels sind,
weil ich nachlässigen Geschwistern zu viele Dinge enthülle. Von
nun an werde ich aber Maßnahmen ergreifen, und niemand wird
mehr hierherkommen dürfen, ohne zuvor einen Fragebogen ausge-
füllt und unterzeichnet sowie sich zu bestimmten Verpflichtungen
bereit erklärt zu haben, denn zu viel Liebe, zu viel Vertrauen... und
ihr seht ja, was dabei herauskommt! Von mir aus hätte ich niemals
solche Entscheidungen treffen wollen, aber ich sehe mich dazu
genötigt. Mein Herz hat mir schon immer Streiche gespielt, denn
das Herz... Nun werdet ihr sagen: »Aber das Herz ist doch so intelligent! Das haben Sie uns doch gerade erklärt.« Ja, das habe ich
wohl gesagt, aber dass wir uns richtig verstehen, das »Herz«, das
dem Sonnengeflecht entspricht, ist niemals dumm, es weiß genau,
was es tut. Aber im Bereich des Hinterkopfes, der der Astralebene
entspricht, befindet sich noch ein anderes »Herz«, und dieses ist
nicht das geistige Herz, sondern ein Dummerle, von fast einfältiger
Sentimentalität, Naivität und Vertrauen. Auch ich habe ein wenig
von diesem Herzen, und wie oft habe ich mich einwickeln lassen!
    Was ich euch hier sage, mag euch erstaunen, enttäuschen, euch
denken lassen, dass ich ja schreckliche Schwächen und Unvollkommenheiten habe, aber das macht nichts. Mein Verstand sieht
selbstverständlich alles ganz klar, aber oft ist es nicht er, der lenkt
und befiehlt. Er sieht alles, aber mein Herz sagt ihm: »Sei still!
Man muss gut sein, etwas für die Menschen tun, ihnen helfen.«
Mein Verstand ist gar nicht so dumm, er ist sogar sehr klar, fast
unerbittlich in seinen Beurteilungen und Schlussfolgerungen; um
ihn zu besänftigen rufe ich darum mein Herz herbei. Aber das
spielt mir dann üble Streiche. Ihr seht, ich habe einen Verstand

mitbekommen, der die schrecklichsten Analysen aufstellt, damit kann er alles zermalmen; zum Ausgleich für diese Übersteigerung habe ich ein Herz, das auch in die Extreme geht, und das ist nicht besser. Wie soll ich die nun aufeinander abstimmen?

Ihr seht, auch ich habe meine Probleme... Mein Herz und mein Intellekt sind nicht gerade ein ideales Paar. Ständig gebe ich den Brüdern und Schwestern Ratschläge für ihre Ehe, und meine Ehe, das darf ich gar nicht erzählen! Mein Verstand hat sich ein Herz ausgesucht, das überhaupt nicht zu ihm passt. Wenn ihr sie nur sehen könntet, wie sie Arm in Arm in den Parks oder auf den Boulevards spazieren gehen! Sie sind von so unterschiedlicher Größe und Gestalt und in so ungewöhnlichen Farben gekleidet, ihr würdet euch totlachen (was für ein schöner Tod!) Nun, sie sind aber trotzdem gut miteinander, lächeln und blinzeln sich zu. Und wenn der Verstand aufbraust, besänftigt ihn das Herz ein wenig, es kommt zu ihm und sagt: »Aber Liebling, hör doch, warum machst du das? Begreifst du denn nicht, dass man gut, feinfühlig und weichherzig sein muss, wenn man den Menschen helfen will?!« Und dann, oh je, die Szenen, die dann folgen, wenn ich euch das erzähle, ihr würdet mich auslachen! Aber manchmal, wenn das Herz einmal eine Dummheit gemacht hat, dann bekommt es vom Verstand etwas zu hören: »Na siehst du, ich hab's ja gleich gesagt... Wie lange willst du noch so naiv und dumm bleiben? Auf diese Art wirst du ständig Nackenschläge bekommen.« Dann ist das Herz ganz betreten und möchte am liebsten in der Versenkung verschwinden, und der Verstand ist hinter ihm her, um es durchzuschütteln und ihm eine Standpauke zu halten, ihr macht euch keine Vorstellung davon! Habt ihr es noch nicht gehört, wie mein Verstand bei mir zu Hause dem Herzen die Leviten liest? Das ist vielleicht ein Geschrei und Gezeter! Natürlich ist niemand da, um sich das anzuhören, außer den unsichtbaren Freunden, die herbeigelaufen kommen, um die zwei zu besänftigen und zu versöhnen. Das sind Tragikomödien, von denen ihr noch nichts wusstet! Aber nun wisst ihr endlich Bescheid. Und denkt meinetwegen, was ihr wollt!

In dem Satz, den ich vorhin vorgelesen habe, heißt es, wenn ihr es versteht, die in der Nahrung enthaltenen Energien richtig umzuwandeln, dann könnt ihr damit das Herz des Universums berühren. Warum denn gerade das Herz? In der Umgangssprache sagt man: »Das hat mich im Herzen berührt.« Warum sagt man denn nicht: »Das hat mich im Kopf berührt... oder an den Füßen... oder im Bauch?« Nein, man sagt: »Das hat mich im Herzen berührt.« Und wie kann man das Herz erreichen? Die Dinge studieren, abwiegen und begreifen, das bedeutet noch lange nicht, dass man das Herz des Universums berührt hat; nein, das sind vielleicht Voraussetzungen dafür. Das Herz des Universums könnt ihr nur mit eurem eigenen Herzen erreichen. Wenn euer Herz, also das Sonnengeflecht, intensiv zu fühlen, zu lieben und zu erleben anfängt, ja, dann werdet ihr das universelle Herz, das Herz Gottes berühren und bewegen, und von diesem Herzen werden euch Energien und Kräfte zuströmen, die euch beleben und euren Geist erhellen. Ja, wenn es euch gelingt, mit eurem Herzen eine immense Liebesenergie zu verströmen, dann wird das andere Herz aufgrund der Gesetze der Wesensgleichheit und der Rückwirkung euch antworten.

Will man das Herz des Universums erreichen, muss man die Pläne und Vorhaben des Ewigen, der Allseele kennen lernen, erspüren, Einblick darin bekommen; aber das wird euch weder durch die Wissenschaft, noch mit logischen Überlegungen gelingen, denn das sind völlig anders geartete Bereiche, mit anderen Wellenlängen, auf die das Herz des Universums nicht reagieren kann. Um das Herz des Universums zu erreichen, muss man mit derselben Wellenlänge schwingen, das heißt, man muss selbstlose Liebe verströmen. Wenn das, was ihr verlangt, wünscht und begehrt, nicht nur eure persönlichen Belange berührt, sondern das Wohl der Gemeinschaft, der Menschheit und des ganzen Universums, in diesem Moment schwingen eure Wunschgedanken mit derselben Wellenlänge wie das Herz des Universums. Und da dieses Herz die Quelle des Lebens ist, des Glücks, der Schönheit, der Poesie, der Musik, ja, die Quelle von allem, was herrlich und göttlich ist, empfangt ihr dann dieses Leben, dieses Glück, diese Herrlichkeiten, ja ihr bekommt den Himmel zu kosten.

Das Herz des Universums kann man nicht einfach dadurch erreichen, dass man einen Lehrstuhl an der Universität innehat und sich dabei ein paar Lorbeeren verdient hat. So erreicht man vielleicht die menschlichen Gehirne, aber nicht das Herz des Universums, denn das kann auf die Hirngespinste der Intellektuellen nicht antworten. Und ich habe einen Maßstab, nach dem ich beurteilen kann, ob all diejenigen, die in unsere Einweihungsschule kommen, mit diesem Herzen in harmonischer Schwingung sind, ob sie seine Sprache sprechen. Wollt ihr wissen, woran ich sie erkennen kann? Wenn ich euch gerade große innere Wahrheiten enthülle, dann spüre ich sofort, wie alle, die mit den Methoden und mit der Intelligenz des Herzens gearbeitet haben, in Übereinstimmung, in Einheit mit mir zu schwingen beginnen. Die anderen hingegen bleiben kalt und gleichgültig, als wären sie zu große Persönlichkeiten, um mit dem, was ich sage, in Einklang zu schwingen. Ja, und dann sehe ich, wenn sie immer die Gleichen bleiben, werden sie niemals das Herz des Universums berühren können.

Alle Intellektuellen sind in den Universitäten verbildet worden. Auch ich habe ein Universitätsstudium hinter mir und habe Diplome erhalten, aber ich habe mich geschützt, ich wollte nicht untergehen und werden wie die anderen. Und doch hätte auch ich an einer Universität unterrichten können, wenn ich gewollt hätte. Einige Jahre Arbeit hätten genügt, warum denn nicht, schließlich habe ich ja ein Psychologie-, Pädagogik- und Philosophiestudium abgeschlossen. Eine Zeit lang habe ich sogar Mathematik, Physik, Chemie, Medizin und Astronomie studiert. Das habe ich nicht der Diplome wegen gemacht, sondern nur, um einen kleinen Einblick zu gewinnen. Ich war ein ewiger Student. Darum bin ich auch erst spät fertig geworden. Alle sagten: »Oh, schaut doch nur, er wird niemals fertig.« Sie wussten nicht, warum ich in alle Fakultäten ging. Als ich dann aber einmal fertig war, wollte ich fast alles

Gelernte auslöschen, denn ich hatte erkannt, dass es weit, weit von dem entfernt war, was ich fühlte und in all meinen Meditationen und außerkörperlichen Erfahrungen wahrnahm. Ja, und warum haben die anderen sich einwickeln lassen?

Ich kenne viele Dozenten und Professoren, die niemals die Tiefe unserer Lehre erfassen könnten, weil sie, ganz gleich, welche Wahrheiten ich enthülle oder was ich auch mache, selbst wenn ich die Sterne vom Himmel herunterholen würde, davor kalt bleiben und nicht ins Schwingen geraten würden. Darum sage ich, dass sie das Herz des Universums nicht erreichen werden, jedenfalls im Augenblick nicht. Sie können wohl Bücher schreiben, viele Dinge erklären, das schon. Nur das Herz des Universums berühren sie so niemals... Weil ihnen nämlich das rechte Herz dazu fehlt! Selbstverständlich haben sie ein Herz wie alle Menschen; sie können auch gütig, nett oder sentimental sein, aber dieses Herz ist noch nicht das geistige Herz. Äußerlich können sie wohl unter uns sein, aber in der Realität sind sie nicht unter uns. Und warum nicht? Weil sie ihre menschliche Persönlichkeit, ihre Personalität, bewahren, die können sie niemals aufgeben. Und was bringt ihnen diese Personalität ein? Dass einige Leute auf dieser Erde eine gute Meinung von ihnen haben. Und genau dafür wird gearbeitet, dass einige Unwissende eine gute Meinung von einem haben! Wir hier arbeiten, um die Zustimmung der himmlischen Wesen zu erhalten; aber dafür muss man schon seinen Standpunkt ändern und nicht mehr so sehr auf die Ansichten der Masse schauen.

Es gibt nicht viele Leute, die den Mut besitzen, ihre Sichtweise zu ändern. Wenn sie dann aber ins Jenseits hinübergehen, wird man ihnen ihre Irrtümer aufzeigen und ihnen auch zeigen, dass sie nichts begriffen, nichts gewonnen, nichts aufgebaut haben, weil sie an nichts anderes glaubten, als an die Maßstäbe der fünften Rasse, der Rasse des Intellekts, und weil sie nur diese zum Vorbild nahmen. Zwar hat diese Rasse vieles entdeckt, aber doch nicht alles, und man darf sie nicht für die Krone der Schöpfung halten. Aber die Ärmsten bleiben unbeweglich da, wo sie sind, und ihnen ist nicht zu helfen! Sie sagen es euch übrigens selber: »Ich habe alles studiert, alles gelernt, aber in Schwingung gerate ich deswegen nicht und spüre auch nichts von einem spirituellen Leben.« Wie kommt das? Sie haben eben ihr Gehirn zu sehr entwickelt, sie waren zu pünktlich, zu fleißig in ihrem Studium, zu sehr angepasst an die fünfte Rasse; niemals haben sie auch nur das Geringste von dem ausgelassen, was man von ihnen verlangte. In allem, was man von ihnen erwartete und forderte, waren sie perfekt. Ja, aber warum gelingt es ihnen denn dann nicht, dieses göttliche Leben zu erleben? Eben gerade darum, weil sie zu perfekt, zu fleißig in all diesen äußeren Dingen waren. Und das kann schon mal ein Hindernis sein.

Ich war nicht so. Ich machte halbe-halbe. Ich lernte gerade so viel, wie ich fürs Examen brauchte, und in der übrigen Zeit las ich andere Bücher, machte Meditations- und Betrachtungsübungen. Von Zeit zu Zeit ging ich in die Universität, und die Professoren waren entrüstet, weil ich meistens fehlte. Lediglich wenn die Prüfungen anstanden, nahm ich die Bücher zur Hand, damit ich wenigstens einige Worte stammeln konnte; und auf diese Weise habe ich die spirituelle Seite retten können. Zum Glück! Sonst wäre auch ich ein höchst gelehrter zerstreuter Professor geworden. Tage- und nächtelang machte ich unvorstellbare spirituelle Übungen und Arbeiten, mit Leib und Seele stürzte ich mich da hinein, denn für mich war das eine Frage von Leben und Tod. Das machte ich aber ganz insgeheim und sprach zu niemandem davon, nicht einmal zum Meister Peter Deunov. Er sah das natürlich von allein, er beobachtete und erforschte mich... Und dann hat er unter seinen vierzigtausend Schülern gerade den wunderlichsten und unbedeutendsten ausgewählt, um ihn hierher nach Frankreich zu schicken! Er hat nicht die gelehrtesten, gebildetsten, belesensten hergeschickt, nein, denen hat er es sogar untersagt, hierhin zu kommen. Ist es nicht sonderbar, dass der Meister so gehandelt hat?

Wenn ich euch von ganzem Herzen in Einklang schwingen sehe mit den Wahrheiten, die ich euch enthülle und die ich auch selber lebe, dann weiß ich, dass ihr bald den Weg finden werdet. Denn wenn euer Herz mit den göttlichen Wahrheiten schwingt, lässt euch der Himmel nicht mehr in die Irre gehen. Falls ihr aber nicht mit eurem Herzen da seid, wird euch der Himmel ignorieren, selbst wenn ihr jegliches Wissen besitzt. Die Menschen werden euch wohl so akzeptieren, ja, aber für wie lange? Eine kleine Inkarnation lang, und dann, wenn ihr wieder nach oben zurückkehrt, werdet ihr feststellen, dass man dort für euch wenig übrig hat, denn dort oben ist man weder Doktor, noch Professor, noch dies oder das... Dort oben wird man euch als eine Art struppiges Tier ansehen, da ihr es nicht versteht, mit dem Herzen des Universums in Einklang zu schwingen.

Also versteht mich recht. Wenn ihr das Herz des Universums berühren wollt, müsst ihr die selbstlose Liebe besitzen und euer Leben einer großen, ja göttlichen Idee weihen, dem Reich Gottes und Seiner Gerechtigkeit.[4] Oft schon habe ich euch gesagt, die offizielle Wissenschaft sowie die ganze schulische und akademische Bildung sind nur dazu gut, dass die Menschen damit ihre materiellen Angelegenheiten regeln können. Nur dafür werden die Menschen unterrichtet, dass sie auf der Erde, aber nicht im Himmel ein besseres Leben haben. Auf der ganzen Welt gibt es keine Schulen oder Universitäten, wo den Menschen gelehrt wird, wie sie im Himmel leben können, in ihrem inneren Himmel. Wie viele sind allerdings tatsächlich in der Lage zu erkennen, dass alles, was ihnen die fünfte Rasse an Möglichkeiten und Mitteln bietet, nur dazu dient, dass man besser in der Welt zurechtkommt, Geld verdient, eine gute Stellung, Ansehen, Ruhm, Vergnügungen und politische Macht erlangt und weiter nichts?! In der Universellen Weißen Bruderschaft werdet ihr nicht die nötigen Mittel finden, um Professor, Landtagspräsident, Minister, Bankier oder König zu werden, aber ihr werdet im Himmel leben, im Licht und in der Liebe, und wenn ihr dann noch Geduld habt, werdet ihr vielleicht mehr noch werden als Professor, Bankier, Minister oder König.

Verzeiht mir, wenn ich so spreche, liebe Brüder und Schwestern, aber ich muss euch Maßstäbe zum rechten Urteilen geben, denn viele von euch besitzen die noch nicht; sie haben sich noch nicht einmal selber beobachtet, um zu erkennen, wie sie sich eigentlich verhalten. Mit dem Verstand stimmen sie zu, wissen das Gesagte zu schätzen, sind damit zufrieden, nur ihr Herz bleibt reglos, gerät nicht in Schwingung. Sie sind ja nicht dumm, sie erkennen es, wenn etwas der Wahrheit entspricht, logisch, sinnvoll, nützlich und groß ist, aber sie lassen nicht zu, dass ihr Herz mitschwingt, ihr Herz, das behalten sie für sich selbst; das ist es, was ich spüre, und das ist keine gute Haltung. Ihr müsst in Einklang schwingen mit dem, was ich euch sage, denn wenn ich zu euch spreche, bin ich es oftmals gar nicht selber, der spricht. Nehmen wir meinetwegen einmal an, dass ich selber es verdiene, dass ihr mir den Rücken zukehrt, aber schwingt doch wenigstens in Einklang mit dem, der da zu euch spricht, denn hinter mir gibt es ein Wesen, das euch Dinge sagt, die mir selbst noch unbekannt sind. Nachher kommen einige zu mir und sagen: »Wie haben Sie das gewusst? Sie haben genau von dem gesprochen, was ich selber erlebt habe!...« – »Oh«, antworte ich dann, »ich habe nichts gesehen und weiß von nichts.« Übrigens habe ich euch gesagt, dass ich nicht hellsichtig bin, aber in mir wohnt noch ein Wesen, und das sieht und hört alles. Wie oft hat sich das doch schon gezeigt! Ich rede mich immer heraus und sage, dass ich ja nichts dafür kann. Da ist jemand anders dran schuld, und wenn ihr dem nun Vorwürfe machen wollt, dann geht nur hin, nehmt ihn euch vor, packt ihn an der Gurgel, rauft euch mit ihm, aber lasst mich in Ruhe! Ich kann ja nichts dafür; das ist doch klar, oder? Das ist klar... oder liegt das völlig im Unklaren?

Auf jeden Fall seid mir nicht böse, wenn mein Verstand unerbittlich ist. Um euch zu unterrichten, euch die Wahrheit zu zeigen und euch zu helfen, muss er so sein. Nachher leidet mein Herz natürlich und fragt mich, warum ich denn so hart war, warum ich euch bekümmert habe? Ja, warum? Den ganzen Tag lang bereitet mir das Sorgen. Aber ich sehe mich dazu genötigt; in meinen Vorträgen muss ich mich schonungslos zeigen. Nachher kommen dann sogar einige, um mir zu danken, und manchmal sagen sie unter Tränen: »Sie haben mich gerettet. Ich stand am Rande eines Abgrunds, und Sie haben mich gerettet.«

Meditiert von nun an über das Herz des Universums. Ihr wisst doch, man sagt: »Das hat mich im Herzen berührt.« Und wie kann man denn jemanden im Herzen berühren? Indem man sich auf seine Wellenlänge einstellt und die gleichen Schwingungen erzeugt, und sofort erfüllt er euch jeden Wunsch. Habt ihr einmal jemandes Herz erreicht, öffnet er euch alle Türen und ist bereit, euch alles zu geben. Aber sonst könnt ihr ihm alles Mögliche erzählen: »Meine Frau erwartet ein Baby, und die Kinder sind krank... ich habe dies gemacht, ich habe das gemacht... ich gehöre der und der Vereinigung an...«, ihr bekommt zur Antwort: »Tut mir leid, fragen Sie woanders!« Und damit ist die Tür wieder zu. Manchmal wiederum sagt ihr gar nichts und schaut nur ein wenig, und jemand sagt zu euch: »Komm nur herein. Schau, das ist für dich.« Wie kommt so etwas zustande? Das Geheimnis muss man entschlüsseln. Erinnert ihr euch an den Vortrag, den ich euch über den Detektorempfänger gehalten habe? – (Eine heute veraltete Art Radiogerät) – Ihr lasst die Nadel nach links und nach rechts auf dem Stein herumwandern und empfangt noch nichts. Und dabei berührt ihr ihn doch. Ja, aber ihr habt sein Herz noch nicht erreicht, denn sogar dieser Stein hat ein Herz. Kaum habt ihr das aber erreicht, hört ihr schon die Musik. Ebenso gibt es im Universum ein Herz, jedoch kennt man nicht die Gesetze, aufgrund derer es schlägt, und darum gelingt es auch nicht, die Verbindung herzustellen, die ausgesandten Wellen zu empfangen und so seine Offenbarungen zu hören.

Damit ihr das Herz des Universums erreichen könnt, müsst ihr eure Liebe stärker werden lassen. Das ist eine Arbeit, die im Sonnengeflecht zu machen ist. Und dann denkt ihr nicht mehr, sondern strahlt Stärke, Kraft und Liebesenergie aus und versteht es, diese zu lenken. Ihr begreift, ihr seid euch dessen bewusst und lenkt diese Energien, jedoch ohne dass euer Gehirn angespannt oder überhaupt in Tätigkeit wäre. Wie erklärt sich das? Es gibt eine andere Art von Gedanken, eine andere Art von Verständnis, das die Menschen im Westen noch nicht entdeckt haben. Im Fernen Osten aber, in Indien, China und Japan, ist das Wissen darüber seit langer Zeit bekannt... Habt ein wenig Geduld, wir werden auf dieses Thema ein andermal noch zu sprechen kommen.

Bonfin, den 30. September 1971

Anmerkungen
1. Siehe Band 204 der Reihe Izvor »Yoga der Ernährung«, Kapitel 10: »Die Arbeit des Geistes an der Materie«.
2. Siehe Band 10 der Reihe Gesamtwerke »Sonnen Yoga – Pracht und Herrlichkeit von Tiphereth«, Kapitel 17: »Tag und Nacht – Bewusstsein und Unterbewusstsein«.
3. Siehe Band 13 der Reihe Gesamtwerke »Die neue Erde«, Kapitel 12: »Der Solarplexus«.
4. Siehe Band 26 der Reihe Gesamtwerke »Der Wassermann und das Goldene Zeitalter«, Kapitel 5: »Das Reich Gottes und Seine Gerechtigkeit«.

XII

DIE AURA

Freier Vortrag

Vorhin im Wald habe ich versprochen, euch einige Worte zur Aura zu sagen. Alles, was lebt, Menschen, Tiere, Pflanzen und sogar Steine, sendet kleine Partikelchen aus und erzeugt Ausströmungen, und diese fluidische, subtile Atmosphäre, die alle Dinge umgibt, ist genau das, was man Aura nennt. Gewiss, sie ist nicht sichtbar, außer für Hellseher. Viele Leute wissen nicht einmal, dass es sie gibt. Die Aura ist also eine Art farbiger Lichtring, der jeden Menschen umgibt, nur mit dem Unterschied, dass er bei manchen Menschen groß, weit, strahlend und stark ist, dass er intensive Schwingungen und prächtige Farben besitzt, bei anderen dagegen klein, matt, verschwommen und hässlich ist.

Man kann die Aura mit der Haut vergleichen. Ihr wisst, welche wichtige Rolle die Haut für den physischen Körper spielt. Sie hat zahlreiche Funktionen. Zunächst einmal als Schutz, genau wie ein Schild oder Panzer, sie schützt vor Stößen, schädlichen Substanzen, vor unterschiedlichen Temperaturen usw. Sie hat auch die Funktion des Austausches, denn sie absorbiert, atmet und scheidet aus. Schließlich spielt die Haut die Rolle eines Empfindungsorgans. Über sie fühlen wir Temperatur, Berührung, Schmerz usw. Aber damit möchte ich mich jetzt nicht aufhalten, das ist nicht meine Aufgabe. Wenn ihr mehr darüber wissen wollt, findet ihr Informationen in den Büchern über Anatomie und Physiologie. Was mich interessiert, das ist, einen Vergleich zu ziehen zwischen der Haut und der Aura. Die Aura besitzt dieselben Funktionen wie die Haut.

Man kann sagen, dass sie die Haut der Seele ist. Sie umhüllt und beschützt diese, gibt ihr die Sensibilität, und schließlich ist sie es, die es den kosmischen Strömungen ermöglicht einzudringen. Sie ist es auch, die den Austausch zwischen der menschlichen Seele und allen Geschöpfen zulässt, bis hin zu den Sternen, zwischen der Seele eines Geschöpfes und der Universalseele.

Man kann die Aura auch mit der Atmosphäre vergleichen, welche die Erde umgibt. Ja, das ist großartig! Die Erde besitzt einen Schutzvorhang, eine Haut. Diese ist etwas dicker als die unsere, das stimmt, aber sie spielt genau die gleiche Rolle. Dank der Atmosphäre, die sie umgibt, entgeht die Erde zahlreichen Gefahren auf ihrer Bahn durch den Weltraum! Alle Körper, die aus dem Weltraum kommen und Katastrophen auslösen könnten, wenn sie bis auf die Erde kämen, müssen zuerst die Schichten der Atmosphäre durchqueren, und dabei werden sie meistens aufgelöst. Die Atmosphäre schützt uns auch noch vor anderen Gefahren, zum Beispiel vor bestimmten kosmischen Strahlen, die für uns tödlich wären. Beim Durchqueren der Erdatmosphäre werden sie aber durch deren chemische Elemente neutralisiert.

Durch unsere Aura vollzieht sich also ein ununterbrochener Austausch zwischen uns und den Kräften der Natur. Alle Einflüsse des Kosmos, der Planeten und des Tierkreises, die sich andauernd in den Raum ergießen, gelangen bis zu uns und, entsprechend der Qualität, der Sensibilität, der Reinheit und der Farben unserer Aura, kommen die einen oder anderen Kräfte bei uns an oder eben nicht. Die Aura ist also unsere Antenne. Sie ist ein Gerät, das Botschaften, Wellen und Kräfte empfängt, die aus dem Universum zu uns kommen. Nehmt an, es gibt in der Welt gewisse unheilvolle Einflüsse. Wenn ihr eine sehr kräftige, leuchtende Aura habt, können diese Kräfte nicht bis zu eurem Bewusstsein vordringen und euch berühren, erschüttern oder euch schaden. Warum? Weil sie zuerst auf eure Aura treffen müssen, bevor sie euch erreichen können. Diese Aura ist eine Schranke, eine Mauer, wenn ihr so wollt oder wie eine Zollstation an der Grenze. An dieser Zollstation sind

Beamte, die niemanden durchlassen, ohne vorher sein Gepäck, sein Auto und alle Taschen durchsucht zu haben. Diese Zöllner handeln außerhalb unseres Bewusstseins, doch sie können uns warnen. Man unterscheidet verschiedene Funktionen der Aura, aber in Wirklichkeit sind alle miteinander verbunden: Die Empfindungsfähigkeit, der Austausch und der Schutz, das alles funktioniert gleichzeitig.

Welche Faktoren sind es nun, die auf die Bildung der Aura einwirken? Genau die gleichen wie auf die Bildung der Haut. Es gibt grobe, raue, trockene Hauttypen und andere, die weich, fein und zart sind. Fast jeder ist in der Lage, mit einem Blick die Qualität einer Haut zu beurteilen. Und wovon hängt diese Qualität ab? Sie hängt ab vom gesamten Organismus, vom guten Funktionieren der körperlichen wie der seelischen Vorgänge. Der Mensch bildet sich seine Haut selbst.

Ja, die Haut offenbart uns vieles. Wenn sie wirklich fein und spirituell ist, bedeutet dies, dass auch der Mensch wirklich spirituell ist, denn niemand kann sich eine Haut bilden, die ihm nicht entspricht. Natürlich bearbeitet der Mensch seine Haut ganz unbewusst, und wenn er wüsste, wie es gemacht wird, könnte er sie sogar verändern. Sicher, das ist sehr schwer, aber es ist möglich und sehr wichtig. Das ganze Schicksal des Menschen hängt von seiner Haut ab, weil sein Austausch mit den anderen Menschen und der Außenwelt von der Haut abhängt.[1] Das sage ich euch, damit ihr darüber nachdenkt. Jede Einzelheit der Haut hat eine Bedeutung. Selbst ihre Beschaffenheit (glatt, geschmeidig, hart, schlaff, welk) spiegelt die wesentlichen Züge und Eigenschaften eines Menschen wider: seine Widerstandskraft, Willenskraft und Aktivität oder im Gegenteil seine Schwäche, Faulheit und Unzulänglichkeit.

Das Schicksal eines Menschen, seine Erfolge und Misserfolge sind ablesbar an der Haut. Bereits wenn man jemandem die Hand reicht, um »Guten Tag, wie geht es Ihnen?« zu sagen, kann man seine wesentlichen Eigenschaften erkennen. Wenn man die Entsprechungen kennen würde, könnte man allein durch einen Händedruck

eine genaue Vorstellung der Qualitäten und Schwächen eines jeden
Menschen erhalten. Da man sich aber die Hände automatisch reicht,
ohne auf etwas zu achten, entdeckt man nichts. Man tauscht einen
Händedruck aus, um einen Kontakt herzustellen, um sich mit einer
anderen Person auszutauschen, und in diesen Austausch muss man
etwas Gutes hineinlegen und der andere ebenso.[2] Wenn dies eine
leere Geste bleibt, sollte man sie besser lassen.

Aber kommen wir zurück zur Aura. Wie ich euch vorhin sagte,
wird sie von Ausstrahlungen gebildet, und nicht allein von Ausstrahlungen des physischen Körpers, denn diese wären nicht ausreichend, um die Aura zu bilden. Die Aura ist etwas Komplexeres, sie
ist eine Zusammenfassung aller Ausstrahlungen unserer feinstofflichen Körper und jeder dieser Körper fügt durch seine besondere
Ausstrahlung neue Nuancen hinzu. Der Ätherleib des Menschen
formt eine Aura, die die Aura seines physischen Körpers durchdringt. Diese Aura des physischen und ätherischen Körpers lässt
seine Gesundheit und Kraft erkennen. Astral- und Mentalkörper
fügen jener ersten Aura andere Ausstrahlungen und Farben hinzu,
je nachdem ob sie aktiv oder unbewegt sind, gute Eigenschaften
oder Fehler haben. Sie verraten die Art seiner Gefühle und Gedanken. Und wenn Kausal-, Buddhi- und Atmanleib geweckt werden,
erweitern diese Köper die Aura noch um andere, lichtvollere Farben und mächtigere Schwingungen.

Die Aura ist eine umfassende und sehr reichhaltige Synthese all
dessen, was der Mensch in sich trägt. Die Mineralien, Pflanzen und
Tiere haben übrigens auch eine Aura, aber nur eine physische. Die
Mineralien, Metalle und Kristalle strahlen bestimmte Kräfte aus,
die eine Art kleines farbiges Magnetfeld um sie bilden.

Bei den Pflanzen fügt der Ätherleib seine Vitalität und sein
Wachstumsbedürfnis hinzu und macht ihre Aura intensiver und
lebendiger als die der Mineralien. Bei den Tieren ist die Aura noch
intensiver und farbenreicher, denn sie haben bereits einen Astral-
leib, den Körper der Begierden. Im Allgemeinen haben sie noch
nicht damit begonnen, ihren Mentalleib zu entwickeln, mit einigen

Ausnahmen wie zum Beispiel dem Hund, dem Pferd, dem Elefanten und dem Affen, bei welchen die Biologen schon die Fähigkeit zum Denken feststellten. Sicher, es ist eine noch unentwickelte Denkfähigkeit, aber durch die Nähe des Menschen beginnt sich ihr Mentalleib zu entwickeln. Denn dadurch, dass die Menschen sich um die Tiere kümmern, sie lieben und pflegen, tragen sie viel zu deren Entwicklung bei. Die Menschen dagegen entwickeln zur Zeit ihren Mentalleib in ganz erstaunlicher Weise; sie tun es nicht immer im besten Sinn, aber diejenigen, die gelernt haben, ihre Gedanken zu lenken und zu beherrschen, stärken ihre Aura enorm.

HÖHERE NATUR

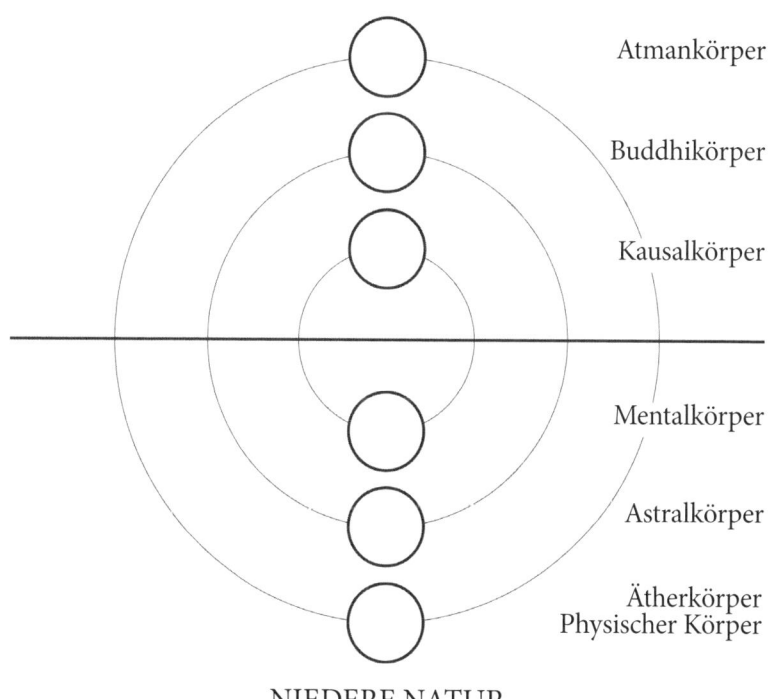

Atmankörper

Buddhikörper

Kausalkörper

Mentalkörper

Astralkörper

Ätherkörper
Physischer Körper

NIEDERE NATUR

Die Heiligen, Propheten und Eingeweihten entwickeln durch
ihre Verehrung und Liebe zum Schöpfer ihren Kausal-, Buddhi-
und Atmanleib. Diese Körper bilden eine Aura von außergewöhnlicher Pracht, mit Farben, die ständig in Bewegung sind, wie ein
Feuerwerk. Ihre Aura ist sehr weit, und man erzählt sogar, dass
die Aura Buddhas sich über mehrere Orte erstreckte. Ja, die großen Meister sind fähig, ihre Aura auszudehnen, um eine ganze
Gegend in ihren Schutz zu nehmen und gleichzeitig die Aura aller
Menschen zu durchdringen, die dort wohnen, um diese mit ihrem
Licht zu erfüllen und ihnen dabei das neue Leben einzuhauchen.
Sie haben keinen anderen Wunsch und kein anderes Ziel, als ihre
Aura zu erweitern, um die größtmögliche Anzahl von Geschöpfen
zu erreichen und sozusagen unter ihre Fittiche zu nehmen. Das ist
ihr Ideal! Es ist großartig, es ist erhaben. Durch ihre Aura reini-
gen sie die Atmosphäre um sich herum, verschönern, erleuchten
und beleben die Geschöpfe. Sie bearbeiten mit ihrer Aura auch
die Samen und die Vegetation und verändern die atmosphärischen
Strömungen. Ja, die Aura der Eingeweihten ist etwas Göttliches!

Dank dieser großen weiten Aura, mit der sie unzählige Bereiche des Universums erreichen, erlangen die Eingeweihten ein tiefes
Verständnis der Dinge, das kein Verstehen im intellektuellen Sinne
ist. Deshalb müsst auch ihr aufhören, euren Intellekt mit Dingen zu
beschäftigen, die euch weder himmlische Visionen noch die Glückseligkeit bringen. Ihr solltet euch vielmehr, mithilfe einer kraftvol-
len und lichtvollen Aura, zu erhabenen Regionen aufschwingen,
wo ihr lernt, wie Gott die Welt erschaffen hat und was Er durch
die Sprache der Sterne, Berge, Seen, Vögel, Tiere und Pflanzen
ausgedrückt hat. Das Wichtigste aber, um die Aura intensiver, reiner und kraftvoller werden zu lassen, ist dieses hohe Ideal, an sich
selbst zu arbeiten, edel und gerecht zu handeln, reine Gedanken
und reine Gefühle zu haben. In diesem Augenblick stellt ihr für
eure Umgebung einen lebensspendenden Mittelpunkt dar. In eurer
Nähe spüren dann alle, wie Frieden, Entspannung und Licht in sie
einzieht.

Diejenigen, die glauben, dass die Art und Weise ihrer Handlungen, Gedanken und Gefühle nicht wichtig sei – weil Moral und Religion heute etwas Veraltetes sind, von dem man sich befreien muss – verderben ihre Aura, indem sie nur noch trübe und schmutzige Farben und chaotische, disharmonische Schwingungen produzieren. Unbewusst fühlen die anderen das und entfernen sich von ihnen. Man liebt nur das Reine, Lichte und Harmonische. Wer geliebt werden möchte, muss verstehen, dass er nur reine und lichtvolle Kräfte in sich einlassen darf. Für diejenigen, die Liebe, Kraft oder Licht suchen, gibt es keine andere Methode, als an ihrer eigenen Aura zu arbeiten, um die trüben Farben daraus zu entfernen, die mit ihren Schwingungen alles Gute bei den anderen zerstören. Ihr habt schon erlebt, dass manche Menschen kaum fünf Minuten in eurer Nähe waren und ihr daraufhin vergeblich eure Inspiration, eure Freude und euren Glauben an Gott gesucht habt, alles war dahin... Andere dagegen bleiben ebenfalls nur fünf Minuten bei euch, aber ihr fühlt euch neu belebt, eure alten Zellen sind verschwunden und ihr seid wieder voller Glauben und Begeisterung. Ihr müsst wissen, dass die Ursache dieser Veränderungen ihre Aura ist.

Darum ist die Aura in den Händen der Eingeweihten wie ein magisches Instrument. Da sie ein Teil ihrer selbst ist, verbessern sie überall, wo sie hingehen, das Reich der Mineralien, Pflanzen, Tiere und Menschen. Und das ist noch nicht alles. Ein Meister hilft mit seiner Aura sogar denjenigen, die nicht inkarniert sind, die zu Milliarden im Raum sind... Ja, selbst dort im Jenseits kann seine Aura sie erreichen. Ich kenne mich aus damit, ich habe mich damit beschäftigt. Ein Meister verbessert das Schicksal von unzähligen Wesen in der astralen und mentalen Welt. Auch wenn er sich auf der Erde nur um eine Handvoll Menschen kümmert, ist er doch im Jenseits ununterbrochen mit zahlreichen Geschöpfen in Kontakt, die sich an seiner Aura erwärmen und erhellen und Kraft für ihre Entwicklung schöpfen.

Ja, die wahre Arbeit der großen Meister findet nicht so sehr hier unter den Menschen statt, sie ist auf der anderen Seite im Jenseits noch viel intensiver, auch wenn man nichts davon sieht. Die großen Meister, die das Ideal, Gott zu dienen, aus ganzem Herzen, aus ganzer Seele und mit der ganzen Kraft ihres Geistes verwirklicht haben, sie haben ihren Kausal- und Buddhileib erweckt, deren Schwingungen sogar Wesen auf anderen Planeten erreichen können. Auf dieselbe Weise erreichen die Meister, die auf den anderen Planeten sind, die Wesen auf der Erde. Ein Austausch findet also nicht nur im Sonnensystem, sondern im gesamten Kosmos statt. Gott hat weder Schranken noch Grenzen im Universum errichtet. Und wenn es heißt, dass die Liebe allmächtig sei, so deshalb, weil sie den Raum durchqueren kann, um die Sterne zu erreichen und um die entferntesten Wesen zu berühren.

Ihr seht, wie bedeutend die Frage der Aura ist. Wenn eure Aura nicht rein ist, können die von den Engelwesen zur Erde ausgesandten Segnungen aufgrund der dicken Schichten, die euer wahres Wesen verdecken, nicht in euch eindringen. Wenn dicke Wolken die Sonne verdecken, erhalten die Geschöpfe weniger Wärme und Licht. Das Gleiche gilt für jeden Menschen, der sich von Eifersucht, Zorn, Hass usw. umwölken lässt; das sind Wolken, die sich in seiner Aura bilden. Übrigens sind die Schwingungen in der Aura von unendlicher Feinheit, rasche Bewegungen durchziehen sie, und entsprechend unseres Bewusstseins- und auch Gesundheitszustands ist sie ständigen Veränderungen unterworfen. Natürlich ist ein Teil der Aura des Menschen konstant, nämlich der, der seinem Wesen in der Tiefe entspricht, aber viele Nuancen wandeln sich je nach der Situation des Augenblicks. Das ist wie mit dem Gesicht, im Tagesverlauf zeigen sich darauf die verschiedensten Gesichtsausdrücke, ohne dass deswegen Nase, Stirn oder Mund ihre eigentliche Form verändern. So setzt sich auch die Aura aus verschiedenen Strahlungen und Farben zusammen, die die wahre Natur des Menschen zeigen und sich im Verlaufe eines Lebens nicht grundlegend ändern, während andere Schwingungen wiederum kommen und gehen und dabei vorübergehende Zustände anzeigen.

Wer also bestimmten Gefühlsregungen und Schwächen nachgibt, stört ständig die Harmonie seiner Aura, und wenn wohltuende Kräfte dort eindringen und sich dort niederlassen wollen, werden sie von richtigen Panzern aus trüben, lichtundurchlässigen Farben daran gehindert. Nehmen wir einmal an, ihr würdet ein unvernünftiges, chaotisches Leben führen, dann würden in eurer Aura so viele Strudel und ungeordnete Schwingungen auftreten, dass sie keinen genügend starken Schutzschirm mehr bilden könnte, um den Angriffen und Feindseligkeiten mancher der unsichtbaren Kreaturen zu widerstehen. Außerdem würde der Austausch zwischen euch und dem Universum sowie allen Geschöpfen auch nicht sehr harmonisch verlaufen. Entsprechend dem Gesetz der Wesensgleichheit würde euch aus dem Universum nur Ungeordnetes, Chaotisches und Finsteres zuströmen, und alles Lichtvolle würde zurückprallen. Denn das Licht zieht Lichtes an, das Reine zieht Reines an.[3] Wenn eure Aura also unrein, trübe und chaotisch ist, bleiben alle harmonischen, reinen und lichtvollen Kräfte außerhalb, und nur Trübes und Hässliches wird in euch einströmen, da eure Aura nur das hineinlässt, was ihr gleicht. Wie sagt man doch bei uns in Bulgarien: »Ein räudiger Esel wittert den anderen über neun Hügel hinweg...« und sie finden den Weg zueinander!

Wenn eure Aura also nicht lichtvoll ist, hat sie weder einen guten Schutzmantel noch brauchbare Antennen, um die unsichtbare Welt und die verborgene Seite der Dinge wahrzunehmen, auch fehlt es euch dann an Intuition und an Vorgefühl für Kommendes. Ebenso wenig könnt ihr dann mit dem Himmel kommunizieren, und die Wesen aus entfernteren Regionen nehmen nicht einmal etwas von eurer Existenz wahr; ja, die Wesen aus der unsichtbaren Welt, die in sehr hohen Regionen wohnen, können euch so nicht sehen. Ist eure Aura hingegen lichtvoll, sehen sie euch. Wie ist das möglich? Stellt euch vor, ihr fahrt bei Nacht mit einem Schiff übers Meer; ist euer Schiff nicht beleuchtet, kann euch niemand sehen. Wenn ihr hingegen Lichtsignale aussendet, wird man sofort auf euch aufmerksam, und eine Kommunikation kann entstehen.

Selbstverständlich ist das nur ein Bild, heutzutage gibt es ja viele Möglichkeiten Verbindungen herzustellen, aber das kann euch doch immerhin eine Vorstellung davon vermitteln, was ich euch begreiflich machen will.

Die Erde ist wie ein Meer, auf dem wir bei Nacht unterwegs sind; wir sind von Dunkelheit umgeben, und wenn wir aus unserem Innern keine Lichtsignale abgeben, dann können die unsichtbaren Wesen, die Engel und Erzengel, uns nicht sehen. Man muss also Lichtstrahlen aussenden, und es ist eben die Aura, die dieses Licht verströmt. Wer also eine lichtvolle Aura besitzt, den können die himmlischen Arbeiter sehen, und wenn er diese herbeiruft, finden sie dank des Lichtes den Weg zu ihm hin. Das ist wohl auch nur ein Bild, denn wenn die Geistwesen wirklich jemanden ausfindig machen wollen, stehen ihnen so manche Mittel zur Verfügung. Schon immer hieß es, die Erde sei ein Tal der Tränen, der Leiden und der Finsternis. Ja, gewiss, und es ist gar nicht verwunderlich, falls niemand auf die Menschen aufmerksam wird, wenn sie leiden, jammern und sich auflehnen, sie strahlen ja kein Licht aus! Sie müssen eben Lichtsignale aussenden, und über die Aura ist ihnen das möglich.

Warum hat man die Heiligen immer mit einem Glorienschein um den Kopf dargestellt? In der Vergangenheit existierte eine Wissenschaft über Farben, die erklärte, dass sich jede Tugend durch eine bestimmte Farbe ausdrückt und dass diese von den Tugenden erzeugten Farben die Aura bilden. Die Heiligen sind Wesen von großer Reinheit, die sich Gott nähern und mit Ihm verschmelzen wollen, um Ihn zu erkennen und zu werden wie Er. In dem Wunsch nach dieser Erkenntnis erlangen sie eine so umfassende geistige Klarheit und Weisheit, dass aus ihrem tiefsten Inneren eine goldgelbe Farbe strömt und sie umhüllt. Es gibt die verschiedenartigsten Nuancen von Gelb, von einem sehr feinen zarten Gelb bis hin zum Goldgelb. Jede Nuance hat auch wieder ihre Bedeutung und es gäbe viel zu diesem Thema zu sagen, denn es berührt ein alchimistisches Problem: Wie verwandelt man jegliche Materie in fluidisches Gold.

Wenn der geistige Schüler nicht gewisse Eigenschaften und Tugenden entwickelt, um sich zu schützen, schleichen sich Feinde ein, die er nicht mehr loswerden kann. Wie also kann man sich schützen? Indem man an der Aura arbeitet, an ihrer Reinheit und Leuchtkraft, an ihrer Schönheit, Kraft und Größe. Jedes dieser Merkmale hängt von den Tugenden ab, an denen der Mensch gearbeitet hat. Wenn der Mensch rein ist, wird seine Aura klar und durchsichtig. Wenn er intelligent ist, wird seine Aura leuchtender werden. Wenn er ein intensives Leben lebt, vibriert sie sehr stark. Wenn er einen starken Willen hat, wird sie kraftvoll. Wenn er sich auf spirituelle Fragen konzentriert, erweitert und verstärkt sie sich und wird riesengroß. Und die Schönheit, das heißt die Schönheit ihrer Farben, hängt von der Harmonie ab, die zwischen diesen ganzen Eigenschaften und Tugenden herrscht.

Diejenigen also, die immer gute Gedanken haben, Glaube und Hoffnung, Güte und Reinheit, empfangen allen Reichtum der Natur und das, was schlecht ist, kann nicht mehr in sie eindringen. Sie sind dann wie von einem Schild beschützt. Der Schutzschild des Ritters in den Märchen ist nichts anderes als das Symbol für seine Aura. Und sein Schwert? Das sind die Lichtstrahlen, die der Mensch aussendet. Ihr seht, beides sind Symbole. Die Aura, dieser uns umgebende Lichtkreis, stellt das weibliche Prinzip dar. Der Gedanke, den der Mensch aussendet oder sein Geist, der sich in den Raum aufschwingt, steht für das männliche, aktive, dynamische Prinzip. Diese beiden Symbole, das Schutzschild und das Schwert, die bis in das früheste Altertum zurückgehen, repräsentieren also die beiden Prinzipien: das weibliche Prinzip die Aura und das männliche, aktive Prinzip, den Gedanken, der wie ein Pfeil fliegt, von der Willenskraft unterstützt. Das Schwert, der Pfeil und die Lanze haben immer das männliche aktive Prinzip dargestellt. In der Astrologie ist der bogenschießende Schütze das Symbol des Eingeweihten, der seine Gedanken aussendet. Er schießt mit Pfeil und Bogen, um die Stadt der Eingeweihten zu beschützen, damit kein Feind eindringen kann.

Es gibt keinen wirksameren Schutz als eine reine und leuchtende Aura. Sicher, auch alle Gegenstände, Figuren und magischen Formeln, die in der esoterischen Tradition erwähnt werden, haben ihre Daseinsberechtigung. Sie haben alle einen tiefen Sinn. Aber keine Formel und kein Talisman ist so mächtig wie die Aura. Bevor sich ein Weißmagier an die Geister wendet, vor allem an die höllischen, zieht er einen Kreis, um die Namen Gottes oder Symbole hineinzuzeichnen; dieser Kreis will an die Aura erinnern. Man kann den dunklen Geistern nicht ungestraft Befehle erteilen, wenn man nicht von einem schützenden Kreis – einer mächtigen Aura – umgeben ist. Ganz allgemein kann man sagen, dass es nicht möglich ist, spirituelle Ergebnisse zu erzielen, ohne einen schützenden Kreis um sich zu haben, das heißt, eine aus göttlichen Tugenden und Kräften zusammengesetzte Aura, welche von dem im Kreis eingezeichneten Namen Gottes symbolisiert wird.

Aber viele Leute hantieren mit magischen Praktiken herum, ohne den Ursprung der Symbole zu kennen, mit welchen sie umgehen, noch den Sinn dessen zu verstehen, was sie tun. Sie geben sich damit zufrieden, die besagten Rituale aus den Büchern einzuhalten, ohne daran zu denken, dass man auch innerlich einen Kreis ziehen muss, um dort die Namen Gottes einzuzeichnen, das heißt jene Tugenden zu erwerben, die eine reine, heilige Aura voller Licht und Liebe bilden. Das wissen sie nicht und darum bleiben sie trotz des Kreises verletzlich. Der Kreis ist nur im Äußeren gezogen worden; innerlich sind sie in Unordnung und daher nicht geschützt.

Wenn man sagt, dass sich der Magier mit Stab oder Schwert in der Hand in einen Kreis stellt und aus einem Buch Formeln liest, dann ist dies richtig. Aber für den Eingeweihten ist jedes dieser Details etwas, das er zuerst in sich selbst besitzen muss: den inneren Zauberstab, das innere Schwert und auch das innere Buch. Der Eingeweihte liest, und das Buch steht für die Kräfte und Geister der Natur. Der Zauberstab oder das Schwert entspricht seiner Willenskraft, mit der er wirken muss. Wenn er diesen Stab nicht besitzt, bedeutet das, dass er diese Willenskraft nicht hat und die Geister nicht beschwören kann. Es gibt kein wirkungsvolleres magisches Instrument als eine reine, lichtvolle Aura. Und Folgendes solltet ihr euch einprägen: Ihr müsst die magischen Instrumente zuerst in eurem Innern besitzen, und dann könnt ihr meinetwegen im Äußeren haben, was ihr wollt. Nun, ich denke, damit ist dazu genug gesagt. Jetzt habt ihr Stoff zum Nachdenken, und dann wird euch vieles von alleine sehr viel klarer werden.

Für die Frauen ist vor allem die Liebe von Bedeutung, für die Männer wohl auch, aber sie ziehen Stärke und Wissen vor. Wenn die Frauen also geliebt werden wollen, gebe ich ihnen dazu einen Rat. Und ich werde gewiss keine Reklame für diesen oder jenen Talisman machen, der mit magischen Formeln aufzubereiten wäre, oder für dieses und jenes verführerische Parfüm, das die Männer anziehen soll, sondern ich werde ihnen ein großes Geheimnis offenbaren (und nicht einmal Geld verlange ich dafür!). Ich sage nur: »Ihr wollt, dass man euch liebt? Nun gut, dann arbeitet an eurer Aura! Nährt, stärkt, läutert sie und macht sie heller. Und dann werdet ihr sehen, wie alle euch lieben. Allerdings muss ich euch auch vor den Gefahren warnen. Diese Aura muss absolut undurchdringlich für alles Negative sein, denn wenn ihr auch nur eine kleine Öffnung in dem Kreis lasst, seid ihr verwundbar und gebt üblen Geistern die Möglichkeit sich einzuschleichen, womit eure Festung genommen wäre.« Damit möchte ich Folgendes sagen: Dass die Frauen geliebt werden wollen, ist gut und natürlich, ich rate ihnen sogar, danach zu streben, geliebt zu werden. Wenn dann aber jemand da ist, der sie liebt, dürfen sie seine Liebe nur dazu benutzen, ihn zu bewegen, Großes zu vollbringen. Es kommt vor, dass ein junges Mädchen von der Liebe eines jungen Mannes derart berührt und bezaubert ist, dass sie gleich nachgibt und ihm alles gibt. Aber nein, sie sollte sagen: »Der Kreis ist geschlossen, und ich kann dich nicht so schnell hineinlassen. Nimm die Früchte meines Baumes, den Baum aber behalte ich. Tag und Nacht will ich dir die Früchte meines Baumes geben, meine Lieder, die Musik meiner Violine, das heißt meine Worte, Gedanken und Blicke, meinen Baum aber und die Violine, die behalte ich.« Ja, so muss sie sprechen.

Wenn ihr eure Violine weggebt und derjenige, der sie nimmt, nicht damit umzugehen versteht, dann macht er sie nur kaputt, und ihr habt keine mehr. Und wenn ihr euren Baum in den Garten des Nachbarn verpflanzt, habt ihr keinen Baum mehr. Gebt eure Früchte und eure Lieder, behaltet aber Baum und Violine, also euer Herz und euren Verstand. Das ist weise gehandelt! Meistens sind die jungen Mädchen aber so sehr bezaubert von der Liebe eines jungen Mannes, dass sie ihm sogleich Baum und Violine geben. Wenn dieser nun so leicht erhält, was er will, dann liebt er sie nachher nicht mehr, und das ist traurig.

Wie kann man nun an der Aura arbeiten? Es gibt zwei Möglichkeiten. Zuerst durch die bewusste Willenskraft, das heißt, indem man sich auf die Farben konzentriert und sich vorstellt, dass man in den reinsten und leuchtendsten Farben schwimmt. Um eine genaue Vorstellung der sieben Farben zu erhalten, müsst ihr euch eines Prismas bedienen. Die Farben, die ihr in der Natur bei den Blumen oder bei den Vögeln seht, sind niemals exakt die gleichen wie die Farben des Sonnenlichts. Mit dem Prisma dagegen seht ihr ein wirkliches Rot, Orange, Gelb, Grün, Blau und Violett. Anschließend könnt ihr eine Übung machen, indem ihr euch vorstellt, dass ihr diese Farben ausstrahlt und dass sie sich im Raum ausbreiten, dass ihr in dieses Licht, in diese Farben getaucht seid und umgeben von einer Lichtsphäre eure Liebe in das ganze Universum sendet. Das sind so angenehme Übungen, dass ihr vielleicht nicht mehr damit aufhören wollt!

Die zweite Methode besteht darin, sich die Tugenden zu erarbeiten: Reinheit, Geduld, Nachsicht, Großzügigkeit, Güte, Hoffnung, Glaube, Demut, Gerechtigkeit und Uneigennützigkeit. Diese zweite Methode ist die sicherste. Ihr arbeitet an den Tugenden und die Tugenden selbst bilden dann die Aura. Natürlich könnt ihr auch diese beiden Methoden vereinen, das ist noch besser. Durch die

Tugenden geschieht es auf jeden Fall auf natürliche Weise; mit der bewussten Willenskraft geht es zwar auch, aber es ist weniger wirksam. Denn stellt euch vor, ihr konzentriert euch täglich auf eure Aura, aber gleichzeitig lebt ihr ein völlig gewöhnliches Leben, in dem ihr die göttlichen Gesetze übertretet. Auf der einen Seite baut ihr auf und auf der anderen zerstört ihr. Darum ist es besser, beide Methoden zu vereinen: ein aufrichtiges, reines und von Liebe erfülltes Leben zu führen und gleichzeitig bewusst mit der Vorstellungskraft an der Aura zu arbeiten.

Wie ich euch sagte: In dem Maße, wie die Aura sich weiterentwickelt, ermöglicht sie es euch, mit allen Bereichen des Raumes Verbindung aufzunehmen. Schaut euch die Planeten unseres Sonnensystems an: Sie sind Millionen von Kilometern voneinander entfernt, aber in Wirklichkeit berühren sie sich, sie verschmelzen miteinander und bilden eine Einheit. Ja, sie sind nur dem Schein nach getrennt. Nehmen wir das Beispiel der Erde: Die Kontinente haben eine bestimmte Ausdehnung, aber das Wasser bedeckt mehr Fläche als die Kontinente. Die Größe der gasförmigen Atmosphäre, die den Planeten einhüllt, übersteigt wiederum mehrmals dessen Volumen. Über dieser Atmosphäre hat die Erde dann je einen Äther-, Astral- und Mentalleib, von denen jeder noch größer ist. Die Erde ist ein lebendiges, intelligentes Geschöpf, das auch eine Seele und einen Geist besitzt.[4] Und da es sich mit den anderen Planeten ebenso verhält, durchdringen sich alle gegenseitig. Ihre physischen Körper sind weit voneinander entfernt, aber ihre Aura, ihre Ausstrahlungen verschmelzen miteinander. So kann man in der Astrologie die planetarischen Einflüsse erklären; Dank ihrer Aura durchdringen sich die Planeten und wirken aufeinander ein, wie auch auf die Geschöpfe, die sie bewohnen.

Vieles über die Aura ist noch nicht erklärt, aber am Wichtigsten ist es zu lernen, sich um seine Aura so zu kümmern wie um die Haut. Ihr badet und wascht euch, nicht wahr? Natürlich ist das mit der Aura etwas schwieriger: Man kann ihr keine Lotionen und Cremes verabreichen... oder Steaks als Packungen auflegen, um sie zarter zu machen! Übrigens ist das für die Haut auch nicht besonders gut. Es gibt Frauen, die ihr Gesicht nicht waschen, um ihre Haut nicht kaputt zu machen. Dabei gibt es nichts Wunderbareres als das Wasser! Benutzt nicht zu viele Lotionen und Cremes, manche können sogar schädlich werden. Ihr wisst nicht, was da alles durch eure Poren dringt.

Die heutige Menschheit ist daran gewöhnt, nur das Äußere zu verbessern. Aber in Zukunft wird man mehr auf das Innere achten, und anstatt sämtliche irdischen Schönheitssalons aufzusuchen, werden die Frauen in ihren spirituellen Schönheitssalon gehen, das heißt, sie werden an ihrer Aura arbeiten. Das ist ein echter Schönheitssalon. Eine intensive, lichtvolle Aura bringt eine Verschönerung... und noch dazu eine dauerhafte! Denn eine Frau, die aus dem Schönheitssalon kommt, ist schön für vierundzwanzig Stunden... doch am nächsten Morgen, das alte Bild! Ja, weil die Verbesserung nicht von innen kommt. Alles, was nicht von innen kommt, ist nicht dauerhaft.

Die Teilchen, die ein großer Meister ausstrahlt, sind lebendig, intensiv, lichtvoll und machtvoll. Indem sie unsere Aura durchdringen, gelangen diese Teilchen in unsere Struktur und verwandeln unser Wesen. Diejenigen, die diese Ausstrahlung mit Liebe empfangen haben, werden eines Tages wie ihr Meister denken und handeln, und sie werden frei wie er. Sicher, das geschieht erst nach vielen Jahren, aber es geschieht. Leider beschäftigen sich die Leute niemals mit dieser unsichtbaren Seite. Sie zählen nur auf das, was man ihnen zeigen oder zum Anfassen geben kann. Die unsichtbare Seite vernachlässigen sie, obgleich sie sehr wichtig ist!

Ich will euch ein Beispiel geben. Stellt euch einen alten Bücherwurm vor, einen Gelehrten, der niemals seine Bücher beiseite legt. Den ganzen Tag ist er mit Lesen beschäftigt und wird schließlich genauso dürr und ausgetrocknet wie das Pergament der alten Schriften. Eines schönen Tages trifft er auf ein hübsches, kleines Buch, das durch die Straßen spaziert... ich meine natürlich ein lebendiges Buch diesmal, eins, das fröhlich ist und tanzt. Er sagt sich: »Oh, ich glaube, dieses Buch sollte ich einmal lesen!« Und er fasst also den Entschluss, es zu lesen. Dieses kleine Buch ist recht still, weil es ein wenig schüchtern ist, aber das macht nichts, er begleitet es, um seine Ausstrahlung aufzunehmen, und er ist glücklich dabei... Was ist geschehen? Oh, dieses kleine Buch ist natürlich eine nette Frau; er lernt zwar nichts von ihr, sie ist weder wissenschaftlich noch philosophisch und auch nicht rednerisch gebildet, aber etwas Feines, Frisches, Entzückendes geht von ihr aus. Einige Zeit darauf stellen die Kollegen von diesem so überaus gelehrten Manne fest, dass er nicht mehr in die Bibliotheken kommt. Nun ja, dort ist er nicht mehr. Wenn man ihm aber irgendwo begegnet, sieht man, dass er jünger geworden ist, sein Blick ist voller Leben, und er geht wie ein Junger. Vorher war er schon fast ein Greis, gebeugt, den Blick ständig zur Erde gerichtet, und jetzt zählt er die Sterne und die Sonnen, seine Dichternatur kommt zum Vorschein. Was für eine Wandlung! Seht ihr das wohl?! Es ist doch fantastisch, was die Ausstrahlung, das Fluidum eines Menschen bewirken kann. Da kommen die Bücher nicht mit, denn die lässt man liegen, um ein entzückendes junges Mädchen anzuschauen, das nicht einmal etwas sagt. Selbstverständlich ist dieses Beispiel ein wenig ulkig, aber es macht euch doch den Einfluss des Fluidums und der Ausstrahlung klar; und darum solltet ihr von nun an sehr viel mehr in diesem Bereich arbeiten.

Entschließt euch also, an der Aura zu arbeiten und ihr werdet viele Dinge verstehen. Wenn ihr wütend seid, so seid ihr in eine feuerrote Farbe getaucht, die aber dunkel und schmutzig ist, sehr verschieden von dem Rosenrot der Liebe. Und wenn ihr keinen Glauben habt, keinen Frieden, dann ist das Blau eurer Aura trüb und hässlich; je mehr sich aber euer Glaube stärkt, umso mehr gleicht die blaue Farbe dem Blau des Himmels. Ein andermal werde ich ausführlicher über die Bedeutung jeder Farbe sprechen.

Trachtet danach, täglich folgende Übung zu machen: Nehmt ein Prisma, richtet es nach dem Sonnenlicht aus und schaut, wie sich dieses Licht durch das Prisma in sieben Farben aufteilt. Wenn ihr diese echten Farben ausreichend betrachtet habt, dann schließt die Augen und stellt euch vor, dass ihr von Violett umgeben seid, dann von Blau, Grün usw. Oder beginnt bei Rot, um bis zum Violett zu gehen, indem ihr euch mit jeder Farbe einige Minuten umhüllt. Wenn ihr diese Übung täglich praktiziert, werdet ihr eure Aura reinigen und stärken und ihr werdet staunen, wie wohl ihr euch danach fühlt. Selbst wenn in eurer Familie oder von euren Freunden jemand krank, unglücklich oder entmutigt ist und ihr ihm wirklich helfen wollt, dann macht es genauso, sendet ihm die schönsten Farben des Prismas. Ja, man kann mit der Aura und den Farben viele Übungen machen!

Zum Abschluss möchte ich noch Folgendes hinzufügen: All diese Farbübungen könnt ihr morgens beim Sonnenaufgang ausführen. Wenn ihr die Sonne betrachtet, wenn ihr ihre Aura seht, wie die Farben aus ihr herausströmen und sich im Raum ausbreiten, dann sagt: »Auch ich will mein Wesen mit goldenem, blauem und violettem Licht umgeben.«[5] Badet euch lange in dieser Herrlichkeit, in diesen Farben, kontempliert sie und stellt euch vor, dass sie sich sehr, sehr weit ausbreiten, dass sich alle Geschöpfe in dieser wunderbaren Atmosphäre bewegen, dass sie alle in diesem Licht schwimmen und von ihm durchtränkt sind... so wird eure Aura für sie ein Segen. Ihr könnt es erreichen, denn es gibt keine Grenzen. Nur die Menschen bauen sich immer Grenzen auf. Man muss einen unstillbaren Ehrgeiz für das Gute haben und sagen: »Ich werde so weit kommen!« Ein Meister oder ein sehr hoch entwickelter Schüler sendet seine Liebe der ganzen Schöpfung, dem ganzen Universum und diese Liebe geht über die Sterne hinaus... Ja, für manche ist das Realität! Sie senden ihre Liebe bis zu den Sternen, und wie eine Welle kommt die Liebe der Sterne zurück und überströmt sie und sie schwimmen und leben in der kosmischen Liebe.

Les-Monts-de-Pully (Schweiz), den 22, Mai 1960

Anmerkungen

1. Siehe Band 235 der Reihe Izvor »Im Geist und in der Wahrheit«, Kapitel 9: »Die Haut, Organ der Erkenntnis«.

2. Siehe Band 226 der Reihe Izvor »Das Buch der göttlichen Magie«, Kapitel 12: »Die Hand«.

3. Siehe Band 12 der Reihe Gesamtwerke »Die Gesetze der kosmischen Moral«, Kapitel 16: »Bist du Licht, dann gehst du zum Licht«.

4. Siehe Band 32 der Reihe Gesamtwerke »Die Früchte des Lebensbaums«, Kapitel 20: »Der Zauberstab«.

5. Siehe Band 10 der Reihe Gesamtwerke »Sonnen Yoga – Pracht und Herrlichkeit von Tiphereth«, Kapitel 11: »Die Geister der 7 Lichtstrahlen« und Kapitel 12: »Das Prisma als Sinnbild des Menschen«.

Vom selben Autor
Reihe Gesamtwerke

1   Das geistige Erwachen
2   Spirituelle Alchimie
3   Die beiden Bäume im Paradies
4   Das Senfkorn –
       Symbole im Neuen Testament
5   Die Kräfte des Lebens
6   Die Harmonie
7   Die Reinheit, Grundlage geistiger Kraft –
       Die Mysterien von Jesod
8   Sprache der Symbole, Sprache der Natur
9   »Im Anfang war das Wort«
10   Sonnen-Yoga (Surya-Yoga) –
       Die Herrlichkeit von Tiphereth
11   Der Schlüssel zur Lösung der Lebensprobleme
12   Die Gesetze der kosmischen Moral
13   Die neue Erde
14/15   Liebe und Sexualität (Doppelband)
16   Alchimie und Magie der Ernährung –
       Hrani-Yoga
17/18   Erkenne Dich selbst –
       Jnani Yoga (Doppelband)
23/24   Eine neue Religion (Doppelband)
25/26   Der Wassermann und das
       Goldene Zeitalter (Doppelband)
27   Die Pädagogik in der Einweihungslehre – Teil 1
28/29   Die Pädagogik in der Einweihungslehre
       Teil 2 und 3 (Doppelband)
30/31   Leben und Arbeit in einer Einweihungsschule (Doppelb.)
32   Die Früchte des Lebensbaums

Vom selben Autor
Reihe Broschüren

301   Das neue Jahr
302   Die Meditation
303   Die Atmung
304   Der Tod und das Leben im Jenseits
305   Das Gebet
306   Musik und Gesang im spirituellen Leben
307   Das hohe Ideal
309   Die Aura
310   In die Stille gehen
311   Wie Gedanken sich in der Materie
verwirklichen
312   Die Reinkarnation
313   Das Vaterunser
314   Das Gesetz der Gerechtigkeit
und das Gesetz der Liebe
315   Die Quelle des Lebens
316   Die Nahrung, ein Liebesbrief des Schöpfers
317   Die Kunst und das Leben
318   Die wesentliche Aufgabe der Mutter
während der Schwangerschaft
319   Die Seele, Instrument des Geistes
320   Menschliches und göttliches Wort
321   Weihnachten und das Mysterium der
Geburt Christi
322   Die spirituellen Grundlagen der Medizin
323   Meditationen beim Sonnenaufgang
324   Der Friede, ein höherer Bewusstseinszustand
325   Das Ideal des brüderlichen Lebens

Vom selben Autor
Reihe Izvor

200   Hommage an Meister Peter Deunov
201   Auf dem Weg zur Sonnenkultur
202   Der Mensch erobert sein Schicksal
203   Die Erziehung beginnt vor der Geburt
204   Yoga der Ernährung
205   Die Sexualkraft
206   Eine universelle Philosophie
207   Was ist ein geistiger Meister?
208   Das Egregore der Taube – Innerer Friede und Weltfrieden
209   Weihnachten und Ostern in der Einweihungslehre
210   Die Antwort auf das Böse
211   Die Freiheit, Sieg des Geistes
212   Das Licht, lebendiger Geist
213   Die menschliche und göttliche Natur in uns
214   Liebe, Zeugung und Schwangerschaft
215   Die wahre Lehre Christi
216   Geheimnisse aus dem Buch der Natur
217   Ein neues Licht auf das Evangelium
218   Die geometrischen Figuren und ihre Sprache
219   Geheimnis Mensch. Seine feinst. Körper u. Zentren
220   Der Tierkreis, Schlüssel zu Mensch und Kosmos
221   Alchimistische Arbeit und Vollkommenheit
222   Die Psyche des Menschen

223 Geistiges und künstlerisches Schaffen

224 Die Kraft der Gedanken

225 Harmonie und Gesundheit

226 Das Buch der göttlichen Magie

227 Goldene Regeln für den Alltag

228 Einblick in die unsichtbare Welt

229 Der Weg der Stille

230 Die Himmlische Stadt

231 Saaten des Glücks

232 Feuer und Wasser - Wunderkräfte der Schöpfung

233 Eine Zukunft für die Jugend

234 Die Wahrheit, Frucht der Weisheit und der Liebe

235 Im Geist und in der Wahrheit - Wie finde ich zu Gott

236 Weisheit aus der Kabbala

237 Das kosmische Gleichgewicht - Die Zahl 2

238 Der Glaube versetzt Berge

239 Die Liebe ist größer als der Glaube

240 Söhne und Töchter Gottes

241 Der Stein der Weisen

242 Unerschöpfliche Quellen der Freude

243 Das Lächeln des Weisen

244 Dem Licht entgegen

Verlage und Auslieferungen

Hauptverlag:

EDITIONS PROSVETA S.A. – B.P. 12 – 83601 Fréjus Cedex (Frankreich)
Tel. 04 94 19 33 33, Fax 04 94 19 33 34, www.prosveta.com, international@prosveta.com

Verlage und Auslieferungen international:

AUSTRALIEN UND ASIEN
PROSVETA AUSTRALIA
16 Galway Gardens
WARNBRO WA 6169

ARGENTINIEN
ASOCIACIÓN SOPHIA
Chile 1736 – Ciudad Mendoza

BELGIEN UND LUXEMBURG
PROSVETA BENELUX
Chaussée de Merchtem 123
1780 Wemmel

N.V. Maklu Somersstraat 13-15
B-2000 Antwerpen

S.D.L. CARAVELLE S.A.
rue du Pré aux Oies, 303
1130 Bruxelles

BULGARIEN
AVIR - SOFIA
avir.bg@gmail.com

BOLIVIEN
BELTRÁN
Calle Muñoz Cornejo, Sopocachi
La Paz

BRASILIEN
BEST SELLER/NOVA ERA
Rua Argentina 171 – Sao Cristovao - 20921
380 Rio de Janeiro
mdireto@record.com.br
Tel.: (21) 2585-2002

DEUTSCHLAND
Prosveta Verlag GmbH
Postfach 16 52, D 78616 Rottweil
Heerstr. 55, D 78628 Rottweil
Tel. +49 741-46551, Fax -46552
E-Mail: info@prosveta.de
Internet: www.prosveta.de

ELFENBEINKÜSTE
Librairie Prosveta
25, rue Paul Langevin Zone 4C
01 B.P. 2 – ABIDJAN 01

ENGLAND UND IRLAND
Prosveta, The Doves Nest
Duddleswell Uckfield
East Sussex TN 22 3JJ

GRIECHENLAND
PYRINOS Kosmos
16 Hippocratous Str., 106 80 Athens
www.pyrinoskosmos.gr - info@pyrinoskosmos.gr
Tel.: 30-1-3602883 / 30-1-3615233
Fax: 30-1-3611234

HAITI
PROSVETA DÉPÔT HAÏTI
Angle rue Faustin 1er et rue Bois Patate #25 bis
6110 Port-au-Prince

INDIEN
VIJ BOOKS INDIA PVT.LTD
2/19 Ansari Road, Darya Ganj, New Delhi -110002
www.vijbooks.com, vijbooks@rediffmail.com
Tel.: + 91-11-43596460 - 011 65449971
Fax: + 91-11-47 340674

IRLAND
siehe England

ISRAEL
Zohar P.B.1046
Netanya 42110
E-mail: prosveta.il@hotmail.com

ITALIEN
PROSVETA Coop. a r.l.
Casella Postale 55
06068 Tavernelle (PG)

KOLUMBIEN
PROSVETA COLOMBIA
Calle 174 Número 54B
50 Interior 6
Villa del Prado – Bogotá

KONGO
PROSVETA CONGO
29, Avenue de la Révolution
B.P. 768 – Pointe-Noire
Tel. (242) 948156 / (242) 5531254
Fax: (242) 948156
E-Mail: prosvetacongo@yahoo.fr

LIBANON
PROSVETA LIBAN – P.O. Box 90-995
Jdeitet-el-Metn, Beyrouth

LITAUEN
LEIDYKLA MIJALBA
Gedimino G 26 B – 44319 Kaunas

NIEDERLANDE
STICHTING PROSVETA NEDERLAND
Zeestraat 50
2042 LC Zandvoort

NEUSEELAND
Prosveta New Zealand ltd
90 Potae Avenue – Gisborne

NORWEGEN
PROSVETA NORDEN
Postboks 318, N-1502 Moss

ÖSTERREICH
Harmoniequell Versand
Hof 37/4, A 5302 Henndorf
Tel. und Fax +43 6214 7413
E-Mail: info@prosveta.at
Internet: www.prosveta.at

POLEN
WENA Studio Tworczej Ekspresji s.c.
ul. Nowina 36, PL 60-589 Poznan

PORTUGAL
PUBLICAÇÕES MAITREYA
Rua do Almada, 372, 4°esq – 4050-033 Porto
www.publicacoesmaitrya.pt
flora@publicacoesmaitreya.pt
Tel./Fax: 222 012 120
Tel.: 968 473 218 - 919 098 583

RUMÄNIEN
EDITURA PROSVETA SRL
Str. N. Constantinescu 10
Bloc 16A – sc A – Apt. 9 Sector 1
71253 Bucarest

RUSSLAND
EDITIONS Prosveta
143964 Moskovskaya oblast
g. Reutov – 4, a/ R 4

SCHWEIZ
ÉDITIONS Prosveta
Société coopérative
Chemin de la Céramone 13
CH - 1808 Les Monts-de-Corsier
Tel. +41 21 921 92 18
Fax +41 21 922 92 04
E-Mail: editions@prosveta.ch
Internet: www.prosveta.ch

SPANIEN
Asociación Prosveta Española
C/ Ausias March n° 23 Ático
SP-08010 Barcelona

SERBIEN
BABUN
P.fah 192, 11001 – BEOGRA

TSCHECHISCHE REPUBLIK
PROSVETA
Ant. Sovy 18 – Ceské Budejovice 370 05

UNGARN
SZENZÁR KIADÓ KFT.
DERES STR. 10/A - 1124 BUDAPEST
WWW.SZENZAR.HU - KIADO@SZENZAR.HU

USA UND KANADA
PROSVETA US Dist.
29781 Shenandoah LN
Canyon Country CA 91387

FBU – USA
P.O. Box 932 – ocust Valley
11560 New York

PROSVETA Inc.
3950, Albert Mines
Canton-de-Hatley (Qc), J0B 2C0

Wenn Sie sich für Veranstaltungen interessieren, in denen die Lehre von Omraam Mikhaël Aïvanhov vertieft werden kann, wenden Sie sich bitte an eine der folgenden Adressen:

Deutschland
UWB e.V., Geschäftsstelle Heideweg 7a, 01814 Rathmannsdorf
Tel: 035022 - 519052, www.aivanhov.de, uwb@uwb-ev.de

Schweiz
FBU, Chemin de la Céramone 13, 1808 Les-Monts-de-Corsier
Telefon 021 925 40 80, www.videlinata.ch

Österreich
UWB, Telefon 01 27 698 32
Internet: www.uwb.at, E-Mail: info@uwb.at